熊十力 著
刘海滨 选编

熊十力论学书札（增订本）

十力丛书

14

上海古籍出版社

"十力丛书"出版缘起

大约在 2006 年，我动念想出版熊十力先生的书，遂与熊先生后人联系。其时我不过是初入出版界的资浅编辑，没想到万承厚女士欣然慨允，给予我极大的信任。万女士为此事咨询王元化先生，元化先生又委托时任上海书店出版社社长的王为松先生主持出版事宜，事情很快落实，由当时我所在的世纪文景公司与上海书店出版社联合出版。

熊十力先生的曾孙女熊明心博士参与了丛书的编校工作，现代新儒家的传人罗义俊先生担任丛书的学术顾问。罗先生不顾久病体弱，亲自参与审稿或复校。王元化先生则将旧文中有关熊先生的片段连缀成《读熊十力札记》以代丛书序，并在前面写了一段引言，据说这是王先生亲撰的最后文字。丛书自 2007 年 8 月起陆续出版，历时两年，而王先生于 2008 年 5 月去世，未及见到丛书出齐。

转眼间十多年过去了，万女士也于今年仙逝。今由上海古籍出版社联合上海书店出版社再版"十力丛书"，因记其始末。新版"十力丛书"改正了不少初版未校出的错讹和不当的标点，将初版遗漏的《论六经》与《中国历史讲话》《中国哲学与西洋科学》等合为一册，《熊十力论学书札》增补了若干新发现的书信，"十力丛书"庶几完备焉。

当时为初版所撰"出版说明"，仍录于下：

1947 年门人刘虎生、周通旦等于熊先生家乡谋印先生著作，名之曰"十力丛书"。盖先生亲定名焉。丛书原拟印先生前期主要著作，因

1

赀力不继，仅印出《新唯识论》语体本及《十力语要》各千部。先生晚年自筹付印《与友人论张江陵》《原儒》《体用论》《乾坤衍》诸书，亦以十力丛书为名，显见先生续成之意。然亦止成数百部以便保存而已。今汇集出版先生前后期主要著作，成为一完整系列，仍决定沿用"十力丛书"之名，亦为完成先生夙愿云。

本丛书编辑体例如下：

一、采用简体横排，以广流传。

二、以原始或原校较精之版本为底本，并参考其他版本点校。

三、依熊先生原文之句读，重施标点。通假字保留；异体字酌改为通行字；凡显系手民误植者，径改不出校记。

四、引文约引、节引或文字与出典稍有出入处，一般保持原貌；与出典差异较大者，予以说明。引文或正文少数缺略的内容有必要补出者，补入文字加〔 〕。原版个别无法辨识的文字以□示之。

补记：《新唯识论》立"翕阖成变"之义，系熊十力哲学的重要概念，为尊重故，丛书中与此相关的"阖"字不简化成"辟"，而写作"阖"。另外适当照顾作者的用字习惯，如"执著"之"著"熊先生习惯写成"着"，古印度论师世亲之兄，熊先生也写作"无着"，今亦仍其旧。

刘海滨

2018 年 12 月 5 日

编 选 说 明

　　"十力丛书"即将出齐。按照本丛书的出版原则，熊先生的绝大部分著作均仍其旧，保持原来单行本的形式。惟熊先生生前未及结集和散落的文章、书信尚有很多，其对于认识熊先生的学问，特别是晚年的思想、境况及相关的人事，极具价值。这些文稿集中收在湖北教育出版社 2001 年出版的《熊十力全集》第八卷（以下简称《全集》）中，但限于全集的体例，对于直欲追寻熊先生精神面目的读者来说，未免显得庞杂而不便阅读。

　　熊先生有整理书信、笔札成书的习惯，《十力语要》及《十力语要初续》即其例，而后者既名"初续"，依原意其后还将有"二续""三续"，自可想见。但自 1949 年熊先生委托徐复观在香港印行《初续》，由于印书之难（熊先生晚年的一些重要著作均只能"印二百部保存"而已）和精力所限，其后的信札未见结集。本书的选编即是希望秉承熊先生原意，以本丛书中他书未收为限，时间上以《十力语要初续》之后的为主，将先生有关学问的书信、文章、语录汇为一编，与《语要》系列有所不同的是，本编凡选入的篇什惟冀存真，不敢稍加删减。

　　本书名为《熊十力论学书札》，凡编者私以为能体现熊先生学问的，不计长短全部采录。需要说明：此处"学问"一词，乃取其传统意涵。传统的学问并非如当今我们惯称的，仅指专门的知识、学说体系；儒家所谓修、齐、治、平，本是一个整体，并且"壹是皆以修身为本"，是与人生实践一体的，用熊先生常用的话语即是"体用不二"的。所以本书并不专主狭义的"学术"，凡关乎世道人心，举如工夫践履、人伦物事，乃至时事政局者，皆在编选范围之内。

编者主要做了如下工作：

一、从《全集》所收的 440 余篇文稿中按照上述想法筛选出书札及文章共 185 篇。书信除三封已发表的因无法确考写作时间而按照发表时间排序以外，其余均依据写作时间顺序编订次序，文章则先大致分类，再按写作或发表时间编排作为附录。书信及文章的写作时间基本依据《全集》的考订，在此对《全集》整理者的辛勤工作表示感谢。

二、从刘述先所编《熊十力与刘静窗论学书简》（台北：时报文化出版事业有限公司，1984 年版。以下简称《书简》）中筛选出刘静窗致熊十力的书信 27 通，按次序附于熊十力致刘静窗的各书信之后。再加上《全集》原附的吕澂致熊十力的信函 7 通，这样，熊十力与吕澂，熊十力与刘静窗的往复论学便成为全书相对独立的两个单元。这两个单元在本书中占有特别重要的地位，一则是因为讨论的问题集中，双方书信保存完整，更重要的是，这两次论争极具代表性，从两个不同的角度展现出"现代儒佛之争"的大问题。

熊吕之争可以看做是熊十力出版《新唯识论》后引发的熊十力与南京支那内学院乃至与佛教界的一系列论争的继续和顶峰（参阅十力丛书之《破破新唯识论　摧惑显宗记》）。熊十力曾在支那内学院师从欧阳竟无学习，而吕澂是欧阳先生的传人，两人有同门之谊，但学问取向有异。1943 年 3 月，其时欧阳竟无去世不久，熊十力给吕澂去信慰问，勉励吕澂继续内学院的事业，并附上《与梁漱溟论宜黄大师》一文，文中对欧阳竟无的评价中有"惜乎以闻熏入手"云云之语，由此引发了一场关于法相唯识及其他佛学问题的大辩论。

刘静窗（刘述先先生之父）则是熊十力晚年迁居上海前后的一位知交，从刘静窗 1951 年 8 月因读熊著《与友人论张江陵》而写第一封信给熊十力起至 1961 年底，十年间两人书信不断、往来密切。按照刘述先先生的说法，刘静窗"由儒入佛，宗主华严"，这与熊十力由佛入儒的路向正好相反，通信的前段，两人的辩论不可谓不激烈，但终于互为体解，虽观点终有未合，彼此却情谊深厚，熊先生乃有"八年来（自熊十力 1954 年移居上海至 1962 年 4 月刘静窗去世，两人同城共处八年）唯君子终始相亲，慰孤苦，相依为命"之语。

三、查考相关资料，考订部分写作时间和先后次序，订正原书的文字和标点错误。

四、《全集》和《书简》中原有的编者注有助于说明背景情况的，酌情予以保留，标明"原编者注"；《全集》对于通信所涉及的人物，有的在原文中补齐姓名，本编基本沿用，并有所增加。但由于所涉人物众多，未及一一查考并注出生平来历。惧繁怕难，其责固在编者，然此编愿仿效熊先生也是传统语录体著作的旧例，重在存其学问大体，余非措意也。

刘海滨

2009 年 5 月 26 日识于沪上无画斋

增订本补记

此次新增书信凡 17 通：收入熊十力致锺泰函六通，其中四通由锺泰先生贤孙锺斌先生提供，另外二通则根据锺斌先生提供的线索，分别转录自郭齐勇先生《熊十力、梁漱溟佚札三通与佚文一篇》（载《玄圃论学续集——熊十力与中国传统文化国际学术研讨会论文集》，湖北教育出版社，2003年），方继孝《旧墨记——世纪学人的墨迹与往事》（北京图书馆出版社，2005年）。另有熊十力致柳诒徵函一通，复张难先函一通，系锺泰先生保存的抄件，亦由锺斌先生提供；致巨赞法师书信四通，原载朱哲主编《巨赞法师全集》第三卷（社科文献出版社，2008年），由《新经学》主编邓秉元先生提供，并对文字有所校正。在此对直接或间接提供帮助的诸位先生谨致谢忱！又通过筛查雅昌拍卖网所示熊十力书信图片，选录内容与论学有关的书信五通，分别为《复蔡元湛（1930或1931年10月26日）》《与徐复观（1949年4月10日）》《致柯树平（1949年9月22日）》《与科学出版社编辑部（1958年1月7日）》《答张晴麓（1926年8月4日）》。以上书信，除与徐复观一通（此函本书初版时未收，此次补入，并依雅昌拍卖网原信图片对《熊十力全集》著录的文字、标点加以校正）外，其余均未曾收入《熊十力全集》。

此外，《印行十力丛书记阅后函示刘虎生等》一函，原载1947年湖北十力丛书自印本卷首《印行十力丛书记》之后的《附记》，移录至此，并改今名。

附录中新增短文两篇，其中《黄梅冯府君墓志》亦录自前揭郭齐勇《熊十力、梁漱溟佚札三通与佚文一篇》，另一篇《为卞孝萱之母李夫人题辞》，乃录自雅昌拍卖网。

事事皆有因缘。2004年前后，因读牟宗三先生的《从陆象山到刘蕺山》《心体与性体》，此前读不进去的宋明儒语录乃至四书都一时敞亮起来；由此因缘，才有了后来编校出版"十力丛书"的想法，未曾想，其间又因读了熊先生的《新唯识论》《佛家名相通释》,难懂的佛书也仿佛云开雾散,为我打开了一个全新的世界。2009年"十力丛书"初版出齐,此后我的读书问学专注于儒佛经典,与现代新儒家的因缘也告一段落。

不想十年之后,我先是有缘编辑出版了熊先生晚年挚友刘静窗先生的遗稿《刘静窗文存》,接着又着手《锺泰著作集》的策划整理,并因此得见前述熊十力致锺泰的书信。至这本《熊十力论学书札》增订完成,"十力丛书"也可以画上一个句号了,因将这段因缘补记于此。

然而,我面前的这条道路才刚刚开始。

刘海滨

2019 年 3 月 15 日

目录

目 录

目　录

目 录

目 录

论 学 书 札

与梁漱溟

（1925 年 3 月 29 日）

漱溟兄：

　　三月廿五日手书收到。以前一切话都置之，过去事已过去，唯当从新振作耳。我昨冬来感触太多，世事、家事、朋友事、自己行止事，加以一春凄风黄尘，种种苦人，把我弄得几乎要死。又回忆年来不长进，自悔自恨，又时怆然泪下。吾恨足下，吾恨竟翁，使竟翁坦白公平待我，又无其他夹杂，我一心在南京讲学，岂不好哉！北上偶足下，而足下软弱反过于我，令我振作不起来。呜乎！天下大矣，吾将谁与？念一身穷无所之。江西虽有几亩田，而兄弟牵掣，毕竟难令我静心为学，我所以想拉扯几位朋友相挟持也。

　　自昨秋冬以来，头脑常闷，腰常涨，心中常易起悲思，有时自惧或是不良现象。然我一向易悲，此话有几次与平叔说过。却不始于今日，所以惧者，为腰涨等象耳。然我亦常与你言，以我之肉躯而论，宜早死，

1

然终不死，则今之腰涨亦不足惧耳。省吾兄尝云"凡愿力大者，常恐其生之促"，或者然乎？或奘师将译《般若》六百卷，常恐不成而死，而卒乃成焉。吾所欲发抒者，至大至要，天不丧斯文，必将有以庇我矣。常作此想，而壮心生也。总之，昨冬以来算是变态心理时多，此后安居已定，收拾精神，当一往向前也。

吾已来武大矣，德安之议取消。私心欲俟蘅兄回校，与之商量，欲请足下来鄂共居三五年再说耳。天予聪明才力，悉疲于讨饭之钟点，呜呼痛哉！

蘅兄归期尚未得知也。弟住校内东楼上第二层，临蛇山，绿木蓊然围绕。[高]赞非与我同居一室，此子文学今年有进矣。其费用我酌助之，不难也。

因立三月初五日

弟子真白

不须南来，空劳何益？

————————————

注：此信以梁培宽编注《梁漱溟往来书信集》（上海人民出版社，2017 年）中所收同信校正。据该书编者注，此信寄自武汉，时熊十力短期讲学于武昌大学；信中"蘅兄"即石瑛，字蘅青。

答黄艮庸等

（1925 年 4 月 23 日）

前信谅达。今日是阴历四月一日，[张]俶知来斯已不远矣，望甚。昨有与某小有聪明者一信稿，诸材予梁先生阅后，交[王]平叔、艮庸。不知何日得到，欲引之此道，恐终不得，彼竟不来，从此置之可耳。可小知而不可大受者，莫能强也。

并世人中，如梁先生之好善，如梁先生之聪明，平心思之，何可得哉！然而夹杂不肯自省，须知夹杂不是坏话，人未到佛地位，谁无此耶？往往流入歧途而不觉，不肯力自振作，明明知此学须有人任之，又明明知世无人堪任之，他明明又有他的聪明，却未专心拼力向前干去。此吾所以常不满于梁也。艮庸前信，恳挚之极。吾写回书时，随当时兴致，写尔时所感，未曾照答，故今日又一发抒对梁先生之意见。艮庸尚未指出他的病根所在，故吾又言之，吾始终如此言之。有夹杂不省，一层也；不振作，二层也。去此二层，吾何间然？吾又岂无夹杂（或比梁先生多），但自省耳；岂不有不振作气象，但常常欲自撑起耳。吾人只说省察自己夹杂耳，若云去尽，何易谈耶？去尽则佛。

闻叔模兄报，说梁先生启事已脱离曹州。启事登出甚好，名实一致。实际上虽不好，即去其名，当然之道也。若早日宣布亦无妨。

我在此去留问题。大约候石兄回去与商汤锡予问题，汤来，则吾留；汤不来，则吾向〔陈〕真如敲一小小竹杠，耦庚今春用他五百元，我只拿六七十元。即留黄冈外家附近，将书作起。俶知、赞非同去可也。然石肯聘汤否是一问题，汤本人能来否，内院肯放汤来否，又是一问题。

吾二兄不肯分家，只好听之如此，则江西不便居，生活费种种不自由。好在他婚已离，地方人现亦无相欺者，听他们随随便便弄下去。不过吾暑间须回德安住些时日，故动手作书，恐须秋季。

我对教书事十分讨厌，上堂最无味，对牛弹琴，如何高得起兴来。如戏子勉强唱戏一样，这事在我真作得苦。在混雪白洋圆者，方无此苦耳。今日学生稍有一点小聪明，便心中无形的看不起东方学问，看不起未吃洋水的人。又未吃洋水者中，又看不起未出风头的人。你苦心想救他，他视你如怪物，如何敢救！人说梁先生大名鼎鼎，其实梁先生在北大又有那个好学生与他相依为命呢？而况声名不及梁先生者乎？欲救今日学生，何得拉拢乎？此殆风会非可以一时一二人之力争也。即如吾昨与某大风头家之信，天冥见之，谓我自糊涂，彼不独不来，反以无聊视之。我亦自知无聊，只此心不容已耳。今日最好由少数人实干，保存一线生机，如冬至一阳生，不患无三春之盛也。不要灰心，但著作万不可少耳。只不轻发表，如船山可耳。

此间事，吾不图石先生之如此也。他不知受何人之说，带来一些新人物，_{前信说过}，即北大卒业，到西洋一遭者，凡四五人。至此，便向北京《晨报》商妥别辟一栏为武大师生发表所谓"什么""罢了""爱呀"种种的文学。学生高兴万分。有郭沫若者，居然主任矣。狗子不如的东西都来此活动起来。造因如此，结果可知。吾欲挽救，从何救之？石先生能听吾说否，是一问题。学生拥戴此辈，更无办法。鄙意只好用破天荒的手段，教员学生一齐驱了再说。然石先生恐无此力量，又须得省当局与中央主持才好干，此如何办得到？无非说一句笑话罢了。

我若说混饭吃，可留此，若不高兴强混，只有走之一法。秋逸昨到此，说欧师又要我暑后东下，两年之约竟不得来，心中茫茫不知如何云云。此老终可感也，秋弟真可感也。朝杰尚在此。此信平叔、艮庸、俶知、赞尧看后，即挂号寄梁先生并交林先生一看，知吾近况而已。

答黄艮庸等

（1925 年 4 月 24 日）

昨信，报本校及吾之近况，拉杂写数页，谅到。

艮庸诗前后各诗都收到。直写自家胸事，真挚渊懿，如其为人。可爱可爱，贤者努力为学，未可限也。

昨又接得名鸿诸弟和诗，各有妙处。吾得此，喜诸君不寂寞，反自有此间南面称孤之感矣。

炳权者，忆在曹州曾得艮庸信，说是冯炳奎弟。此子诗中"掘地见泉处处寻"一语，直显真流深处，用乾符诗语。亦孟子舆左右逢源之意。此心此理，本无间隔，何事分形碍器，惆怅天南地北耶？炳权有神解矣，惜彼来曹也晚，吾不得遇之矣。仁以为己任，不亦重乎！夙兴夜寐，毋忝尔所生，汝其念哉！倘暑后南来共聚，欢喜无量，仁者有意否？

此节录示炳奎可也。

吾有小帐勾一副，乃护法时纪念物，傥知弟请带来。

答张晴麓

（1926 年 8 月 4 日）

答一问：见分同时不自缘，如刀不自割，如指不自指，语见《佛地论》。故七见不能自执为我也。

答二问：恐惧，就粗之方面言，摄入惭愧可也；就其精者言之，应即不放逸。不放逸境地甚高，彻始彻终是如此，生命之本性是如此。顺之即佛，违之即异生；顺之圆明寂静，违之生死沉沦。

答三问：多名应可适用，吾于此亦少留心，未遑举例。

答四问：南京内院十四年出版之《内学》第二辑，载出敝书《境相章》，于三境问题详明。此姑不述。

答五问：凡喻取少分，拙著《因明大疏删注》上海商馆付印，秋间可出书。"似因"中曾明之。如粟能藏于仓中，即粟是能藏，仓是粟之所藏。

种子为能藏，赖耶为所藏。赖耶者，"处"义，是种子之所藏处故。谁谓赖耶是能藏耶？约藏言，赖耶为所藏，种子为能藏；约生言，种子为能生，赖耶为所生。赖耶之亲种子，生自现行第八，故此云赖耶是所生，生对其亲种而言。然？种为能生，此语无可易。一切种对一切现，说名能生故。赖耶与种，所以互通能所。

护法义，须将种现分清，并无难解。敝书《唯识概论》。成前半，一百四十页，经北大印出，今都散矣。武大印卅余页，中多错字，力未校改。先生所见者不完，殊可惜。此书自信有极大价值，唯作至中途，思想变更，极不满于护法，故不肯完之也。近来改作，精力已稍差。世变急，心常不自在。名理文字，不比其余，辨事综物之文，极不易下笔，往往三四句话筹思一星期。此书竟未知何日杀青也。昔年《庸言》所载，幸勿复提，尔时无知无识，未曾学问而轻弄笔，不堪回首。力向学亦卅后之事耳。公自是当世有心人，亦自有来历人，倘得入关一晤，疑难都可冰释。大法东来，道经甘省，仁者能勿以振起为己任乎？闷热挥汗写此，不尽意。晴麓先生大鉴。熊十力顿首。

因立六月廿六日　子真字

（信封背面附言：）

七何故执八见为我，更有道理，中未谈。谈便要不执死护法学之名相才行。印人末流□贤，尽介绍来，不必皆好。欧公纯恢复唐贤面目，吾不尽赞成。此意不足为世人道，暂秘之。

注： 此函录自雅昌拍卖网 https://auction. artron. net/paimai-art0061100249/。信封写："甘肃天水县大城树兰林，张晴麓先生。北京西郊万寿山大有庄坡上十三号。"张曦（1887—1970），字云石，号晴麓居士，甘肃天水人。1916 年江苏省第二师范学校本科部毕业。幼承家学，耽研经史，精于小学、佛学。1928 年创建兰州大学国文系，任

系主任至 1946 年。

复蔡元湛

（1930 或 1931 年 10 月 26 日）

元湛居士：

　　前函已览，力于佛理研习有年，虽天资驽钝，无甚所得，仅于常理，亦知一二。兄所谓之义，不离心、心所法，即当明《唯识论》。此书有言，愚夫于此，横执我法，有无、一异，俱、不俱等。如空华等，性相都无，一切遍名计。所执此言，似一二言名，然实是无量邪说；依此行者，恐入百丈邪魔也。力以为，千万有，而识其刚健之本体，所可说万有之相已空。但此与佛家意思天壤悬隔。佛氏空万有之相，以归寂灭之体。吾儒则知万有都无自体，而只是刚健本体之流行也。此识唯象，唯是众缘互待而诈现，舍此别无识相可得，故识者有待，而非现成之无自性。此非实有，义极决定故，取境之识是执心故。即□□非真，云何而可不空？若以妄识为真心计此不空，是认贼作子，过莫大焉。故愚以为，一、本体备万理，含万德，肇万化；二、本体不所待；三、本体无形；四、本体无始无终；五、本体圆满无缺；六、本体不变即变，本体常变即不易变。以上诸说尚待吾兄察之，谅与佛法有诸多不合也。是故欧阳师尝以异端邪说论力，然力终不改吾初衷也。

　　近秋燥日盛，力双目忽朦，去年以来，鸡蛋肉类日稀，力亦益衰。匆匆复此，殊为草草。不恭之至，谅兄知力老弱，不以为怪也。兄于佛教届影响殊深，若能广推力□理，□是功德无量也。此颂

　　撰安

　　　　　　　　　　　　　　　　　　　熊十力启　十月廿六晨

注：此函录自雅昌拍卖网 https://auction.artron.net/paimai-art5069251213/。元湛居士，即蔡元湛，江苏吴江人。早年参加革命，为国民党吴江县第五区党部第二部常务委员。曾在震泽丝业公学任职，后任上海救济局律师、上海南市民众教育馆馆长。

复马一浮

（1931 年 1 月 2 日）

手教敬悉。北大之聘，兄自当赴。前已函陈，奈何不暓时乎。失学故讲学。人方失教，故须教。世已如此，所赖者墨翟、苏格拉底其人也。匪我求童蒙，童蒙求我，此何可望于今日者。弟始终愿教学，名义崇卑非所计。呼牛牛应，呼马马应，甚至不呼而亦赴之。兄之所举，大可不必也。然成事不说，亦无足计。所不乐者，吾兄自私其学耳。

《尊闻录》，兄特举"成能""明智"二义，深获我心，而明智尤为根本。弟于此土玄学，尝欲寻百家殊途同归之宗极，为此土所以异乎西方者。盖久之又久，积劳累功而后豁然握明智之玄符，非偶尔弋获。《录》中谈此义处，其词虽约，实则冒天下之道如斯而已者也。俗学未之能暓耳。

贱恙日来稍好，冬间恐不得理《唯识》稿，姑待开春再说也。

弟力顿首

庚午十一月十四日

原编者注：1930 年，北大陈百年先生请马一浮先生为研究院导师。马先生致函陈先生，举熊先生代。马先生答陈先生书发出后，于庚午 11 月 12 日通报熊先生。此为熊得书后的回函。

致锺泰

（1932 年 8 月 15 日）

锺山吾兄：

来沪忽已十八日，书犹未付排，日内交神州也。

一湖兄既先弟到沪，而离去竟不获一把晤，为之怅惘无已。证云，彼欲办杂志，此可罢也。今日舆情，决非可以杂志与之相喻，实是万无办法之事。浅薄、混乱、浮嚣，不足言邪见，见而曰邪，犹有见也，此直是无见可说。如何可与说道理。更须知，今人无惭无愧达于极度，直是不成为人，此真无办法也。汪某之作官，是合作欤？是团结欤？是御侮欤？此稍有识者应知之。其去也为东北欤？为张欤？稍有识者应知之。然而许多在教界、政界负清誉及学者美名，所言必称汪先生，深为之愤慨咨嗟，曰汪先生磊落光明，至诚谋国，美志不遂。欺人乎！欺天乎！彼实奔走于汪之胯下而活动者也。无知如此！无耻如此！为之奈何。证我亦难与之言，我所言者，彼亦土梗视之耳。

凡人为浮乱知识所诱，为污俗所浸，则末如何。弟只俟书印成，即速离去。兄与一湖兄函候时，以近状告之，云老熊无恙，只书尚未付排，亦快付排，由神州社排。与证谈话，不必相应。宣圣固云，"予欲无言"。

八月十五日

注：以下致锺泰函，除另注明来源的二通以外，均由锺斌先生提供。证，指陈铭枢。一湖，即彭一湖。汪某，即汪精卫。

复马一浮

（约 1932 年 9、10 月间）

序文妙在写得不诬，能实指我现在的行位。我还是察识胜也，所以于流行处见得恰好。而流即凝、行即止，尚未实到此阶位也。"乾道变化，各正性命"，吾全部只是发明此旨。兄拈此作骨子以序此书，再无第二人能序得。漱溟真能契否，尚是问题也。

原编者注： 此为马先生为熊著《新唯识论》文言文本作序之后，熊先生给马先生的回信。时间是我们估计的。

熊逸翁先生语

（约 1930 年至 1933 年）

［王］培德依［李］笑春所记纂录

柯树平、乌以风二君来，先生告以立志向上，语意沉挚。言已，吾伴二君晚餐。先生自思所言，间有欠妥处。复书一纸云："顷我所说之话，有从实践中流出，极纯无疵；有因旧习未断，随口迸出，却不合理。如自道'从逆境中撑起来'，语味间稍带一毫自矜之意，便是己私未化，便是狭小。又云：'昔在某处备遭轻视及视不知己者以狗遇之，以此不动其心。'如是等语，皆由凡情计较之私而流于险刻矣。吾少年使气往往如此，中年以后渐向正学，始知旧习之非。从事对治毕竟功夫未熟，习气潜伏，触及过去染污种子，自尔发露也。"

人须要立志。志不立起，百事没办法。吾在三十以前与世俗人亦无大异，三十以后乃发真心。这一念之真，其力量真不可思议。直令人澈头澈尾改换一副面目，与前者判若两人。这境界、这意味，吾虽道得起劲，汝等实不知。吾昔尝为梁漱溟、林宰平两先生道之，他们两人便知道这意味。吾今乃真知古圣贤所以教人立志之意。大凡古今伟大人物，没有不经过这阶段者。人只要有中资而非下愚者，能发真心，不自暴弃，虽成就之大小有别，未有绝无成就者。其绝无成就者，便是未立志。若说立了志，便是假立志，不是真立志，立了等于不曾立。假立志只是自欺，还讲甚成就！

有二君者问："先生亟教人读书。我尝这书看看，那书看看，总觉无甚价值，不能终。如之何？"曰："无价值的书固多，我也不知你看的是何等书？究竟是其书之本身无价值，抑是你不能了解它的价值？须知判断书之有无价值及价值之大小，乃是一件很不容易的事。你不对于某种学问精深研讨，确有所得，而遽欲判断其好坏，这是绝对不可能的。试问当代所谓名人学者有几个有判断能力？勉强言之，只有梁漱溟先生还有一部分学问，够得上判断。欧阳竟无先生于唯识法相够得上判断，但也只在考据方面，思想方面犹不能。马一浮先生能判断的方面则比较多点，三《礼》是他的绝学，有如欧阳先生之于唯识法相，于宋明儒周、程、张、朱、陆、王诸大家皆精，较梁先生只于阳明及明道有独得处犹过之，于禅家亦精，般若、华严以及晚周诸子皆不差。至于章太炎，只与他'时有善言'四字，此外不能增一字。汝谓判断书籍之好坏，岂易之乎？凡汝据汝之智识以判断者，吾恐都靠不住也。大凡读书，吾以为还是先求精，后求博，先看难明，后看易明。难的看过，易的迎刃而解。所谓'先难而后获'也。但有一点须深切认识，学问必须读书，而学问却不必从读书得来。古人云'仰观于天，俯察于地，远征诸物，近取诸身'。不于此用

11

力，而欲学问之有得，未之有也。这天地不仅是苍然之天，块然之地，乃包举自然界底一切现象。'近取诸身'便是要知道自己，知道自己是何物而严拣紧守以践之，完成本然之我，勿使纤毫亏欠，则万物之理亦在其中矣。不能知道自己，直如一块死木头，而欲以穷究万物之理，岂非笑话！今人于此全不注意，有言之者或以为迂，可哀也。"

张难翁云："一县是一个小国家，百政具举，能长一县即能理一国。"此语极有见地。汉时县令得入为三公是其征也。

易希文读《尊闻录》后，函予曰："梁漱溟先生以柔嫩的心释仁，熊先生云'仁智不二'，又云'明智者，元来只是萌蘖的心底一点微明'。这与梁先生说似乎不同。"熊师批答云："梁先生此说亦见《朱子语类》。仁有自一端言者，则与义、礼、智相对待而言故。如是，故以智言仁爱即有柔嫩意义。然有自其全体以言者，则仁即本心之异名耳，故智亦即仁。若所谓萌蘖的心底一点微明，则正以凡夫槁亡之余，指出这点微明为其本心之乍现处，令人认取。所谓清夜自思时，好见此气象。"易君又问："存养与经验事物同时并用，恐有障碍。"熊师批答云："'视思明，听思聪。'聪明即是明智也，何至障碍存养？岂是要不视不听乎？"

程肇熊来书谓：近感修养之不足，欲得熊师一言，榜于坐右，终身行之，托吾转请熊师，遂书一纸示之如下：

> 吾闻尼父之言曰："仁者己欲立而立人，己欲达而达人。"维先哲人，成己而成物在其中。己未立达，其如人何？释氏大乘之说，乃云菩萨未自度先度他。此因病发药之言，小乘自了，故以此对治之耳。不善学者，忘其自己而汲汲问世，或且愤世之无可如何，不省自己之无可如何。"吾末如之何也矣"，为此辈言

12

之也。清季以来，人人攘臂救国，而国以救而益危，高言爱人而卒至于人相食，此其故何邪？岂非并心外驰而不务自爱自救者贻之患邪？肇熊学士因笑春索书以为户席之箴，不可以无答，遂书此贻之。

熊十力　二十九年九月

二十一年十二月二十七日，先生有示〔张〕立民、笑春、以风书云："竟无先生授意门下小生如刘如景者作文拨我。景生出自东大，稍有识者知其知识如何，闻其对吾谩骂。桀犬吠尧，良不足怪。窃为竟翁惜之耳。不当令后生小子如此。陶开士来书痛诋及于马先生，此人无知，又何足计邪？吾十六年由北都过南京见陶老而就学于竟翁，谦谦问好，均与翁友。此吾平生好善之意也。若其知识则非吾友也。人若不自知，妄依门墙以渡人，此亦可哀，不足鄙也。吾于竟翁本同禅宗参学性质。宗门参学往往有承启悟而不相师者，此义不可以俗例论，特非其人不可语斯义耳。注意。竟翁于书册有启复学之功，于道理则自己未开悟，遑问悟人，乃亢颜为师亦过矣。吾书以"翕辟成变"为骨子，变而已矣，无实物也。此纯是般若照见五蕴皆空之旨，龙树宁有过之？而谓马先生之序语有失言乎，非法眼乎？以翕似质，假立色法，以辟阖健而神，假立心法。《明心上》章明至健而不物于物之义如此，方见心之所以为心，将宇宙论与生活论打成一片。此为东言真血脉，而西洋谈心物问题者皆戏论可知已。至全书总纲即在智慧：分别自性觉故，本无依故，斯之谓智；分别事物故，经验起故，斯之谓慧。以此观于华、梵而得其通，通依智故。观于东西而得其异，西洋人唯限于慧故。此等大义可不章明之而忍反对邪？"

二十二年三月二十六日论立民、〔张〕诤言、笑春、以风云："《破破论》谈真如及缘起，各段都是佛家根本义，都抉发得明白，可惜能解者太少耳。《新论》之翕阖义无人理解，真是可惜。本体是甚么，不能说，只能在本体流行处说翕阖，就是显其流行之妙。以物与心身的问题用翕阖义表现，真是如语者、实语者、不妄语者，此义深思愈见深微广大，谅你们仍是漠然也。大化之流行，总须有个翕，不然，无以显阖。翕即成物，未有无物之一刹那也。无之即化不行，而乾坤熄矣。笑春有一次信说，不了此义。近如何《破破论》似无甚闲言？彼原文太无道理，而今人对此学、此文字又都无分辨力，故不能一一辨之，过简实不行也。今日只是人失其性，人无人气，此风何可挽？欲与言反己之学，吾觉实是不行。虽孔、释复生，恐亦唤不起也。中年及青年人稍染洋风者，便是满脑子物质的科学的，他又只逐求舒服的过分的享受之欲，其如之何？吾今年上堂凡五六次，都不曾讲甚书，只说此方学问要在反躬体验，切不可用科学方法来理会这个道理。千言万语，大抵欲明此义，而学生似愈听愈不高兴。后来还是拿起书本子，即《新论》。随文稍说，他似乎还比较能听一点。吾总苦于学校教书之为难。近稍阅辩证的唯物论，真是矫乱之至，不好对付。今日欲讲明正理，真是不易。谢子厚好人也，其知识是无办法。吾昨示彼数语，仓卒间随写有多不洽处。即彼所记吾语又全乖吾意。然此等出版物，亦不过随时毁坏，不必有何恶影响发生也，亦不足计也。其所送处亦都无关学问也，大抵是七乱八糟_{就知识言。}的人也。"

原编者注：《熊逸翁先生语》系王星贤依李笑春记录整理，时间是三十年代初，地点在杭州。此系手钞本。此外，还有《答龚海雏》（1939 年 8 月）、《答王守素》（1939 年 8 月）、《与朱孟实》（1943 年 8 月 3 日）、《致王星贤》（约 1946 年 7 月 20 日）、《致王星贤》（约 1946 年秋冬）、《与谈壮飞》（1947 年 1 月 6 日）等，均是王星贤手钞的。所有这些钞件，星贤先生在本子前题名《逸翁集》。此集中还有熊十力

与吕澂论佛学书。《逸翁集》手钞本，由王星贤家属送给北大图书馆。这批资料与王先生生前寄给我们的熊十力致王星贤等书札十二通不同。

答王星贤

（1935 年 4 月 23 日）

函到即复，路远故。所作诸诗均有清远之致，可喜。《朱子语录》："公不可谓之仁，但公而无私便是仁。"其上下文如何，吾不能忆。以理推之，当谓有心于为公者，尚是己私。如令尹子文，旧政必告新尹，纯以国政为念，何尝不是公耶？然夫子许其忠而不许其仁，正恐其能勉强以求尽心于公，而己私之夹杂于中者，却甚微细，而不必尽去。无私者，只有意作好，犹未是仁。无私者，无己私。无己私立之意义甚深，勿粗心理会。

致胡适

（约 1935 年 11 月 21 日）

适之先生：

久未奉候，念之在心。力到冬又发生问题。中国人体气，半百关头一过，今五十一。血气遂衰。力复病躯，不裘不火，而欲留平，势所难抗。晴天犹可，一遇阴天风天，则真吾乡谚所谓"要命"二字也。以此，决计回南，曾函子老与王雪艇兄。就沪暨大、宁中大、鄂武大，择一为喫饭地。然此信发后，闻暨大学风不堪问，中大环境，素所不乐，武大亦有乡里麻烦，仍欲俟春暖车上取消暖气管时来平。冬前将用暖气管时，力先数日去平。<small>神经怕暖气。</small>如此实非得已。不识先生允许通融办理否，望就便告知锡予兄为幸。

世事至此，已不是亡国与否的问题，直是此种能否幸存的问题。亚<small>按指西班牙。</small>穷而且小，抗义<small>按指意大利。</small>犹许久。中国人如此贱蛆，若不亡种，无此天理。力不解中国人何竟全无人气。想先生决不以力之此种观察为然。然迂拙所见，确是如此。今后教育究应如何，恐当一猛省也。

冬来，意绪恶劣，有许多话，提笔说不出。明年如许力来，则将与诸生约，在暑期为之补讲。虽本系学生不过二三名，而校外自修之生徒，却有五六人，甚好学，力故不愿离之也。

又先生上春为华北问题，有一文在《独评》，谓"有实力的领袖，数十万军队寂寂离开，为国家实力的开始"。此等议论，在先生或具苦心，不欲国人馁气，然窃恐一则为无耻的领袖因之以自文其无耻，二则外人本已不视中国人为人类，<small>顾、颜诸使谈话，屡见于报。</small>今如此大国，步步送完，而有实力的领袖，数十万军队，遇敌寂寂离开。政府既无[耻]，而社会清议又无纠责，先生反许为"国家实力的开始"。如此下去，外人视中国人当更何如？

又，民族危亡如此，而言文化问题者，尤所痛心。主张本位云云者，因不知其话有何内容；而主张外化者，又不曾精析西洋人各方面的长处，而综会以得其通则与其根本精神所在，将如何枝枝节节而迎头赶上之乎？此尤令人痛心疾首也。

心所欲言者甚多，冬来无意趣。先生领导学子，救亡大计，当复如何，愿深心究之为幸。

熊十力启

十一月二十一日

答王星贤

（1937 年 3 月 17 日）

　　函到即复。学问之功，急不得，缓不得，必知有下手处。先圣曰：己立立人，己达达人。欲至此诣，却须做思辨和知识的功夫。今日国学垂绝，欲存一线，若忽略思辨与知识，何能宏此学，思之思之。英文以练作为佳，常读常作，自入佳境。东方哲学，一般人苦无入头处。其实，若将《新论》《破破》《语要》及今年新印之书，字字句句，好好细玩，然后读三玄、四子及魏晋王弼、郭象与宋明诸大师书，苦心两三年，当不难读完。读时，反在自家经验中理会，即仰观俯察，近取诸身，远观诸物，与先圣贤所说相印证。切莫读死书，久之，必见吾书意思与古圣贤意思及汝自家意思，一切贯通无碍也。人生前途甚远，平平实实做去，何畏之有？何急之有？吾所可信者只此。苟非其人，道不虚行。

三月十七日

复居浩然论本体

（1938 年 3 月 19 日）

　　三月十四函悉。来函云：前人冥玩本体，常有周而复始之感。此乃误会。周而复始，即循环义也，本于《大易》。此乃克就现象上说，克字吃紧。不就大用流行上说也。若克就大用流行言，克字吃紧。此只是刹那刹那、生灭灭生，无有留住，本无物故。无有断绝，生生不已故。无所谓始，无所谓终。本来无一物，将谁循环？《诗经》云："维天之命，於穆不已。"孔门称述之，以至宋、明诸师皆据之。大用流行，只是个不容已，别无可说。西洋目的论与机械论，均是以观物者测化。中土圣哲无此谬见。大用之行，只是不容已，义深远哉！

吾以"一"为本体之符号，"二""三"则表示本体之流行，"二"则翕，而"三"则阖也。实则就本体之流行上，假立"一""二""三"之符号，元无次第可分。《转变》章宜细玩。此指《新论·转变》章。在此等分际上说，无所谓进化不进化，本非物故。近人乱用进化论，却是极谬。进化论，在达尔文本就生物学上说。柏格森又进一解，用以明生命之流。而其所谓创进的意义，明明不是达尔文的原义。今之后生于达尔文及柏氏，亦均不分别。此中非深玩不可。柏氏创新的意义，若近于吾之刹那生灭说，而毕竟不似者，彼仍有过去不必灭之观念在，即有物在，此其蔽也。吾《转变》章中之图，只是圆神不滞的意思，是全体流行的意思。此处无所谓进化不进化，宜深思。

金、冯二人⁽²⁾把本体当做他思维中所追求的一种境界来想。所以，于"无极而太极"，胡讲一顿。此是今日通行之病，无可如何。

来信就兵法言动静一段，自不错。

英、美二夷，奈何如是其不成人邪？似乎毫无斗志。我甚悲观，一毫意趣也没有。下卷作不出也，苦哉！天旱，春收似无望，物价又高了。

三月十九日

所谓现象或物者，只依大用流行之迹象而假立，中卷可玩。

原编者注：此函原发表在作者居浩然（居正觉生先生之公子）的《熊十力先生剪影》一文中，原载台北《传记文学》第三卷第一期。此处标题是我们加的。金，指金岳霖；冯，指冯友兰。

答龚海雏

（1939 年 8 月）

夫为学者泛观而无独创之明，博览而无自得之乐，譬如村竖入市，驰赡百货，一一皆非己物，徒令神昏目眩而已。故读书之事，只有引发灵思之用，不可以读书而反锢蔽其灵思也。善学者志必真而量必宏，使胸怀旷远，神解焕发，则万有毕罗，万理昭著。所谓六通四辟，小大精粗，其运无乎不在者，其斯之谓欤！若乃自负读书之勤且博，而察其辞气似蕴蓄未能深厚。恐贤者一向用心，未免失之于驳，如不以斯言为忤，尚望有以自拔，刊落浮词，务于精思，方可坐进此道。来学之意固所嘉许，然院中颇有额满之患。无缘得邀仁者共聚一堂，是为至歉耳。

答王守素

（1939 年 8 月）

《易学目录》附图一册及《易象讲录》六纸俱收到。循览之余，极佩精思。唯著述之事，良不易言。吾国先哲，学贵深造自得，本无意著书。其或依古文字而为传以寓己意。如《易》依卦爻之辞，《春秋》依鲁史是也。后来传注诸作皆仿于此。其或随意自为笔札，如老、孟诸子。或弟子记述师说，如《论语》之篇。后来语录及论学书诸作，亦仿于此。若西人著书，务刻意经营以求条贯精密，统系严整，自成一种巨制。其作风与吾先哲根本不同。一尚辩智，一引而不发故也。大作虽未成书，但由所拟目录窥之，似异先儒传注之体。若衡以西人系统的理论之作，则由目录而寻其旨意，似有条贯欠精之处。尤复当知，如物象变化与宇宙论中许多问题及时空动静等等问题，今西人科学哲学研探亦极精微。吾人科学根柢尚浅，多难穷索。《易》之为书，本穷神知化，涵蕴无穷。但欲抉其原理，演为种种理论，则非精于西方科哲诸学者必难下手。不若如旧时传注及语录诸体，单词片义，任意发抒。虽非时尚，要自无病。其益人神智，亦复不浅也。以上偶谭著作体要，惟期慎于从事。为然为否，明者裁之。至《易》云："象者，像也。"谓设象以像物象、事象之变化则可，若竟将象字释为物象、事象，恐犹待斟酌。如天也、龙也、日也，皆为乾之象，要非乾之果为天、为龙、为日也。象不过一符号耳，其所表示之变化之理，则不可视为固定之事物，所谓"神无方而易无体"也。又《讲录》中谈道字与理字，俱与古义乖违。学固不必泥古，然易之者必其果为诚谛，而足以捄古之失，始可易也。贤者对于理与道之解释，其果是耶？此乃根本大义所在，而义趣又极幽远，诚恐非笔札所能辨，又非旦夕可为功。要在虚以体认，真积力久，方有豁然贯通之效耳。根本一差，其于《易》道恐只多一番辞说，而不必当于真理矣。迁拙不足以言学，又未得睹大作之全，何可妄议，唯感贤者下问之忱，略抒一二感想，意在相见以诚耳。承主讲嘱为作答，如贤者愿来参学，当虚席以待，不来亦听。庞居士曰："但愿空诸所有。"贤者诚能以空空之心而来，则不必有益于贤者，亦必有益于吾侪矣。

与友人

（约 1940 年）

无着、世亲一派之学，其示人入手工夫，只是依据圣教多闻熏习而已。详《解深密》等经、《瑜伽》等论。如此埋没自性,全凭外铄,无自拔期,此吾所不忍无辨也。

复黄本初

(1941 年 7 月 17 日)

七月十四日函到,即复。世事至今,大家可以悟矣。人生岂可只为食色的动物,岂可以至尊无上的生命而殉没于名利权势等等之中。中国人不幸而至于如此。革命不革心,庸有济成乎? 吾老遭危难,恒怀忧痛。愿公等一意作反己工夫,痛自警醒。于念虑之微,言行之著,必克去其私而务归诚实。读书则在字字留心,返在自家经验上子细理会。切忌粗心浮气一直看去,并且随便批评。吾可与公等言者只此。老来精力短,当有写作,不耐多写信。谨致拳拳。愿公等好自求之。且多熟读书,自找问题,自求解答。莫问他人迷悟,先问自己。人人有求己一念,便都上正途。谁能亡我?

力启　七月十七午后

复黄本初

(1941 年 9 月 12 日)

本初先生:

来函并汇票收到。外单盖章奉还。

甲、哲学书,西洋文如先生能诵,可自觅入门书。否则只译本,如《哲学概论》及《大纲》之类,求好本则难得,然不可不研。

《语要·复性讲词》中，曾言此意，可玩也。论为学精神及读书方法，亦莫如此篇。望字字反身而勿忽也。

乙、中国书，无系统，亦无入门书可言。先生如肯虚心，只于《语要》卷二细玩，一字莫忽略。然后再读《新论》。《新唯识论》缮本卷上。你姑虚心字字体玩下去，莫轻问难。多细心，多苦心，然后有不释然者，方可问。真能了此，此土自晚周儒道迄魏、晋、宋、明诸贤以及印度佛家，无不左右逢源。

丙、性智谓之道心亦得，量智谓之人心亦得。但说法之详略精粗有不同。又须知，学问分类，在心理的观点上与人生论的观点上则为道心、人心；在认识论或知识论之观点上则说为性智、量智；在玄学或本体论的观点上则说为宇宙本体，亦云一切物的本体，亦省云本体。虽名词不同，所目实一。如孔丘与仲尼，称名不同，其实一人也。有时也不妨互用，但各名之分际，先须明白。凡学始于正名。

丁、量智一段，须字字反身切实体会。古人在伦理的观点，以私欲为人心。本书则在知识论之观点上，说明量智所由发展。深思而自得之，亦一乐也。

九月十二日灯下

致叶石荪、朱孟实

（1942 年 3 月 31 日）

石荪老弟：

梁先生在桂林甚安好。寄嘉《新论》与寄成都者同日邮，而成都早到。昆明，吾由温泉寄书一部，早到。在渝交邮之《新论》比在此邮者早一日,迄今不到。交通真是怪也。

研究所事,前未谈。故人居。曾欲言之当局而尚踌躇。吾亦细思量,终主罢论。如欲为之,非于各方有一番周旋不可,吾作不来。又须知,当局非于此事有认识者。枉尺直寻,终于丧其所守,而无当于讲学。所以愿才动,即打消也。

孟实前所说各节,均是。劳神亦碍著述。然滇中有敖均生者亦欲在滇办。滇人,起义时为知府,四五年间为道尹,蔡松坡举兵入川,驻节彼之官署,彼资助松坡甚多。松坡欲大用之,不幸短命死矣。彼以是伤沮,不复出而问世。龙主政,尝约之出,不应。今又约之。龙之亲属为师长者,复恳约之。彼拟赴昆一行,欲谋研究所。据彼云,或可生效。然世事至此,似非其时也。吾自觉精神亦不耐劳,只好不作此希望也。《新论》如到,须反复看。义若连环,文如钩琐。故有前文待后文对照而始可了者。字字按实推求下去,当无不可明白者。凡理论自是层层牵涉,不难推究。所难者,理论之外有真蕴焉。非可徒在理论上用功也。注意"徒"字,理论却须弄清,然后舍去理论脱然契真。哲学功夫,读书不可少,且不可不认真去读。然而根本工夫却在仰观俯察,近取诸身,远取诸物。五官与心都是活泼泼地。不如是而言哲学,乌在其为哲学耶?吾有一副怀抱,难向人言。近欲草下卷,恒苦精力凝聚不起。吾欲作者甚多,如此衰象,何可了耶?暑假中可来小住时日否?

孟实兄问好。

力　三十一年三月三十一日

有事烦你:武大董审宜处,尚有我之《语要》卷二。请索二本直寄"贵州遵义浙江大学郦衡叔教授",烦包好,恐迟到损坏。

原编者注:此函寄自北碚,寄达嘉定,封面为:"嘉定武汉大学教务长室交朱孟实先生、叶石荪先生"。此函年代系我们判定。

复黄焯

（1942 年 4 月 28 日）

耀老先生：

　　承示记宋贞女事。于人道泯绝之日而有贞女，《剥》下一阳，天理果不尽泯也。大文，原本经义，以正世儒之失，可谓有功世道之文。老夫不必再有所言。尤窃慰，令先德虽身下世，而吾子足以世其学也。

　　夫道德之至，唯行其心之所安耳。女子既字，以心许人，奚必嫁而后为夫妇耶。贞女之行，见于斯世，真所谓为天地立心者也。此心丧，即生生之理绝，乾坤毁而人道息矣。况复欲凝社会、建国家，其可得耶？吾子表彰贞节，此心何心，固亦真心之不绝于天壤者也。

　　即询

近祉

熊十力启

四月二十八日

原编者注：此函年代系我们判定。

致吕澂并附与梁漱溟论宜黄大师

（1943 年 3 月 10 日）

来函收到。师事、法事，一切偏劳，吾感且愧。内院当由足下鼎力主持，无可傍诿。纵组一院友会，恐将来亦有名无实。天下事，当负责者，便直下负起。应负者不负，其事终归失败。老弟侍师忽忽邻五十年，所相与辛苦经营之法事，若当吾弟之身而败坏，纵不自惜，其何以慰师于兜率乎？老弟弱冠已负盛名，如舍法事而或作他种生活，自当优裕。今吃苦数十年，而忍令内院归于涣散乎？吾所为老弟深念者，一，望于生活，宜勿太苦。院费不必过计，当用直须用。人生将半百，过苦不可久。诸侄之体气，尤令吾见之而寒心。天地生才极不易，何可如是不爱惜耶？从大处着想，则过于搏节之俭德，似亦可稍改变也。今后用功，亦不宜过。入夜切望宁息，勿看书或用思。此吾所切望于老弟者。二，内院继起人才，急宜培养。美才良不易，但得中资二三人，优其生事之资给，使得专心久于其业，将来继支法事，则内院可无倒闭矣。佛家之学，实难得真正解人。吾最痛心者，多是一般老太婆的知解，摇笔弄舌，而自命为佛。此辈由来已久，不止今日如是也。老弟务注意训练二三个真作学问工夫的人，于末俗中支撑正教。是又吾所切望者也。吾于弟，十年以长。吾邻六十，而弟亦邻五十矣。老至，更何所念？唯于平生所嗜好之学，冀有后起过吾侪者耳。纪念册一事，吾意不妨从缓。世间政界或学界，丧一名人，必有专册或专号纪念，皆其平生知旧与门生故吏谀颂之词。吾见寄来此等刊物，辄弃置不以入眼。吾侪事师，似不必效时俗也。昔朱子卒，而黄勉斋竭平生之精力，为之作一行状。此文于朱子一生行谊及学术，无不深入其微，穷极其大。盖天地间有数文字也。吾侍师之日浅，又思想不纯为佛家，此明白彰著之事。即为师作文，恐难尽合。吾弟始终未离函丈，学业虽较师更加精详，而究未改师门规矩。望精心为师写一行状，勿限时间，勿拘古文家传状体例，称心而谈，随时有感则书，不求文采。实至，而美在其中矣。此不必于一时成就，勿须劳神，但兴至则书耳。弟状成后，吾或略跋数行。望弟采纳此意。师名早震寰宇，谀颂之，于他无增；不谀颂之，于他无减。时俗之所为，何须效！吾与漱溟信中，对师直抒吾所感。兹附上。想老弟不尽谓然。但吾所见实如是，非敢故逞僭妄也。

附：与梁漱溟论宜黄大师

竟师之学，所得是法相唯识。其后谈《般若》与《涅槃》，时亦张孔，只是一种趋向耳，骨子里恐未甚越过有宗见地。如基师之《心经幽赞》然，岂尽契空宗了义耶？竟师愿力甚大，惜其原本有宗，从闻熏入手。有宗本主多闻熏习也。从闻熏而入者，虽发大心，而不如反在自心恻隐一机扩充去，无资外铄也。竟师一生鄙宋明儒，实则宋明诸师所谓学要鞭辟近里切着己，正竟师所用得着也。竟师亦间谈禅家公案，而似未去发现自家宝藏。禅家机锋神俊，多玄词妙语，人所爱好。恐竟师谈禅，不必真得力于禅也。竟师气魄甚伟，若心地更加拓开，真亘古罕有之奇杰也，不至以经师终也。竟师为学踏实，功力深厚。法相唯识，本千载久绝，而师崛起阐明之。其规模宏廓，实出基师上。故承学之士有所资借。如章太炎辈之学，谈佛学与诸子，只能养得出一般浮乱头脑人扯东说西而已，何能开启得真正学人来？竟师于佛学，能开辟一代风气，不在其法相唯识之学而已。盖师之愿力宏，气魄大，故能如此。若只言学问知解，如何得陶铸一世？竟师气魄伟大，最可敬可爱。惜乎以闻熏入手，内里有我执与近名许多夹杂，胸怀不得廓然空旷，神智犹有所囿也。因此而气偏胜，不免稍杂伯气。其文章，时有雄笔，总有故作姿势痕迹，不是自然浪漫之致也。其文字雄奇，而于雄奇中乏宽衍，亦是不自然也。凡此皆见伯气。竟师文学天才极高，倘专一作文人，韩愈之徒何敢望其项背耶！竟师无城府，于人无宿嫌。纵有所短，终是表里洞然，绝无隐曲。此其所以为大也。吾《新论》一书，根本融通儒佛，而自成体系。其为东方哲学思想之结晶，后有识者起，当于此有入处。吾学异于师门之旨，其犹白沙之于康斋也。虽然，吾师若未讲明旧学，吾亦不得了解印度佛家，此所不敢忘吾师者也。

原编者注： 本卷所收熊十力与吕澂往复函稿十六通及所附《与梁漱溟论宜黄大师》，均据谈壮飞和罗炤先生的整理稿。原载《中国哲学》第十一辑，人民出版社，1984 年 1 月版。我们的排序按全集要求，依时间排列，因此与谈、罗先生整理稿的排序不同。

致吕澂

（1943 年 3 月 16 日）

十日一信，附上论及师座语，旋知僭妄，幸勿示人。吾极不喜有宗，总觉其未见道，故于师门，亦有不能全契也。然于吾师提振绝学之功，则又未尝不五体投地也。闻熏一义，力不赞成，未知左右对此云何？吾侪均到老境，急宜反求自家宝藏。吾非反对多闻，要须识得自家宝藏，然后一切闻见，皆此心之发用。若于自家宝藏信不及，专靠外来闻见熏生，此孟子所谓舍其田而芸人之田也。日来感冒，写信殊不得尽意，常欲为文以祭告吾师，但苟且为之，太不成话；慎重为之，则所欲言者极多。文字须有精彩，骈体吾素不工，散文之妙在气。近三年来，自觉精神一年差一年，易散而难聚。如今春比去冬，已差得多。人生五十后，便如下山势，吾已五九，其衰也宜矣。老境当乱离，意兴极劣，祭师之文，或须从缓。大约须吾应写之稿完成，心下无事，而又得一闲境，凝神为之，或可博吾师兜率一笑耶。

附：吕澂复熊十力

（1943 年 4 月 2 日）

来教不满意闻熏，未详何指。《瑜伽论》说净种习成，不过增上，大有异乎外铄。至于归趣，以般若为实相，本非外求，但唐贤传习，晦其真意耳。尊论完全从性觉_{与性寂相反}立说，与中土一切伪经、伪论同一鼻孔出气，安得据以衡量佛法？ 若求一真是真非，窃谓尚应商量也。

致吕澂

（1943 年 4 月 7 日）

二日函来，无任欣慰。即时率复，聊破岑寂耳。内学院，吾极欲大力支持者，盖尝慨吾国向来学术团体_{如书院、学会之类}。每有名无实。即幸而有实，亦人存政举，人亡政息。以观西洋一学术机关，维持发达，历数百年或千余年之久而不衰，未尝不怅憾吾族类之无真实力也。区区之意岂止为竟师惜耶！ 来教云："承示不满闻熏，未详何指。瑜伽净种习成，不过增上，大有异乎外铄。至于归趣，以般若为实相，本不外求，但唐贤传习，晦其真意耳。"尊论欲融法相唯识以入《般若》，谓不外求。然力之意，则谓必须识得真相，然后一切净习皆依自性发生，始非外铄。今入手不见般若实相，而云净种习成，以为增上，此净种明是后起，非自实相生，焉得曰非外铄耶？ 净种增上矣，而后归之般若实相，得非实相本有所不足耶？ 又由净种增上，得归实相，是实相为偶然之获也。何者？ 净种本不自实相生，即与实相无干。本不相干，而可引归实相，非偶然而何？然则欲融空有，而终有所难通。旧说空有为二宗，吾人似不宜遽反之也。来教云："尊论完全从性觉立说，与性寂相反，与中土一切伪经、伪论同一鼻孔出气，安得据以衡量佛法？"力则以为，今所谓伪经如《楞严》《圆觉》等等，是否中土所伪，犹难遽断。伪论如《起信》，其中义理，是否无本于梵方大乘，尤复难言。此等考据问题，力且不欲深论。但性觉与性寂相反之云，力窃未敢苟同。般若实相，岂是寂而不觉论之暗也。佛家原期断尽无明，今冥然不觉之寂，非无明耶？而乃谓自性如是，毋乃违自宗乎？吾以为性觉、性寂，实不可分。言性觉，而寂在其中矣。言性寂，而觉在其中矣。性体原是真寂真觉，易言之，即觉即寂，即寂即觉。二亡，则不见性也。主性觉，而恶言性寂，是以乱识为自性也。主性寂，而恶言性觉，是以无明为自性也。即曰非无明，亦是枯寂之寂，堕断见也。何可曰性觉与性寂相反耶？来书既主归趣般若实相，般若，智也，智对识而为言，法执尽，我执尽不待言。自性显，是为智，是为实相。觉对障而得名，障尽，二障俱尽也。性显，非般若实相而谓之何耶？治经论是一事，实究此理，却须反在自身找下落。诸佛菩萨语言，反亡而得印证，此心此理同也。其或有未会，不可遽非前哲，亦不可遽舍亡以徇经论。廓然忘怀，默识而已。久之会有真见处也。从宇宙论的观点而谈法性，只见为空寂，空非空无之空。而不知空寂即是生化者，是证到一分，空寂。未识性体之全也。《新论》语体本中篇，备发此意，贵乎观儒佛之通也。必谓佛氏至高无上，不究吾人有所窥，何须如是耶？此理不许吾人得具耶？从发明心地的观点而谈自性，自性即法性，克就吾人当躬言，故云自。只见性寂而恶言性觉，其失又不待言。觉者，仁也。仁，生化也。滞寂而不仁，断性种矣。吾于此理，确是反己用过苦功，非敢与诸佛立异。所见如是，所信如是，不得不称心而谈，否则非友道也。如高明不以为然，犹盼尽量惠教。流离中，究此一大事，犹是一乐也。

附：吕澂复熊十力

（1943 年 4 月 12 日）

七日惠复，写示尊见甚详，但丝毫未得鄙意。此可见足下反己工夫犹未免浮泛也。论齿兄则十年以长，论学弟实涉历较多。弟初值竟师，既已寝馈台、贤五载。弟于宣二读内典，民三遇吾师。及知左右，又已尚友唐人十年。自兄去院，搜探梵藏，涵道味真，复余一纪。为时不为不久矣。平生际遇，虽无壮阔波澜，而学苑榛芜，独开蹊径，甘苦实备尝之，弟于艺文美学、梵藏玄言，无不自力得之，此兄所深知也。人世艰虞，家国忧患，伤怀哀乐，又异寻常。而刻苦数十年，锲此不舍者，果无深契于身心性命，而徒寻章摘句之自娱乎？弟切实所得处，殆兄所未及知。而据弟所谓切实，反观尊论，称心之谈，亦只时文滥调而已。请略申言之。

其一，俗见本不足为学，尊论却曲意顺从。如玄哲学、本体论、宇宙论等云云，不过西欧学人据其所有者分判，逾此范围，宁即无学可以自存，而必推孔、佛之言入其陷阱？此发轫即错者也。

其二，道一而已，而尊论动辄立异。谈师则与师异，说佛则与佛异，涉及龙树、无著，又与龙树、无著异。无往不异，天壤间宁有此理乎？认真讲学，只有是非，不惮于师说、圣说、佛说，一概非之可也。不敢非而又欲异，是诚何心哉！

其三，尊论谈空说有，亦甚纵横自在矣。然浮光掠影，全按不得实在。佛宗大小之派分离合，一系于一切说与分别说，岂徒谓空有哉！有部之宗在一切说，大众亦有分别说者矣。《瑜伽》解空，在分别说，则不得泛目为有宗矣。若是等处，岂容含混？而尊论颇惑之，此乃全为章疏家所蔽，充其量不过以清辨旁宗，上逆般若，测、基涂说，臆解《瑜伽》，真有真空，果如是耶？

其四，胜义而可言诠，自是工夫上著论。而尊论如此极欠分明。如云："须识得实相，然后净种从自性发生。"又云："入手不见实相，则净种非自实相生。"此识此见，从何而来？前后引生，如何缩合？此等毫无着落，则非薄闻熏，亦唯空说而已。

其五，尊论谓所见如是，所信如是，似矣。其实则自信未彻，设真有所得于己者，即当智照湛然，物来顺应，何以一闻破的之谈，即酬对周章，自乱步武？既不能辨自说之不同伪书，又不敢断伪书之果不伪，更不审鄙意与尊见究竟异同，荧惑游移，所守者何在欤？前书提到伪经伪论者，乃直抉尊论病根所在，此正吃紧处，何得以考据视之，轻轻忽过？

五者有一于此，即难免乎浮泛，况兼备之！故谓尊论不远于时文滥调者，此也。鄙意则全异于是。前函揭橥性寂与性觉两词，乃直截指出西方佛说与中土伪说根本不同之辨。一在根据自性涅槃，即性寂，一在根据自性菩提，即性觉。由前立论，乃重视所缘境界依；由后立论，乃重视因缘种子依。能所异位，功行全殊。一则革新，一则返本，故谓之相反也。说相反而独以性觉为伪者，由西方教义证之，心性本净一义，为佛学本源，性寂乃心性本净之正解。虚妄分别之内证离言性，原非二取，故云寂也。性觉亦从心性本净来，而望文生义，圣教无征，讹传而已。讹传之说而谓能巧合于真理，则盲龟木孔应为世间最相契者矣。中土伪书由《起信》而《占察》，而《金刚三昧》，而《圆觉》，而《楞严》，一脉相承，无不从此讹传而出。流毒所至，混同能所，致趋净而无门。不辨转依，遂终安于堕落。慧命为之芟夷，圣言因而晦塞，是欲沉沦此世于黑暗深渊万劫不复者也。稍有人心而忍不深恶痛绝之哉？尊论不期与伪说合辙，当然有其缘由。学问所贵乎反己者，以圣、佛之心为心，理同心同。而心又不可以分分析之也。尊论反己，独异乎此。谓以圣说印心有同不同，未应舍己。是则无心同之可言，不过以凡心格量圣说而已，是心果何心哉？索处冥思，见闻所及，无非依稀仿佛之谈。讹传伪说，自易入之，由是铸一成见，谓之曰吾心。则得此心之所同者，自惟有讹传伪说矣。此所以尊论与伪说二而一也。故尊论说到一究竟处，不过一血气心知之性，而开口说化，闭口曰仁，正是刍狗万物，天地之大不仁。此明眼人一目了然者，又岂缀拾佛言，浓妆艳抹，遂可自矜新异乎？由足下之工夫，而闻鄙说性寂、性觉，宜其牵合寂而常照，照而常寂一类滥调文章纠葛而不可解，试问与鄙意有一丝一毫相干耶？又鄙意从性寂立言，故谓在工夫中所知是实相般若，此即自性净心，亦即虚妄分别。《般若》"观空不证"、《楞伽》"妄法是常圣人亦现"，均据此义。证则真现而非妄，常故妄现而非真，其义相成也。能知由习成增上，所成所增，种姓本住，又奚待言？然习起知归，归趣般若实相。无容先后也。此皆瑜伽正宗，源源本本、惬心称理之谈。圣书具在，岂弟牵强附会者哉？足下工夫，向未涉此樊篱，宜其一闻般若，即会牵扯到融通性相一类腐烂陈言，试问又与鄙意何干？然鄙意说到此等处，不过由闻熏议论引发而来，其实佛教真命脉，尚别有所在，实相证知已落第三四层。但尊论或以为究竟矣。此义精微，未容以口头禅了之，姑置不论。总之，弟所得者，心教交参，千锤百炼，绝非如兄想象"治经论"三字便可了事也。尊论向自矜异，难得此番虚怀容纳，大事究明。又吾师新逝，不忍见异说之踵兴，疑斯文之遂丧，故谒疲惫精神以呈其意。有益于高明者几何，则不敢知矣。院事累蒙关怀，意极可感。弟依止吾师，卅载经营，自觉最可珍贵者，即在葆育一点"存真求是"之精神。以是内院虽未开展发皇，却始终隐然为此学重镇。今后此种精神一日不亡，即内院命脉一日不绝。然桐鼎一竿，其难可想。风雨如晦，鸡鸣不已，吾兄多情善感，宁无动于中乎！

附：吕澂致熊十力

（1943年4月13日）

昨函发后，复检存稿，仍觉语焉不详。然思入幽微，何能尽达？要在上机于言外得之耳。功行全殊句下，可注"一则革新，一则返本"八字，以当点睛，请代加之。唯其革新，故鹄悬法界，穷际追求。而一转掍间，无住生涯，无穷开展。庶几位育，匪托空谈。此中妙谛，未可拘拘本体俗见而失之也。唯其返本，故才起具足于己之心，便已毕生委身情性，纵有安排，无非节文损益而已。等而下之，至禅悦飘零，暗滋鄙吝，则其道亦既穷矣。近见师友通讯，载足下教人之语，卑之已甚，全无向上转机，非其验耶？吾侪家业，立心立命，何等担当，应须仔细。昨函云云，请勿以卫道迂说视之也。

致吕澂

（1943年4月17日）

十二日惠函，极感直谅。承示迁论，只时文滥调，纠以五事。其一云："俗见本不足为学，尊论却曲意顺从。如玄哲学、本体论、宇宙论等云云，不过西欧学人据其所有者分别，逾此范围，宁即无学可以自存"云云。此段话，思之再三，终有未喻。夫立言，必有所以言者。辨学术之是非，不仅于其言，而当于其所以言者察之。所以言者，其所见所信也。言者本其所见所信而以喻诸人者也。以言喻人，不能无方便。方便者适其机之谓也。学尚知类，此土先哲已言之。西人治学，析类为精，玄哲与科学，不容漫无分别，未可以俗见薄之也。且言在应机，何可自立一种名言，为世人之所不可共喻？世人计有万象森罗，说名宇宙。吾欲与之说明是事，是否如世人之所计着，则不得不用宇宙论一词。世人推原宇宙而谈本体，吾人与之说明是事是否如世人之所见，则不得不用本体论一词。如不察吾之所以言，而第以名言之有从时俗者，责以时文滥调，试问佛书中果不用当时外道之名言否？亦将受责否？犹复须知，本体论、宇宙论等名词，儒佛书中虽不见，而不能谓其无此等意义。即如宇宙论一词，若不包含本体论在内，则只是对于万象界予以解说而已。大地古今，任何哲人，当其发心、求悟之后，对于世所共见为有的万象界，当然要发生问题。此问题发生，即是他的宇宙论已开端。及其有悟之后，垂说示人，自无可抛开他对于宇宙论方面的见地而不言。佛家除唯识论外，其解析诸行或一切有为法，不承认有所谓宇宙，却正是他对于宇宙论方面的一种见地。至无著《摄论》，成立赖耶，含藏种子，以说明一切相见，相见即相当于俗云万象。分明是有了宇宙论。更核实言之，他明明以赖耶中种子，说明根身、器界，如何否认他有宇宙论？且就无著《摄论》言之，他评判外道小宗为诸行即万象。寻找外因，或计无因，种种之论，而后揭出其赖耶中种子，如何不是宇宙论方面的说法耶？儒家有其宇宙论方面的见地，此不待言。总之，古今中外，凡是穷探真理的哲人，总有其关于宇宙论方面的见地。若以此为俗见，吾不知何者为超俗之见也。本体论一词，不容不立，准上谈宇宙论一词而可知。从来哲学家谈本体者，其自明所见，尽有各不相同，然而都以穷究宇宙本体为学。如说宇宙本体一词是从俗，试依佛说，则云真如为万法实体，此语有过否？宇宙即万法之都称，实体亦本体之异语。则本体论一词，如何用不得？《新论》语体本中篇曾有处说及本体一词，今不及检页数。夫义理自有分际，故措思立论，当循条贯。本体论、宇宙论，此等名词不可道他要不得。虽若有疆界之可言，而实不是分疆划界,各不相通。其似有疆界者,依义理分际而不可乱也。其非各不相通者,义理不是死东西也。我觉得此等名词,不但不是要不得,而且是万不可少的。譬如佛书中,其归宿处,只是显示圆成实性。他自然是用种种方便,不可直揭。吾侪就说佛家是有他的本体论,并无过误。般若之空□□,我则于此见其不谈宇宙论。正因为他对于宇宙论方面的见地是如此的。瑜伽宗立赖耶,我则见其有了宇宙论的说法。这犯何种过错? 如果说天下有一等学问,于所谓宇宙论、本体论等者,杳不相涉,如来教所云,逾此范围宁即无学云云者,吾真不能想象此等学问,究是讲个什么。如果说要归到人生,人生对于世间的观念如何,就是其对于宇宙方面的见地为如何,更是其对于本体论方面的所见为如何。若论到吾人的功修等等,何一不穷究到本体论、宇宙论等范围里去? 前云非各不相通者,意亦在此。为此哓哓,则以来教斥迂论为时文滥调之第一证,故不能已已耳。

其二曰:"道一而已,而尊论动辄立异,谈师则与师异,说佛则与佛异,涉及龙树、无著,又无往不异。天何厚于足下,乃独留此理以相待乎? 认真讲学,只有是非。不慊于师说、圣说、佛说,一概非之可也。不敢非而又欲异,是诚何心哉!"此段话迂陋仍有所未解。夫道理,无穷尽也。人之禀赋至不一,其所值之时与地,及其所素习,又至不一。人各本其一生之经验,以体究道理,则宜其所见有不能无异者矣。然自性涅槃,众生共有,则宜其所见有不能无同者矣。有异,则相非,不非,无由见异。来书责以不敢非,是迂拙未尝立异也。何乃以此见责耶? 然迂拙之于先哲,只有所不可非,无所谓不敢。平生为学,常欲防一己之偏与蔽。如前所谓各本一己之经验,以体究道理,自不能无偏与蔽。因主出入各家,析其违,而观其通。各家等量齐观,则短长易见。而其各有所见之真是处,自尔道通为一,如何更可相非? 来书责以是诚何心,迂陋之心,如是而已。至谓天何厚于不肖,留此理以相待。不肖且下一转语曰：天何薄于不肖，而秘此理不许吾有见耶？不肖又有何私智，泄尽天机？只本天之所予我者，反而求之。又参稽中、印先哲之说，不为入主出奴之见，庶几免于自私用智也欤！

其三曰："尊论谈空说有，纵横自在。然浮光掠影，全按不得实在。佛宗大小之派分离合，一系于一切说与分别说，岂徒谓空有哉！此乃全为章疏家所蔽，充其量不过以清辨邪〔宗〕，上逆《般若》，测、基涂说，臆解《瑜伽》，真空真有，果如是耶？"来书所持，大小离合，系于一切说与分别说，迂陋诚不欲究此离合之迹。平日用心，固别有在。敝书谈空，所以特引《心经》者，正虑有以臆测相诋者耳。此外有所申说，皆引《大般若》中明文为证，谈空具依《般若》，何尝惑于清辨邪宗？至叙论有宗处，本多据《摄大乘》及《成唯识》等论、《解深密》等经。尊见既不满窥基、圆测，亦复欲抑《成唯识论》，似谓有异《瑜伽》。但《成唯识论》之八识现说，与三性中不遣依他之旨，无一义不于《瑜伽》见其根据。吾虽寡学，亦未尝不涉《瑜伽》也。来教既未详所以，则亦无须深论。德钧云，左右颇欲发明《瑜伽》，愿得早日写出为幸。

其四曰："胜义而可言诠，自是工夫上著论。而尊论于此极欠分明。如云：'须解得实相，然后净种从自性发生。'云：'入手不见实相，则净种非自实相生。'此识此见，从何而来？前后引生，如何关合？此等毫无着落，则菲薄闻熏，亦唯空说而已。"来书责我前函欠分明，窃恐此正是吾两人相隔处。夫云胜义而可言诠，自是工夫上着论。此诚是也。但请留意者，用工夫的是谁？实相是什么义？须知实相即本心是，工夫者，万行之都称。——胜行，皆从本心发生。所以用工夫的，即是本心。非可不见本心而靠有漏心来用工夫。靠有漏心来用工夫，虽发之为有漏善，终不能引发得本心出。孟子所云行不著习不察者，正谓此也。如我两人此时谈论之心，若不发现自家本心出来，则欲做虚怀静气的工夫，硬是做不得。只可做一套世情来相将。

纵不大忿恼、大计较，也只是有漏善。而虚其心，以唯理之从，此项工夫，终是做不得。以此例证，真工夫须自实相生也。若问此识此见从何而来，识本心的，即是本心自识，别无他心来识本心。见本心的，即是本心自见，别无他心来见本心。离却工夫，不可得本心，那有前后？本心与工夫，非是二物，如何说关合？此事反求即得，云何无着落？依有宗说，众生无始以来，只是赖耶为主人公，自家真主人公本心或实相。明明存在，他却不肯承认，而说唯是染分，却教依靠经论来做正闻熏习。工夫做到熟，也只是义袭而取。入手不见实相，往后又如何合得上？赖耶的说法，《瑜伽》中已是如此，云何归罪测、基，错解《成唯识论》，不悟《瑜伽》？如欲罪测、基，只好把《瑜伽》中关于八识种现及三性等谈，一笔勾抹去也。宗门自标教外别传，直指本心，此意未可忽。

其五曰："既不能辨自说之不同于伪书，又不敢断伪书之果不伪，荧惑游移，所守何在？"此段话全不相干，其中似有气性欠平语，兹不举。夫迂陋平生所学，有《新论》在。其与伪书，全无关系，乃极明著之事，何须作辨？前书谈及《楞严》《起信》，以一二语了却。一生意趣，本不属考据方面，并非谓此项学问不应作。只是各人生性，爱走某种路向，即行走去，人生那得如上帝全能，遍走许多路向邪！伪书之伪不伪，向来疑者有人，断者亦不乏人，付之自尔。若谓吾不能断，便是酬对周章，自乱步武，此则百思不可得解。此于吾之所见所信有甚关系耶？《楞严》一书，颇有不类佛语处。然以文体论之，其浩衍、雄浑决非中国人所伪。中人文字，别是一种意味也。此话不及详。当是印度外道之归佛者所为。每怀此意，不悉高明印可否？《起信》中，唯生灭与不生灭和合一语，绝不是佛家旨意。和合二字，最可注意。吾于此，亦不及详。但除此之外，综其大旨，不必背佛法也。体相用之谈，无关宏旨，则不论可也。《圆觉》以文体论，当是伪。然若以谈性觉而非之，则菩提是佛说，其可病也。

来书除所示上答五义外，复有云："前函揭橥性寂与性觉两词，乃直截指出西方佛说与中土伪说根本不同之辨。一在根据自性涅槃，即性寂。一在根据自性菩提，即性觉。由前立论，乃重视所缘缘境界依；由后立论，乃重视因缘种子依。能所易位，功行全殊。故谓之相反也。说相反而独以性觉为伪者，由西方教义证之，性寂乃心性本净之正解。性觉亦从心性本净来，而望文生义，圣教无征，讹传而已。"此段话确是关系重要。吾前所谓治经论是一事者，意正在此。自性涅槃、自性菩提，如定要分作能所会去，定要分作所缘缘境界依、因缘种子依会去，是自性可分为二也。岂不是将自性当作外在的物事看去？迂陋之见以为，说自性涅槃者，只形容自性之寂的方面。说自性菩提者，只形容自性之觉的方面，断不可因此硬分能所也。拙著《新论》每谈到证量处，只说是性体呈露时，他性体。会自明自了，就怕分成二片，此岂是迷妄谈耶？前函说性体，原是真寂真觉云云，如何可当作滥调？若如宗门所云见自本心，当不以此为浮谈也。此等境界，至少须有日月至之功，才得发现，不是浮光掠影得来也。又来教"能所易位，功行全殊"云云，吾亦有所未安。自性涅槃既是所缘境界依，此处原不容着力。所以佛氏总是劝发菩提心，分明是要在自性菩提，即性觉上致力。果如尊论，分说能所，则性觉是能，性寂是所。从能上着功，自是不易之理。如判性觉为伪说，则以伪说为可尊也。来函要点，略答如上。仓卒提笔，未及畅意。迂陋平生，任情直行之病，或未能戒。至于为学，期以真理为依归，求诸心，信诸心，而后即安。则一生之所持也。世既如斯，究此学者，亦复无几。倘谅鄙怀之无他，而不吝函札之诤，唯互相勖于心气之平，所谓不益于彼，必有益于我也。一切说与分别说，何妨为文一论之？当作者，直须作，否则空易放过去也。

复吕澂

（1943 年 4 月 18 日）

昨接来函，即时率复，殊多未尽之意。兹又得四月十三日函，所云"鹄悬法界，穷际追求，而一转捩间，无住生涯，无穷开展。庶几位育，匪托空谈。此中妙谛，未可拘拘本体俗见而失之也。以其返本，才起自足于己之心，便已毕生陷身堕性。纵有揣摩，无非节文损益而已。至于禅悦飘零，暗滋鄙吝，则其道亦几穷矣"。此段话，有极好处，亦有极不妥处。如云"鹄悬法界，穷际追求"。西洋宗教家之于神帝，即悬以为鹄而起追求者也。哲学家谈本体者，亦多类此。昔从游有牟宗三，颖悟过人，中西学术皆所综究，逻辑亦有撰述。每谓佛教谈一真法界，即悬一至高无上圆满无亏之的，而勇悍追求之。其说与来教不期而合。吾谓由大乘之说窥之，颇有此意味。但至宗门，直指本心，则已一变而反求之。而所谓至高无上圆满无亏之大本，乃在我而非外。庄心所谓自本自根，亦此旨也。悬鹄追求，趣向无上湛深妙境，进而不止，前而不堕。来函所谓一转捩间，无住生涯，无穷开展，亦不纯属虚侈之谈。但此中吃紧处，却在追求不已。一息而歇追求，生涯尽矣。追求不已，又必于其所悬之的，信望殷切。信者信仰，望者希望。情感弱者，不足语此。然虽穷际追求，要是拼命向外，终不返本。此之流害，不可胜言。真性无外，而虚构一外境，乖真自误，其害一。追求之勇，生于外羡，无可讳言。外羡之情，犹存功利，恶根潜伏，知所极，其害二。西洋学术，都是外羡。返本则会物归己，位育功宏。外羡则对待情生，祸几且伏，如何位育？来教所云，适得其反，其害三。外羡者，内不足，全恃追求之勇为其生命。来教所谓无住生涯，无穷开拓，虽说得好听,要知所谓开拓者,只恃外羡之情,以鼓其追求而已。毕竟虚其内而自绝真源,非真开拓,其害四。足下前两函,吾觉其甚可怪。何故将性寂、自性涅槃。性觉自性菩提。分别乃尔? 又何故于吾《新论》菲薄乃尔? 今得此函,似已略识足下用心所在。盖尊见或即以涅槃为所悬之鹄,由此引起功行,即不息其追求而已。主性觉,则是返本。此乃足下之所极不满,宜其视《新论》如无物也。

来教有云:"未可拘拘本体俗见而失之也。"以本体为俗见,不独华、梵向无此等怪论,即在西欧,亦只有以为玄远难知,而置之不谈已耳,却未闻以此为俗见者也。夫谈本体,果是俗见乎? 科学是表象的知识,是部分的知识。凡虚怀的科学家,当不否认此说。而宇宙本体,即所谓万化之根原,斯人之真性,万物所资始者,此非仅恃科学知识可以得到。由是而穷究本体之学,乃决不可无。人生不能以知识为满足,必欲发展其虚灵无碍圆明不滞的智慧。亦不可恃外羡之情,纵其追求,以无厌足而为开扩。本体之学,所由不得不讲。而足下竟以俗见斥之,不审高明何为乃尔。

来教云:"以其返本,才起自足于己之心,便已毕生陷其惰性。"吾以为讲返本之学,而不免陷身堕性者,此必其未能证得本体者也。《新论》讲本体,原是举体成用,即用见体,故体用不二。此根本义,须先识得。夫本体具备万法,含藏万化,本无所不足者也,故戛然绝待。然体虽无待,而成为用,则有分殊。分殊即是相待。故体之成用,是由无待而现为相待。于此相待,便唤作一切物。人亦物也。此一切物,随举其一,皆具有大全的本体。自甲物言之,甲物得此个大全的本体。自乙物言之,乙物亦是同得此个大全的本体。余可例知。但本体举其自身现为相待的一切物以后,而从每个物或个人分上来说,他虽是具有全体,大全的本体,省云全体,后仿此。虽性分上无所不足,然他毕竟成为有限的。凡相待的,即是有限的。不能把他的自性即本体。完全显发出来。他很容易为他的形躯所使而动念,即违真以障碍其全性。由障碍故,他本性即自性。虽至足,只是潜伏着。而从其自家生活的方面来说,却常时感得不足。并且不足之感极迫切,因此便有一个极大的危机,就是要向外追求。追求略判以二,曰向下,即物欲的追求是;曰向上,如祈依神帝,宗教。注想真极。哲学家向外觅本体者皆是。及来教所谓鹄悬法界,皆是也。上下虽殊,向外则一。外则离本,虽存乎上,而浮虚无实,与下同归。故吾《新论》独持返本之学,唯求见自性。即本心或本体。须知个物或个人的自性虽一向被障碍,而毕竟无有减损,时常在障碍中流露一些机芽。机者生机,芽者萌芽。孟子四端,皆性之流露,喻如机芽。只要保住此机芽,令其扩充不已。这些机芽,原是内在的大本之流露。内在之内非与外对词。识得自有的大本,省云自本。才仗着他自本。来破除障碍,因为他是自觉的,故可破障碍。而把自性中潜伏的和无所不足的德用前云自性具备万德,含万化,此中用字,即为万化之代词。源源的显发出来。这种显发,就个物或个人分上言,他是破除障碍而不断地创新。其实正是返本。因为个物或个人的生活日益创新而愈丰富者,都是其自性的德用不匮的发现。所以有本才得创新,创新亦是返本。这个道理,真是妙极。《新论》文言本《明宗》章有一段谈及此,不卜见否?夫本体至神而无相,若不现为物,则无资具以自显。及其现为物也,则物自有权。而至神无相之体,所以成物而即运行与主宰乎其间者,便有受拘于物的形躯之势。而必待物之能听命于己,以起修为,此中己者,设为本体之自谓。乃得以自显发。工夫即本体之义,须于此参悟。否则物乘其权以自逞,而锢其神,神谓本体。则本体终不得自显。佛家所云真如在缠,亦此义也。《论语》曰:"人能弘道,非道弘人。"其义蕴盖在此。苟深见此义,则知至神无相者,虽主乎吾之一身,而吾不能曰:反求而得其至足者,更无所事事也。识得本体已,不可便安于寂。要须不违真宰,谓本心或本体。勇悍精进,如箭射,箭箭相承,上达云霄,终无殒退。如是精进不已,是谓创新不已。如是创新不已，实即本体呈露，其德用流出，无有穷极。故修为进进，进而不已曰进进，即精进义。即是本体显发，无穷妙用，自然又恶有不寂者乎？是故返本之学，初则以人顺天而自强。人谓修为，非谓圆颅方趾之人也。天者，本体之代词。修为工夫，实由不违本体故，而本体德用得以显发。即此本体德用显发，就吾人生活方面言之，则曰修为。故修为非离本体德用而有。自强者，就天言之，则是本体德用，显发无穷。就吾人生活方面言之，则曰自强。久则即人而天。初时修为犹未纯，根本须恒持本体不违一念。此不违一念，正是修为中之主要工夫。而且此念仍由本体显发，非别有来源也。此处煞难言说，吾人一向障碍本体者深，本体之明照微露，吾人便顺从此明照，不令妄念起而障隔之，如此，谓之不违。此时修为，虽实际上是本体显发，而不违一念，毕竟是以人顺天，犹未与天为一，故曰顺为，犹未纯也。修之既久，自然纯熟，天体全显，此时无所谓人，乃即人而天矣。**刚健复寂寂，寂寂复刚健。** 吾人以知本而创新，创新而返本。到得返本，恒是刚健寂寂，何至有陷身堕性之事乎？其陷于堕，必未真证本体者也。若如来教，以本体为外，悬之为的而追求焉，其中无所本，而唯外羡，以鼓追求之勇，则吾已陈其害如前，不复深论也。又见体岂是揣摩？揣摩乃妄想也，何得见体？

至云"节文损益"，正是不见体者所为，足下何为有此等议论耶？"禅悦飘零，暗滋鄙吝"，以此责末世伪禅可也，是可以病禅学耶？又云"近见吾教人语，卑之已甚"云云，高明以此见责，而蒙开示向上一着，却是鹄悬法界，穷际追求云云，窃恐此正是一向好高所致。吾内自省，一向没有下学工夫，玄思妙悟，只以粉饰胸间杂染，转增罪过。年垂六十，如何再不回头？外观当世士习，几不见有生人之气。尤伤族类将危，吾老矣，念挽此危，唯有对人向日用践履处提撕，使之敛其心于切近，养其气于平常。从下学立得根基住，久之，资美者，自悟胜远事，而何待予为之强聒耶？吾四十五以前，犹甚使气，四十五以后，每以此自愧，宁避人，无斗口，然只强抑，非真能无竞也。一矜字，尤去不得，下学工夫甚不易，注意及之，而后知其难也。

附：吕澂致熊十力

（1943 年 4 月 22 日）

叠来两复，颇涉支离。前以虚怀欲究大事，故略贡所知，意本欲取准佛说也。尊论乃一转而为依据《新论》云云，此则《新论》已自解决，何待究明耶？可勿再谈。弟函所举尊论，皆指前后来信，原来未管《新论》间事。尊函所谓视《新论》如无物，诚是也。惟弟前函，只说鹄悬法界，岂即在外？最新一函且明言归趣本不外求。又说委身情性，岂是惰性？至性寂、性觉，明说对于心性本净一语之两种解释。一真一伪，各有其整个意义。岂即是一心二门，各约一门？凡此等处，请勿粗心曲解。则一场议论，或不致全落虚空耳。西人谈小乘佛学者，常谓其不涉宇宙本体论，却不以为不能想象。又自佛学见地言，本体等论，不谓之俗见，难道还称真见？不解足下何以一闻此等语便忿忿不平也。

复吕澂

（1943 年 5 月 21 日）

月来多乱心之事，故乡被寇一遭始得信。前函久未复者以此。来教有取准佛说语，却与下怀相左。此意真难言，实无从说起。我于佛说，始终作为一种参考而已。完全取准，问之于心，确不能承受。只是不能完全也，非全不承受。来教又云"西人谈小乘佛学者，常谓其不涉宇宙本体论，却不以为不能想象"云云。实则本体云者，即佛书中所云法性耳。忆《唯识述记》中讲无余涅槃处，分别法、法性，手无书，不能检。法性非本体而何？若谓小乘全不见法性，吾不敢作此说。西人之心习而治佛学，恐未可据。中土所较备者，本大乘说。我平日只就我所知者言之，如《新论》。其所不知也，固未尝言也。所评大空大有处，却就我所见处说。来教云"自佛学见地言，本体等论不谓之俗见，难道还称真见"云云。我以为自学术见地言，本体论无所谓俗与不俗。吾人若不能苟同于科学万能之俗见，而期于反证斯人之真性、万物之本命，则此等学只合名之为本体论。本体一词，非近世译名，宋明儒已盛言之。实性、实相，佛典屡见，得曰非本体的意义耶？若必谓佛书名词全与世间无相通处，恐不必也。但名词是同，解释却异。如桌子一名词，俗说中与科学中及哲学中，莫不同也。但俗说以为固定的东西，科学说为是许多电子元子，哲学更有许多说法。解释尽可各不同，而同是对于所谓桌子而下解释。则莫有对于桌子一词而起诤论，说为俗与不俗者。以此类推，则本体论一词，又何须见斥耶？我所自信无疑者，实物是没有的，是依大用流行的迹象而假立。至所云大用者，即是本体之呈现，非体在用外。就用上言，是分殊；就体上言，是绝待。因此不能外吾之本心而去找体。我相信此理如是，非不如是。你说《新论》无物，我还发现不出是无物。我不是游移恍惚，却信得过，道理是如此。你责我曲学之私，我总不知曲在何处？惰性字，前纸确是惰字，非情字。当时见者非一人，惜因天花板崩下，案中书物多损坏，不然则可检也。吾似不至不识一情字，且非止我一人看过也。又云"性寂、性觉，明说对于心性本净一语之两种解释，一真一伪，各有其整个意义，毫无欠缺。岂即是一心二门，但约一门"云云。来教所谓一真一伪之云，岂以寂是真，觉是伪耶？说寂与觉，是对于心性本净一语之两种解释，此则无疑。而有一真一伪之分何耶？又前承示与证如与谈禅二则，匆匆一看，被德钧拿去，非同住。今不尽忆。似有一则云意在言先云云，吾以为言时亦无意。有意而言，非证真之言也。又有反随说随扫之云："说前，有何可扫？"因说故扫耳。旧语似无病。又似有不著不起语。吾以为须勘起的是谁，果何所著？若识得主人公，随缘赴感靡不周，而恒处此菩提座，起即无起，更无所着也。

附：吕澂致熊十力

（1943 年 5 月 25 日）

前函结束所谈，而来复殷勤，犹求一是，意甚可感。惟兄所知佛说太少，又久习于空疏，恐区区文字之真，亦唐劳笔札，而终无益于介甫也。前函往复，皆从闻熏一义引起。所辨皆佛家言，不准佛说，讵得是非？乃足[下]以一见佛字，即避之若浼，以自绝于入德之门，此可谓大惑也。前函涉及西人谈小乘云云，乃以尊论有"佛学不从本体论理会，即不能想象"之意，故举西人研究之实，以证尊见之讹。弟何取于西人哉？惟尊论谓法性即是本体，小乘亦有所见。此则纯系臆谈。法性共相，不可作本质观。《成唯识》八说法与法性，非一非异，亦指共相。盖自瑜伽师尊视《阿毗达摩经》以来，此意益以显然矣。小乘更用为通则、习惯及自然规律等义。详见巴利圣典协会所编《巴利文字典》。此籍钩稽三藏，历时十年而后编成，训诂甚确。彼于法性有证，则唯证此而已，岂得视同本体哉？至实相实性，皆就相言，亦未可以译文有一"实"字，遂漫加附会也。要之，佛家者言，重在离染转依，而由虚妄实相所谓幻也，染位仍妄。以着工夫。故立根本义曰心性本净。净之云者，妄法本相，非一切言执所得扰乱，净字梵文原是明净与清净异。此即性寂之说也。自性涅槃、法住法位，不待觉而后存，故着不得觉字。六代以来，讹译惑人，离言法性自内觉证者，不据名言，谓之曰内。一错而为自己觉证，再错而为来来觉证。于是心性本净之解，乃成性觉。佛家真意，遂以荡然。

盖性寂就所知因性染位而言，而性觉错为能知果性已净。由性寂知妄染为妄染，得有离染去妄之功行。但由性觉，则误妄念为真净，极量扩充，乃愈益沉沦于染妄。两说远悬，何啻霄壤？然性觉固貌为佛家言也。夺朱乱雅，不谓之伪说，得乎？知为伪说，不深恶痛绝之，得乎？足下浅尝佛说，真伪不明，乃即本体揣摩以迎时好，来复谓科学万能之说为俗见，但以一本体论到处套得上，其去万能说又有几何？此尚非曲学乎？足下谓就所知以谈佛学，此自是要好之意。但前后来信，强不知以为知，其处亦太多矣。即如流行一义，在佛家视之，原极平常。《般若》九分，归结于九喻有为一颂，龙树、无著之学均自此出。迁流诸行，佛家全盘功夫，舍此又何所依？问题所在，乃是此流行染净真妄之辨，与相应功行革新、前函日创新意犹不显，故改之。返本之殊耳。尊论漫谓佛家见寂而不见化，此咬文嚼字之谈，岂值识者一笑。尊论谓即寂即化，原不可分，是则犹海水之味咸，尝海一滴，能谓其得水而不得咸耶？足下乃即凭此等肤见，横生议论，侈言会通。瞎马深池，其危孰甚。弟近觉足下精神衰退可惊，兄前错误情字为惰，此间有信稿副本三本可证，无容辨解。且此次来信，又错写惰字为隋，用字着笔且尔，更无论前时匆匆一览，病目生华矣。如真不欲以玄思妙悟自饰过非，则欣死朝闻，契心真实，亦大丈夫本分事也。戈戈《新论》，能博得身后几许浮名，敝屣弃之，又何恋恋哉！先师百期知不能来，重见何时，思之心瘤，匆复不宣。前嘱张生以复证兄函稿相呈，乃以稿末有闻熏义，可补各书所未及也。谈禅数语，弟自有境界。非浅识可议也。

复吕澂

（1943 年 6 月 3 日）

你读书诚多于我，但吾于此理，自有真见处，岂无以自信者耶？足下既自视太高,吾自无如何。然至理所在,要不能无辨也。日来已将前各信一一清理出,凡来教中字字句句均不敢删,以存真面。如吾所答诚无理,有识者亦自见得出。人皆有佛性,不能谓绝无知斯事者也。吾欲整理笔札,集入《语要》篇三。故此次各函,亦欲存入。不用尊名者,竟师既逝,恐和尚将来见之,《语要》此时印不成。谓吾侪自起风波也。所以必存者,能所之分,与性寂、性觉之辨,吾实视为至要,不可不存此一段公案,非有若何私意也。

附:吕澂致熊十力

(1943 年 6 月 12 日)

三日来书,及改作信稿,均收到。足下前来各信,对鄙说委实未曾理会,大可不必编入《语要》。如欲编入,亦请仍用原来信稿,并附录拙函全文,以昭真象。万勿作伪,自欺、欺友,并欺世人。当时拙函所谈,岂无一毫可以感悟足下之处?来信所答,岂果不足表示足下真实工夫?欲与世人相见,即凭此一点可爱,奚必改头换面,效市井俗态?针锋相对,乃为快意耶。且足下原来各信,力期心意之平,觉愚说过分处,皆轻轻带过。又自表白,昔日玄思粉饰之非。态度之佳,为数十年来所未见,愚方赞佩不已。何意足下一转念之间,又走入魔道,只求为《新论》作虚伪宣传?拙函本不管《新论》闲事,且在函内声明。足下改作信稿,以深文周内,纠缠不已,何也?不惜将真诚流露处,一概抹煞,用心之曲,有不忍言者。如(一)往复诸信,皆由足下妄议先师偏重有宗闻熏一义而起。而改作信稿,捏造最初一信,将依据转移,一若真对《新论》而发。(二)原来第二答,系足下未接家祸时所作,有六纸数百行之多,乃改作信稿云当日家乡被祸,匆匆一阅,仅略答数行。(三)足下误认情字,愚处有信稿可证。德钧来此,已与看清,而改稿固执不变。

47

（四）来信引用拙函处，多割截首尾，意义不明。而来信反云一字一句不敢删。此等几于当面说谎。而足下不恬不为怪，真可太息。嗟乎，子真！相识数十年，乃不能开诚相见，一至于斯耶？已矣！可不复论。

复吕澂

（1943 年 6 月 21 日）

〔端〕午节前有一信，及最近一信，均收到。关于前一函谈佛家小乘法性义，《巴利文字典》吾决不能赞同。但如《阿含》及《俱舍》等，向所阅者，今不能忆其文，故暂不答。梵文明净，中译清净，不得谓之错。清字取澄澈二义。澄与混浊相翻，澈则明义也。《诗》："会朝清明。"《礼》："清明在躬。"清明连用，岂有清而非明者乎？后一信改头换面之责，足下何不平心至是？所学果何学，而如是耶？吾素性急，凡来书，往往立答，自不必尽意也。春间足下来书，皆一到即答。然答而不能尽意者，有二故：一、昨腊鄂东寇祸，久不得家信，心乱甚。二、竟师新逝，知足下悲苦中，故于来函之骄横无理，须知吾于此理自有真见。一概避让，不愿针锋相对，冀足下稍悟也。矜心胜心，皆所谓杂染。潜玩玄文，而未离此杂染，乃何哀之甚也！前自抒所感，亦冀足下有同感也。人生已至五十、六十，更有许多岁月，何苦如斯？足下骄傲之气，溢于文墨而不自觉。盖天下地上，唯我独尊。其养之有素，则不自觉也，宜矣。吾见足下之终不反也，又念前次答函，均心有所牵而未尽意也，故于午节前乃复阅足下各次来教，一一逐答。只将吾前答不尽意处稍加详耳。时之相去，不过月余。吾自改定，而复陈之左右，如何不是真相？如何谓之作伪？如何是自欺、欺友、欺世人？足下以此等大罪名相加，真不可解也。来函嘱不必编入《语要》，自无妨遵嘱。但足下对性寂、性觉，谓吾说得一片热闹，全与尊意不合。有机会当详细发表云云。如发表，幸见示，吾尔时再答。又谓吾函引用尊函，多割截首尾，意义不明。幸而尊函除鹄悬法界之小笺外，其余均在。如足下要发表，也不难录出。至小笺虽失，而足下前后所争，亦只在情与惰字。则吾所引，当更无割截处也。又所举大小之派分云云，下点有错，此无关义旨。又所举所成所增云云，则足下之修辞，似亦太怪。所成二字，可以想到是熏习所成，相当于《成论》之新熏义。所增种性云云，吾意谓所增上之种，其为本住，不待言也。即相当《成论》之熏长义。今足下来函云：当作种姓本住。而自解云：谓有本性住种姓也。习成于此本种有增上用也。本无奥义，何故为此晦语？且吾之下点，与来示似不必相背也。刻俗冗，未及详答。

附：吕澂致熊十力

（1943 年 7 月 2 日）

得复颇有所感。前寄各书有激切处，大抵出于孤愤之怀。十余年间，自视歉然，不敢于佛学着一字，复何所骄于故人哉！内法东来千载，只余伪说横行，流毒无尽。自审良心犹在，不忍恝然。偶触尊函，抒其愤慨，岂以虚矜求胜于足下乎？惠复云云，似未知我也。月前尊函意有未尽，本可续详，乃必饰事改文，以图眩俗，总觉着意太深，形同作伪。如曲解拙函所称"尊论"为《新论》，如讳辨五事之详函为数行，如略拙函"所守何在欤"句下小注，而云字句不敢删，皆是也。寄示承认，又与指鹿为马何殊？友道固不应尔。故力劝足下改之，非苛责也。惠复既从其议，可置勿谈。唯改作函稿，益见空疏，足下亦应自知。如辨空有一段，小乘典籍，此方最备。经具四舍旧文，律备五家广本，论有毗昙两类，始末灿然，较诸锡兰所传经论，改文而又残缺者，所胜多矣。而以为"鳞爪未完"，一不可也。龙树、无著之学，后先融贯。两家皆对一切有而明空，皆对方广道人而明中道空。不过一相三相，后先为说方式不同而已。乃从清辨立说，章疏家所据在此。强分空有，二不可也。龙树兼主《华严》，罗什传习，亦以《十住婆娑》与《智论》并宏。乃以为单宗《般若》，三不可也。无著通宗《般若》《宝积》，《瑜伽抉择》解整部"迦叶品"，以见大乘宗要。《中边》亦有遵依《般若》《宝积》明文。乃以为专主六经，四不可也。六经自是《成唯识》一论所依，且"如来出生"，即是《华严》一品，何得并称为六？大小乘以一切说与分别说对抗分流，佛说归于分别一切，有宗故意立异，所目佛说，意义遂殊。此本学说实质问题，乃仅视为流别，五不可也。性相之称，原同考老转注，三自性即三自相。乃以附会于本体与宇宙，六不可也。无著据《瑜伽》以谈境，备在《显扬》，此以二谛开宗，无所不包，建立依他又无比其要。乃漫谓莫详于《摄论》《唯识》，七不可也。《摄论》《唯识》依《毗昙经》，与《瑜伽》异说，"本地分"依圆染净相对而谈，《论经》始说依他为二分。乃以为两论悉据《瑜伽》，八不可也。基师纂集《成唯识》，淆乱三家，迷离莫辨。既误安慧说为难陀，又以胜子等说改护法。今有安慧论梵本与护法论净译本可证。测更自郐而下。乃误信两师解说有据，九不可也。奘译喜以晚说改易旧文，谨严实有不足。如以《瑜伽》说改《般若》，时见"唯心所现"与"无性"为"自性"之义。又以《毗昙经》改"本地分"，而有言说"性"与"离言性"平等之义。又以惠护"遍计执余"之说改《摄论》，以清辨和集说改《二十颂》，以护法"五识说"改《观所缘》，几于逐步移观，终不以完全面目示人。故愚断定奘译为不忠于原本之意译，《内学》年刊四辑中略载其说。民廿五年，奥人李华德洞究梵本《二十论》与《宝性论》，乃赞服之不已。李华德即钢和泰之同参，使钢氏未死，当亦深信愚说无疑。钢氏昔与[黄]树因不过以藏文《摄论》（非梵本）粗勘奘译而已，岂见及此？而以为未便致疑，十不可也。仅仅一段文中，略加核实，即触处皆有商量，至于如此，而谓佛学之真能凭玄想一改再改以得之乎？又此一段，说及《新论》评决只有自信谨严。因取《新论》，寻所谓谨严处观之，乃见批评无著三性说，引据《大般若经》，以为三性始于空宗，无著更张原意云云。此解无稽，真出意外。盖所引《般若》，为《慈氏问品》，原系瑜伽所宗，晚出之书取以自成其三性说者，此与空宗何关？罗什《大品》不载此文，梵本与藏译旧本《般若》亦无此品，乃至奘译无性《摄论》，引用经文者，西藏译本亦不见有，可见其流行之晚也。西藏《大藏经》目录亦谓：龙树于龙宫所得《般若》并无此品，又可证其非龙树学之所宗也。今存藏译二分《般若》有此品，乃晚世补订加之。题名《般若》之经，非空宗所专有。如《般若》"理趣分"，为密宗所依，与空宗亦无关。岂可一见"般若"，即目为空宗之说？又经文说色等三法，原为遍计色、分别色与法性色。瑜伽宗论书乃取以配合三性。岂可直接改经文为遍计性、依他性与圆成性？此经如已有三性名称，则《阿毗达摩经》亦不必费大周折，以幻等异门为《般若》说三性之证矣。又清辨《般若灯论》亦无由破斥瑜伽建立依他之非矣。又经说分别色，云唯有分别。此即《三十颂》解依他为"分别缘所生"之张本。岂可但云"唯有名想施设言说"？又经末下即云："佛言慈氏，于遍计色等，应观无实。于分别色等，应观有实。以分别有故，但非自然而转。于法性色等，应由胜义观为非有实非无实。"可见瑜伽宗以分别色配合依他，释为幻有，不应说无，正是经文原意，岂可视同无著妄改？又经文云："法性色，乃谓色法，由遍计无。而法住法性，常常恒恒，是真如性。"此乃指圆成之色法而言，岂是色法之圆成相？经言"非有非无"，此是瑜伽宗胜义，通《阿毗达摩经》说二分之意。岂但"是真实有"一言可以尽之？夫比论学说，犹听讼也。今不辨两边之辞甲乙谁属，又不得其词意之实，甚至不待其词之毕。而据为是非曲直之判决书，其何以服古人之心，又岂堪向世人而说？蛮横无理，一至此极，不审足下何以一无觉知，反自许为态度谨严也。《新论》据《摄论》《成唯识论》处，均多臆解。乃至以《心经》解《般若》，巧取捷径，亦失玄宗。夫《毗昙》结小说之终，《般若》启大乘之胎，息息相关，学应如此。经言五蕴自性空者，色空变碍性，受空领纳性等，皆于《毗昙》见其真诠，岂常人耳目体肤之所感觉能尽其意耶？《般若》正宗在"不离一切智智而以无所得为方便"。故遍历染净百八句，以为观行。此言五蕴皆空，得概之耶？（五蕴不摄无为。）《新论》于此等处，一无所知，乃谓能由《心经》以彰《般若》幽旨，吾不敢信。惠复寄慨于年将六十，来日无多，凄动予怀，难能已已。足下自是热情利智，乃毕生旋转于相似法中，不得一睹真实，未免太成辜负。故为足下累牍言之，不觉其冗长也。否则沧桑任变，不为君通，又何碍哉？区区之意，幸能平心一细察之。累日苦雨，精神欠佳。此复屡作屡辍，迟至今日，始写毕付寄。惠复封套附记"性觉要认得"语，余极能体谅尊意。以足下所学，根据在此，自不容轻易放弃也。惟予所确信者：一，性觉说由译家错解文义而成，天壤间真理绝无依于错解而能巧合者；二，道理整个不可分，性寂说如觉有一分是处，即应从其全盘组织，全盘承受，决不能尝鼎一脔，任情宰割；三，佛家根本，在实相证知，以外绝非神秘，应深心体认得之。

答徐复观

（1943 年 7 月 5 日）

　　来函于尊姓写得不可认，是徐字否？大名似是佛观二字。写字固不妨草，然过草亦不必也。古人对老辈或素未面者通书，字与辞皆甚谨。清末以来，此意渐废，至民国而益不堪。吾少时革命，极慕脱略。三十左右渐悟其非，久之而益自厌矣。默观时会，士人操行能严谨者较好；放纵者每至失其所以为人，此可戒也。贤者吾同县耶？抑同省耶？再函望见告。为学须具真实心。真实心者何？即切实做人之一念，恒存而不敢放也。诗曰："夙兴夜寐，毋忝尔所生。"心不存时，最好诵此，庶几惭愧中发，而有以自警矣！吾老来，念平生所见老辈及平辈、后辈，甚至后后辈，有聪明可望于学问或事业有所就者，未尝无之。然而卒无成，其故为何？即根本无做人之一念耳。无真实心，便无真实力。无真实力，而可以成人，可以为学、立事者，古今未尝有也！富贵可苟取也，浮名可苟取也，人生而为人矣，奚可如是了此生耶！

力复　七月五日

上段话，或掷还，或录还。

著述事谈何容易！辨别又何易！破碎二字，唯大经师足以当之。若夫以肤杂见闻，构成一条一条的说法，如梁任公、胡某诸人所为者，恐未可当破碎二字也。经师治朴学，搜集考索，无一字可随便得来。其用心甚细，用力甚勤，集证多且强，而后敢下一断案，其运思不苟也。所惜者，滞于名物而未足与探至理耳。吾虽薄经师之业而未尝敢忽其所长。后生肤杂，等诸自检。吾不为某发也，切勿误会。卒业何校？近作何事？望见告。

勉仁书院，只是空名。梁漱溟先生门下诸子，办一勉中，确是几位老实人，互相鼓励用功，也不过数人而已。虽有意成书院，只是难成。吾只依托其间耳。如寇退，吾得回鄂，将来于武昌得成一讲学之所，乃佳。然吾老衰，又平生无世缘，恐不足望也。

原编者注：此函年代根据徐复观与熊公初交之时间判定。

复张北海

（约 1943 年 7 月 9 日）

北海：

九日与艮庸信，顷阅悉。讲学事，你与鹤亭先生意思固好，但吾之本意殊不愿张大其事。以目前生活情形论，吾决不欲谋经济之助，亦可简单过去。吾因你与鹤亭前次上山，有得暇来山讲习之意。后赴碚，席上遇郑、敖两同学，恰恰是主编著经、史。吾以此等责任重大，故欲其不以吾之寡陋而得过从。郑君治史，以文化为主是也，然文化极不易言。中国文化非究心义理，即不得文化之根源与精髓。此吾欲郑君过从者也。考据之风盛，而经旨日益晦塞，吾故欲敖君不我弃。

吾于经、史实亦说不上有何渊博工夫。平生为学，好为遐思与超悟。林宰平先生常谓吾见大与见深之本领，确有特别。吾自信超悟独得处，于前贤或不多让；而博文工夫，却多所未尽。少壮厄于奇穷，中年以来覃思于哲理。此中奇难处，实非外人所可想像。在此方面吾于华梵，六通四辟，小大精粗，其运无乎不在矣。然《量论》未成，确是憾事。明正［月］吾遂六十。自觉从五十八岁起，精力一年差一年。记忆差，精力易散而难聚，思想迟（纯）［钝］，下笔难畅所言。吾因欲将《量论》写点意思出，便不敢耗散精力，故大作讲演，吾决不能。吾夙有遗髓病，神经衰故。说话多即发。艮庸深知。吾在北大将廿年，只每星期二小时，以此故也。思想之苦，即伤肾气。说话耗气，不可不戒也。吾本性好谈，然只可偶一为之。谈了之后，夜必吃药或肉汤，否则不得了也。吾若不想为《量论》，则可重玩六经，写一点讲稿。但今不能。《量论》不作，终不甘心。人生到六十，精神真不堪用。你们他日自知之，此时决不能信，只在外面看吾是好人而已。吾只欲你们少数人不时随便谈谈，讲学之举，千万罢论。若爱惜我，须为精力计也。

七月九日

鹤亭先生及郑、敖两同学均一看。急中写此，交艮庸即转。

复吕澂

（1943 年 7 月 19 日）

七月二日惠函，真挚之情极感。前改正各信，坐以饰事改文，以图眩俗，终是苟论。自改其信，自明本意故也。小乘二十部，其后演变之繁，更非二十部所可范围。无著、世亲之兴，已在佛灭后九百年间，小宗犹与为劲敌。世亲之聪明博闻，实出小宗，即此可知小宗之盛。岂只此土所传小宗经论之数耶？来信所云一不可，似不必然。唐人相传，以龙树、无著分空有。我终以为成案不可翻。龙树师弟之四论，与无著兄弟之一本十支，各综其大旨而亲之，两家精神与面目，明明不同，如何可并为一谈？来信所云二不可，我仍不相信为不可也。来教云"龙树兼主《华严》"，此却甚是，但《般若》毕竟是其根本。无著虽涉及《般若》，但综其大旨观之，毕竟唐贤相传为说有者得其实。譬如程、朱谈天理，阳明亦谈天理，而阳明究与程朱不同。来教所谓五不可中，一切说与分别说云云，我望你详写出为一书。性相之称，原同考老转注，有处可如此说。但谓处处如此说，则其失不小。法相，亦省云法。法性则法之实性也。于此无分，诚吾所未闻。谓《摄论》《唯识》谈境，不详于《瑜伽》，此则吾所决不能承认者，此时实无工夫写此意耳。要写也非难，但实无此闲心事。且书籍又有不备者，然大意可索。《摄论》首立所知依，《唯识》种子义最要。故谓其据《瑜伽》。来教云："'本地分'依圆染净相对而谈，《论经》始说依他为二分。"此则言有详略之殊耳。来示九、十两不可中，我不通藏、梵文，不欲置论。但译笔欠谨严处，容或有之，而不能以数节之失，谓其全体皆无据。李华德似是战前在北平者，此人殊无所知。《新论》中篇所引《般若》文，是否晚出，犹难取证。《大般若》各分，元来亦多是单行。圆成一词，在《大般若》中，似亦屡见，岂吾误忆耶？依圆相并为言。空宗或早有三性之名言，亦不希奇。但空宗于此不必注重耳。譬如孟子，亦说到良知。要自阳明而后，才发挥为一派之学。孟子说来，却甚简约。足下必断为有宗之谈，究亦难得证据。

来教有云："又经文说色等三法，原为遍计色、分别色与法性色。瑜伽宗论书乃取以配合三性，岂可直接改经为遍计性、依他性与圆成性。"注略。此下文字，吾不暇具引。然吾总觉以三种色配合三性，实可不必。三色还他三色，三性还他三性。吾不欲其相配合而成论。有宗好为无聊之配合。来教此段，大旨似谓龙树时，《般若》无三性之谈。然就龙树、无著两派各所持论衡之，则龙树于缘生法即依他。无所建立。与经言依他法唯有名想设施云云，无不合。无著于此，明明建立，斯固彰明较著之事也。来教又引经言，上略。于分别色等，应观有实，以分别有故，但非自然而转。中略。可见瑜伽宗以分别色配合依他，释为幻有，不应说无，正是经文本意。此说吾未能印可。夫经言分别色，应观有实，而曰以分别有故。则明其依妄识所现，非可曰克就色上言，而有所谓如幻而不应说无之色也。经言：于法性色等，应由胜义，观为非有实，非无实。色无自性故，非有实；色之实性即真如故，非无实。此就色言，应如是说。故分别色只是随情假立。其曰应观有实，非果有实也。只随情假立说有实耳。其与遍计色异者，遍计则起执，执故宜遮。分别假立，可无遮也。克就世所云色而言，则由胜义而观为非有实，非无实。前云色无自性故，说非有实。色之实性，即圆成故，非无实。此了义也。来教云："经文说法性色，乃谓色法由遍计无，而法住法性，常常恒恒，是真如性。此乃指圆成之色法而言，岂是色法之圆成相？经言非有非无，原注略。岂但'是真实有'一言可以尽之"云云。吾不知足下于真如圆

成,究作何解。吾以为必真见到"是真实有"的一真无待的圆成实性,才可于色法而言,由遍计无,而法住法性,常常恒恒,是真如性。《楞伽经》言"大慧,真实决定,究竟根本自性可得,是如如相,我及诸佛随顺证入"云云。此可深玩。如不能遣色等相,而证入究竟根本的真实的圆成真如实体,而曰但于色法之上无其遍计,则所云法住法性,常常恒恒云云者,不知从何说起也。夫唯见到无差别的实体,而后于色等一一法相,皆不于相上起执。而直证入其实体,始可曰法住法性,常常恒恒也。否则于色上即作"质碍性空"观,便以此为真实。则今科学上亦不说元子电子有质碍性也,便应说为证真如耶? 不观色等相空,诚不能证如。而观空,要只是观行之一种方便,证如却尚有工夫在。以真如非是一个虚的共相而已也。经言:"非不见真如,而能了诸行,皆如幻事等,非有而非真。"此为了义。岂吾持义无据耶? 而谓圆成实性非可以"是真实有"一言尽之,恐于根本处待商量也。总之,佛家之学,毛病甚多。我愿你照他的真相讲明算了,不必有意为他回护。佛家尽有高深而不可颠扑处,但以吾所见,其妄诞处实不少,而无著之徒为尤甚。印度人最喜弄名词,许多地方弄得甚好,其弄得不好者也不少。中国先哲最不肯弄名词,其长在是,其短亦在是。我对于佛,根本不是完全相信的,因此,对于伪不伪的问题,都无所谓。我还是反在自身来找真理。

与朱孟实、叶石荪

(1943 年 8 月 3 日)

孟实先生并示石荪老弟:

今春内院吕秋逸先生对于《新论》语体本曾大肆攻诋。吾以欧阳翁新逝，初不欲与深辨，后愈来愈凶，吾乃作答，即此本所录各书是也。欧阳大师在时，向以吾为不究佛法。吕君之论，亦欧翁之遗教也。窃以清儒考据之风盛行以来，义理之学其亡已久。儒学既失，而佛门之敝更不忍言。欧阳大师崛起，董理内籍，一扫唐以后和尚、居士之迷谬，功诚不细，然只是辨识名相，考正文义。至于辨识名相，而复能忘名相以究实相；考正文义，而复能遗文义以契实义，则不可苛求于欧翁，而非敢挟私意以薄之也。吾与复性〔书院〕马居士虽绝交，但其冥悟处，真有不可薄者。吾既老矣，念斯道之丧，尝有慨于心。今之学人并心外驰，思想日益浮杂，先哲真意，日就晦塞。吾尝欲来嘉得与兄等切磋，然今之生活太困，那可轻动？人生到六十，稍一困折，便易殒落，此所以审慎不敢前也。先生于本心之义，不妨时过马居士谈谈。透此一关，其余理论自易了矣。兹寄上答吕各书，只与石荪及张立民三人同看，此外请勿示之。因吕君不许吾发表，吾已允可，即不可暗中又向多人宣布也。吕量隘，切勿外泄。立民可以此信与之一阅。

八月三日

答徐复观

（1943 年）

佛观先生：

　　理气问题，《新论》中卷有一段说得明明白白。先生或于体用，犹在若明若昧之境，故于此犹用猜拟耳。此义也，中西古今哲人，解者无几。哲学上纷纷之论，由根本义不透故也，而况吾子非专事于斯者乎！望将全书字字句句反覆多玩，虚怀而后有悟，勿无意见。

闢可以言体，是就体之显为用，而权言之也。注意权字。闢固是理，翕可曰非理耶？体者，举翕、闢之浑全而言也。用者，即本体之显为一翕一闢者而言也。《新论》每云"体显为用"，或云"体成为用"。显、为二字最吃紧，细玩之！即不在体外，譬如水显为冰，则冰不在水外可知。则冰无自体，其体即水可知。所以救本体观功用折成二界之弊也。体是无形的，而显为用，则名一翕一闢。翕即幻似有形，假名为物。闢则是体之不舍其自性而显现者，故于闢，可以言体也。然一名为闢，便对翕言，便是就体之显为用而言，已不是克就浑沦的本体而言。故其名以为体者，权词也。明乎上说，体不是呆板的死体，是要显为翕、闢。兹以理言，若克就体上说，便名此体，曰实理，亦云真理。若通用上言之，闢者万变不穷也。你玩万变不穷四字，则知闢即是理也。理字，即条理之谓；系万端，故名理。翕则成物，有物有则，则即理也。翕得曰非理乎？从其幻似有象言之，注意幻似二字，无实物象故。谓之物；从其有则言之，谓之理。譬如人，一方面叫做人，他方面可以叫做动物，或男女、老少，及父子等等。眼前都是物事，即眼前都是理也。吾人之心，对境有知。此时就心言之，可说心即理；阳明言之天。就物言之，可说物即理。世俗不知心即理，似以心为一东西，能向事物去找理，此固误。但如以物为实在的东西，以为物上有许多理，此又大谬。须知，物也即是理，不可曰物之上有理。

今又有一种谬说。因为西洋人谈共相者，如方圆等等是共相，种种方的物，或种种圆的物，便是自相。共相是一件一件的物上的形式，譬如许多大大小小，或漆的、油的，种种方的桌子，各个体即自相。是实有的，而共相则是这些个体的物上所共有的相。此本是假的。西洋人谈逻辑者，却有把共相看做是一种法则；如方共相也。是一种法则，各个方的物，都是依此方的法则而成。有派颇有这种意思。而冯君把逻辑上的概念，应用到玄学上来，于是分真际、实际两界，把理说[成]离开实际事物而独存的一种空洞的空架子的世界。此真是莫名其妙，理又难言了。

原编者注：此函无年月日，大约写于 1943 年。冯君指冯友兰。

答徐复观

（约 1943 年 10 月 15 日）

佛观先生：

十月九日信才到，即复。但愿吾子之梦能灵，吾侪可回乡，得至府上写春联，则幸甚矣。鸿年，吾愿其来一面。然动一下，所费不轻，又不便过强也。渠已返施否？

大文极有见地，且甚细密，可喜。唯材料之搜集，不知有未备者否？数年前，闻有作《桑弘羊》一书，称其理财以平匈奴之功。吾未阅，不知其材料充足否？大文议论，吾完全赞同，但材料恐更须留意采集。弘羊、孔仅之徒，确有大功。而弘羊尤精于计，武帝不用弘羊，决不能北却强胡，西南广拓疆土。吾子谓其持法严，与当时推行政策有关，尤为前人所不能道。此文确有重大价值，但有难为今人言者。国营的办法，非急合而不为私利之官吏，则无法举行。又统制之办法，非官吏精白乃心，处处为国家与社会着想，而但为私利着想，则必有国与民俱毙之焉。年来统制之行，益增人民之苦，此可深长思也。汉人毕竟有一公字在胸中，所以做得好耳。

此信由孟荪之侄允常带渝邮。

原编者注：此函有月日而无年，据推测，可能写于 1943 年。

答徐复观

（1944 年 1 月 13 日）

加封转。南岸黄楠垭新市场七十八号

徐复观先生：

前仓卒去，未尽所言。孟荪先生来信，亦教吾对足下尽言。人才难得，有才而不善养其才，足为天地惜也。<small>昔黎、黄二君，皆美才，不知养生早丧，可惜。</small>吾子之气体，宜注意爱惜，此是根本。曾文正一生常持独宿之学，吾平生于此兢兢焉。吾幼极弱多病，然已六十来了，尚缓缓作工夫。此独宿之效也。

学问须专精。立本之学，则取其发明大道、补益身心与充实生活者，精思力践不敢跬步失。致用之学，或政治、<small>其中或求通识，或求专长，又有别。</small>或实业、或军事，必专一门作踏实的研究。浮泛知识、无聊浅薄混乱的理论，今人所尚。实可痛，可耻！常自戒。

原编者注：此函有日月而无年，当为 1944 年。

答徐复观

（1944 年 9 月 28 日）

佛观：

鸡鸭各一只收到，吾子殊费事，实可不必也。谢谢！重庆似可忧，闻兵皆不战，此甚痛心。欲以家眷移鄂都乡间，又不知匪患如何？亦又有主移古蔺者。你以为暂不移为是乎？恐要移时又不得动也。此事如何？望见告。近草《读经示要》，年内不得成，哲学会亦请列入丛书。陶子钦先生前年似曾疑儒者之道难行于今，若此书出当释其疑矣！此语可告之。此书甚广大精致，想吾子能读之也。世间人似难与一语，郭沫若君其年亦五十三。却于此有会心，殊出望外。

吾体气虽未甚差，然再过四个月，即是六十以上之人，精力自不能如六十以前也。滋养尚未缺，可勿念。联大之款可敷用。

———————

原编者注：此函有月日而无年，似应为1944年。

答徐复观

（1944年10月5日）

佛观：

二日信才到，即复。秋原、希献犹不忘老朽，意自可感，然切勿作何俗举也。吾是今年老正[月]初生辰，再过数月，即已过六十矣，还说甚六十祝寿耶？吾先父母皆早世，吾何忍说寿？况民生涂炭如今日耶！其祝我为何许人？希献来渝，吾初不悉，几时来耶？世高深可爱。国人素无知识，浮浅、卑靡，凡百无远虑。总之，缺乏真诚，不成为人。此清末以来教育之过也！吾欲讲经有苦意也。然而世既滔滔，天且梦梦，孰可与言斯事耶！吾每灰心欲一切不谈，然转念夫子之言曰："吾非斯人之徒与而谁与？"吾又不忍不尽吾心也。鄂都有一老学生，须依其家。如局面不好，薪给必断。吾已成一家人，女儿外孙。生活须靠人。又地方如有匪患，彼不知远人实际，亦虑遭患。故下乡非易事，然恐不能不下乡也。子之眷亦作何计？不可漫然也。望能过谈，笔何能

62

尽！第一纸可与秋原、希献一看。

原编者注： 此函有月日而无年，似应为 1944 年。

答王星贤

（1945 年 2 月 25 日）

星贤：

旧腊廿八日书[云]颂天转到。所云贵乡前达孙颖川先生是否民国九年与一梅君同教于南开大学者，是时吾亦教国文于南大。忆有威海卫孙君，自西洋回，教化学。梅君曾留学于美，教英文学。吾时年三十五矣，而尚有孩气，性野似漫，遇人好戏谑。孙君厚重，吾犹得忆其貌，而不能忆其名与字，此所歉也。吾当时以字行，曰熊子真。后来更名熊十力，不复用字。吾今已六十晋一，_{生于正初，故是六十晋一。}孙先生年事大概与吾相上下也。孙先生昔与余言中国何故不能发生科学，此为其所常思考而不得其故者。余当时亦莫能释彼之疑，其后余能言之，而两人竟不相遇。且二十余年不通消息，大劫灰飞，人间何世。余犹健在，想孙先生寿考无疑也。渠又尝言，曾读顾亭林先生书，有西洋科学家态度，余深韪之。余好嬉戏，曾呼彼以孙悟空。夫科学在征实，而佛氏尚悟空，道并行而不相悖也。吾子试以此信转孙先生，若民八未曾教于南开，则必又一孙先生也，而亦何伤。

若果吾旧雨也，得此纸，其将俯而思，喟然叹，民九南开数月之间，果有熊某其人者，如痴如狂，今犹老而不死也乎！不材之木欤？硕果之存欤？想孙先生更当搔首望天，而天亦若有以昭之矣。

十力　二月二十五

与王孟荪、徐复观

（1946 年 6 月 7 日）

孟兄：

转示佛观信已收到。研究所已决定罢论。弟禀气实不厚，少壮已多病，兄自昔所观见也。只平生独处成习，<small>此为保命之原，曾告佛观</small>。又常游心义理之中，故未遽殒耳。然去年已来，衰象忽增。今春回汉，所闻所见，无非乱人、损人、刺人、伤人之事。前年由金刚山上往返北碚，毫不觉苦。今市中与公园咫尺，每往一次，腰部涨痛。此等衰象，确甚险也，生命力已亏也，中医所云元阳不足也。弟因此决定不办研究所。北方如［不］可去，定回北碚，否则亦欲另觅一静栖之所。觉老十日或可到，但亦决不与之谈此事。佛观以师事我，爱敬之意如此其厚，岂愿吾早无耶？研究所事，千万无复谈！吾生已六十有二，虽不敢曰甚高年，而数目则已不可不谓之大，不能不自爱护也。何敬之先生款，既不办研所，自须璧还，否则将成笑话也！此信千万即日看后并转示佛观。希圣先生亦烦佛观转之一看。

六月七日午后

研所不独今日无精力也，以事势论，亦宜罢。昔时本意，原专藉乡谊，<small>专字吃紧</small>。纯是民间意味，则讲学有效，而利自在国族矣。若声气渐张，在我虽无夹杂，而如斯浊世，人心险如山川，妄猜妄诬，吾个人不足惜，其如所担负之学术何？章太炎一代高名，及受资讲学，而士林唾弃。如今士类，知识品节两不败者无几。知识之败，慕浮名而不务潜修也。品节之败，慕虚荣而不甘枯淡也。举世趋此，而其族有不奴者乎！当局如为国家培元气，最好任我自安其素。我所欲为，不必由当局以财力扶持，但勿干涉，即是消极扶持。倘真有意主持，正当办法，则毋宁由教部以国立方式行之。如中央研究院，专为国家学府，则无所不可。但今之教育当局恐未足语此耳。吾顷当有依止，容一二月后相告也。又及。

亦可与希圣先生一看。

寄还汉口三新街市立中学杜曜如转。

由信写时本以答孟荪先生，请其转你，后恐他忙乱迟发，故直寄你。此是铁案不可移之言，幸勿再进行。何公款切须退！

希圣先生处，此信必与之一看。

原编者注： 此函两部分，后一部分为前一部分之补充。此函本寄王孟荪先生转徐复观，但作者恐王先生延误，便直接寄徐复观了。此函年代系整理者推定。

与谈壮飞

（1947 年 1 月 6 日）

壮飞：

来函收到。道路不靖，此深可虑。吾欲明老〔历〕二、三月出川，必由此搭车赴渝。未知尔时利于行否？智慧是内在固有，要在发真实心。此真实心即智慧也，发者发此也。一向悠悠忽忽，苟反自察识，必自见有无穷无尽之私意、私欲潜伏于中。须和根拔去，真实心方得显发，所谓拨云雾见青天也。闻熏是增上，而闻熏不当限于佛书一方面。此土经、子与西洋哲学家言，无一非闻熏所资。但闻熏必先识得真实心体,然后一切闻见_{佛云闻熏,儒者谓之闻见}。皆以体之妙用流行,非外铄也。不识心体而言闻熏,则阳明所谓"抛却自家无尽藏,沿门持钵效贫儿"。程子云:"玩物丧志。"此等病皆有之矣。愿吾子深自反。以前工夫不得力,其病果仍在耶?

若但就闻熏言,则望汝每读一家之书,须字字句句弄清楚,有不解者,知其不可解,勿以似解似不解者为已解。先做到此一层,然后说□通其条贯与体系,又再进而遗言说相,得其言外意,至此方足言闻熏。不至乎此,闻则有之,熏则未也。此信望汝勿忽,必着实读书,勿浮泛也。可抄与汉骥一看。

一月七日

源澄昨到此。

复锺泰

(1947 年 1 月 17 日)

锺山吾兄:

元月信,顷才到,即复以报。李钧简先生,年六十中举,连捷翰林,官至仓场总督。_{与各省总督同级。}吾侪少时,曾闻老辈谈其行运迟,而运到便一气呵成,殊可异。所闻只此而已。其书鄂中尚可访,但确不多,吾并未之见。曾见其点翰林之策问,有谈《易》之长文,似无甚透悟处,只引古书而已,所用亦皆为易见者。吾有一学生,曾见其书。据云,引余经以释《易》辞,与来书所说大概相同。夫以诸经释《易》,必观其会通,最举大义。天德正道,悉窥本原,疏其条贯,足成统系,为一家之学,方有价值可尊。若只随顺经文,杂引余经文句以相释,而不必能创通大义。斯不足言学,不足与论《易》也。吾觉自汉以来,儒生习于细碎,经师固不足道,理学诸师亦不免拘促身心修养之辞,而难语于神化之微与经纶之盛也。李公或难例外。必欲向之求胜义,或不必能慰所愿也。吾开春欲回北大,世局不复了,我仍不知安居处。但不知路上便利否。

□七何在?

力启

一月十七日午后

注: 转录自郭齐勇《熊十力、梁漱溟佚札三通与佚文一篇》,载《玄圃论学续集——熊十力与中国传统文化国际学术研讨会论文集》,湖北教育出版社,2003 年。该书由锺斌先生提供。

答黄焯

(1947 年 5 月 1 日)

耀先有道:

汉上别后,于四月二十四日抵平,沿途安好。前劝留心义理之学,此须思辩与体认二种功夫并用。考据家方法,实未足恃也。贤者风神清逸,望发大心,以斯道自任。方今人失其性,愿有志者能自振也。《读经示要》务细看,字字反诸心而实体之,度有疑难,可通函。

小女王再光从姨父姓王。求借读武大,不知可设法否?吾昨年来甚衰,经此番长途劳顿,更不了也。朱家求为碑文,吾本不工古文,辞之不获。稍缓,当粗写大概,希吾子一为润色。切勿惮于费神,更不可疑余之文字不必更也。文章本精气之表现,精神亏乏时,文不能佳。吾子人老境时,当知此意耳。贤者文辞,吾只见昔所寄为某孝女作者,尝一脔肉而知一鼎之味,知于此道用功深,意更望能昌放耳。西汉人文字,质实而不甚修整于字句之间,其体度自博大。东京以后,辞虽整练,而体度便小。魏晋人更卑弱,直如艳弱女子耳。族类自此衰也!后之古文,更不成话。

博平先生致念。

力启

五月一日

原编者注:此函未具年,年代系我们所考订。黄焯、刘博平均武汉大学教授。

答黄焯

(1947年5月22日)

耀先有道:

五月十六日来信,二十一日到,吾即写复。前拟寄朱尊民墓表稿烦加润色,而朱家催之过急,彼春初即欲急办,吾延之迄今,只好早寄他。似是五月十日之谱寄去。朱系创办纸厂之实业家,要详叙其造纸事业,此等文字似不好用古文空灵语调,亦不好过用古文笔法,只求叙述详明而止。他索之急,遂径予之,不知彼可否缓刻,由吾子一为核定也。此文只求字句整练一点,无他也。寄来文字,吾觉皆好。昔涤生论文章之美,以阴阳分途,其说不可易。吾子之文犹与阴柔之美为近,吾意可更着力于刚健方面,亦沉潜刚克之意。

义理之学,须反在身心理会,《读经示要》确需留意一番。但吾所言,各有深远来源,惜乎不得面论,则恐只在文句中看过也。此在细心。吾随笔一例,如《大学》"明明德",康成之训,只是空句子,全无着落,细研之自见。朱子反之此心,确有着落,阳明何故犹不满足他? 则《示要》已言明。而吾子向未从事斯学,恐难得吾意,难辨朱、王短长。又吾据哲学之诸大问题而阐明本心为万物之源,于此见吾人确与天地万物同体,确无二本。此皆面谈较好,惜无此机。第一讲中说道体处亦宜细研。九义更是贯穿群经,明内圣外王之大体,以救治西洋之弊而亦融西洋之长。第二讲辨章数千年学术源流得失及今后应取之方向,皆不可忽也。三讲中略明各经大义,都须细心。又讲《大学》时于"致知"必详引阳明,皆特别择其精髓,原为便利学者计,此不可不深究也。谈心性,阳明实优于宋儒,得此柄把,可免支离。

博平先生文字之学深有独得,而外间多莫之知,但此不足措意。望于乡邦后进,勤为开诱,此学亦自要紧。

三辅先生似以留武大为佳。大家都弃乡邦,甚非计也。且北方之局大不安定,人人均在摇荡不安中过活,又各勾心斗角,那能谈学问与教育? 但三辅暑假能来小住,再回武大教课,亦无不可,留平确不必也。

三月二十二日写

编注者: 此函首行右侧,有作者用朱笔批的一段话:"学报自可办,但吾恐少精力作文字也。"此函年代系我们所考订。三辅即江奠基教授。

论湖湘诸老之学书

士林:

吾前信言为学不必专尚考据,未知以为然否? 人到暮年,丁兹衰乱,所感万端! 颇冀今日学者,能转变清人考据之风,向义理一路上立本;使人心风会有好转之几,天下事或将有望。否则族类前途终难想也。吾少时好为偏至之论，三十以后好穷玄，六十后，遭世变之烈，始觉咸、同诸老，为学以义理为宗，以谦虚、笃厚、切实为作人之本，曾、胡、罗诸公皆然。以关心民生国计，讲求实用，为其毕生致力所在；言而可见之行，动而必求寡过，人非圣佛，只常求寡过，便是圣佛之徒。向来议曾公者，或疑其不诚。实则曾公能常省过，能强为善，不可诬也。吾每念，今日学风，与其承乾、嘉，不如学咸、同间湖、湘诸老。未知当世有同此心情者否？

熊十力　六月十七日

（原载《龙门》杂志 1947 年 6 月 17 日第一卷第五期）

论治学不当囿于一孔书

士林：

　　曾公为学，通义理、经济、考据、词章而赅备之。此等规模，今之学者宜是则是效。学人诚有求真求是之心，其思考所至，有其专精；亦必有其高瞻远瞩，不当囿于一孔也。义理自是根本，任治何学，不能不于此留心。如萃田、毅生诸教授，虽务考核，却未尝忽视义理之学。熊子涤先生词，可付刊物。

熊十力　三十年七月中

（原载《龙门》杂志 1947 年 6 月 17 日第一卷第五期）

论本体书与说理书

自昭、孟实先生：

　　昨谈各话，恐未达意，吾拙于辞，略申如下：一，本体真常，老子言

"常道"。道者，本体之目。常者真常。佛氏言"真如"。佛说真如，亦本体之目。
真谓真实，如者，常如其性，不变易故。论与疏皆云，真即是如，言真实即不变易，不变
易者言其常也。西洋哲学，其否认本体，与夫以动变言本体者，可勿论。
若其以真常言本体者，亦与东哲真常意义有相通处。至其陈说所见，
有仁、智、浅、深等等不齐，其思想各成体系，则吾《大易》所谓一致而百
虑也。本体真常，是一致处，而向下所见各不同，是百虑处。余于真常意义，体究
数十年，若道本体不是真常的，则虚妄法，何得为万化根源，何以名为
本体？若道本体的自体，是真常的，却又当深究。须知，一言乎本体，
他便不是空无的，故有其自体可说。但此真常之云，既以不生不灭、不
变不动为义，则此本体，便是兀然坚凝的物事。他与生灭变动的宇宙
互相对立，如何可说为宇宙本体？吾于此，苦究数十年，直至年将半
百，而后敢毅然宣布《新论》。以体用不二立言者，盖深深见到、信到，
不能把本体的自体，看做是个恒常的物事。而恒常者，言其德也。吾
取一譬，如《易》之《坤》卦，以地"方"为言，后人遂谓《易》言，地之自体，
是方的。此实错误。方者，言地德也。方故承乾而无邪曲，此地德之
所为美也。吾《读经示要》已解明。以此例知，曰真，曰常，皆从本体之德，
以彰之也。

儒者言天何耶？天者，本体之目。即真常义。《中庸》卒章引《诗》
曰："'德辑如毛'，毛犹有伦，'上天之载，无声无臭'，至矣。"此以虚无
言天德也。无声无臭，即是虚无义。虚无者，无形无象，无染污，无作意，故
名。非空无之谓也。言诚，即真实义，亦言其德也。言刚健，言生化，
亦言其德也。言元亨利贞，皆言其德也。德字义训，曰德者，得也，若
言白物具白德，则以白者，物之所以得成为是物也。今于本体而言真
常等等万德，则真常等等者，是乃本体之所以得成为宇宙本体者也。
若无是诸德，何得肇万化而成万物，即本体之名，无可立矣。

德字含二义，曰德性，曰德用。德性之性，不可以西文性质字译，

此性字极灵活也。德用之用，亦不可以西文能力或作用翻，此用字极灵活也。此等名词，望细心斟酌，勿便姑置。

佛家"果俱有"一词，果，谓现行。现行即识之异名，详基师《述记》。俱有者，据无着、世亲以至十师一家之学言，此语注意。则现行识复词。乃与其自家种子，同时俱有也。"现"生起时，即"现"有自体。而其从生之种子，本藏在赖耶中，未消灭也。故说种子所生之果，是与种子俱时而有的。俱时犹言同时，佛书每有此等文句。此以简别因与果异时。《述记》有明文。

佛家一方是决定论，一方要破除决定而得大自在。孟实疑其说不通。然而，他于此却有说，即转依义是也。转依有二义，转舍，转得。转舍杂染，转得清净，以此二义，破决定而得自在也。佛号大雄，大无畏，重精进，非如此，不堪破决定之势也。然彼终有说不通者，即彼谓众生无始时来，只是阿赖耶识作主公。此有明文。一向是有漏种子现行，有漏即染污，即是恶。无漏种虽寄存赖耶，而亘古不得发现，直等于无有。彼主张从有漏善起修，驯至引生无漏种发现，则在入地时。佛家经许多修行，而后更有十地。必历至十一地，方成佛。入初地时，名入地。如其说，由有漏引无漏，是谓蒸沙可成饭也。是内自无本，而纯由外铄也。此其不可通也。

赖耶之说，虽由后起。然释迦本人最初说十二缘生，章太炎最推尊此说，由其不识自性故。则以人生本性，纯是无明的。十二缘生，无明为导首，详《通释》。后来阿赖耶说，理论虽繁密，而根本旨趣，与释迦同也。揆以《大易》继善成性，《论语》人生也直，孟子性善，阳明良知等说，释迦终是异端。

佛家思想深刻处，可爱敬。在形而上方面，穷到极广大极幽玄处，乃凡夫小知小见所不能入。此最可爱敬。其由理智分析，而归趣现观此词，解说太繁，姑略。或证会。真治哲学者所不可不深穷也。然其包含无量矛盾、冲突,种种空想与戏论,实须简择。佛氏是大诡辩家。虽其说足以豁人意理,而亦足陷人于混沌与糊涂,则非具大慧眼者,又不容轻学也。人心日习于卑下,已不成乎人。吾本欲青年学子提振精神,然默观士习学风,日趋浮薄,不要与言向上事,只有万劫为奴。吾年逾六十,诚无足计,不能无同类之戚耳。

五月二十一日

自昭先生:

昨谈甚快。宋儒似有云:理,虽散在万事,而实管乎一心。语句或稍不同,不能全忆,而意实如此。每闻学者好举此语,实不澈也。由此说,理仍纯在事物上。心能管统事物之理,而心犹不即是理也。凡宗守朱子之学者皆主此说。若如我义,心物根本不二。就玄学上说,心物实皆依真理之流行而得名。真理即本体之名。佛家以真如,名为真理。伊川、朱子好云实理,亦本体之名。此义见透,即当握住不松。因此在量论上说,所谓理者,一方面,理即心,吾与阳明同。一方面,理亦即物,吾更申阳明所未尽者。程子曰理在物,科学家实同此意。如此,则先肯定实物,再于物上说有个理,是乃歧物与理为二也。自吾言之,物之成为如是之物,即理也。不可将物与理分开。据常识言,即执物而求其理,智者却于万物而识众理散著,由此见理世界,实无所谓物的世界也。你谓然否?吾欲《量论》中详谈理,老当昏世,恐未能也。《新论·功能下》章,有一段谈理气,而说理之一词,通体用而言。用之一名,核以吾义,则先于所谓理气之气,亦即是用。而用亦即是理,固不当离理与气而二之也。

伊川云:冲寞无朕,万象森然已具。以吾义通之,冲寞无朕,说为一理。万象森然,不可徒作气来会。当知万象森然,即是无量无边的众理,秩然散著也。万象云云,即吾所云用。用,即众理散著。前言,用亦即是理者,以此。冲寞无朕,而万象已具,是一理含无量理。故言体而用在。又当知,万象森然,仍即冲寞无朕。故言用而体在。是无量理,本一理也。一为无量，无量为一。宇宙人生真蕴，如是而已，妙极。

哲学谈到形而上之理，自是真真实实的物事。佛家云真理，伊川云实理，意义深微。如非真实，何能备万德而肇万化乎！空洞的形式，无实体而靡所寄。且无能生德用，将别假材料，而与之合以成物。不悟空形式，与顽笨材料，二本相离，又如何结合耶！前儒言理气，已多误。程朱犹未免支离，后学更甚。今天不堪问矣。自昭能卓然宗阳明而不惑，是足慰也。此信与孟实、秉璧两先生同看。

（原载《哲学评论》第十卷第六号，1947 年 8 月）

────────────

原编者注：自昭，乃贺麟之字；孟实，乃朱光潜之字；秉璧，乃郑昕之字。

致胡适

（约 1947 年 7 月 29 日）

加封转

胡先生：

《学原》对投稿者各印单页若干。《与薛生书》，谨奉一览。佛教徒或以我为理学，习儒书者或以我为佛学，岂不怪哉？

七月二十九

绍兴马君谨守程朱，颂其精华，亦吸其糟粕。在川时有复性书院一段关系。论教法各异，竟以亲交而成水火。

────────────

原编者注：此函写在抽印本《论学三书》（《与薛星奎》《答刘公纯》《答周生》）的头子上。这里马君指马一浮先生。

答徐复观、牟宗三

（约 1947 年 9、10 月间）

佛观、宗三：

佛观十五［日］信，已寄廿万交［刘］公纯。宗三十四日信，谈《与
［黎］邵西书》，同时收到，即覆。关于数理派事素说之驳正，宗三所说，
似不必谈。古今哲学家破人处，往往不能严切。如佛家用三段论式破
外道，几无一语对题。尤怪者，他每遇一外道，必对破一阵，既不核定
人之义，自不必针锋相对而破。然则乱矣乎？识者从根本处看，并不
乱也。吾晚周诸子之相攻亦然。荀卿《非十二子》，只评《庄子》最好，
其他均渺不相干。然则乱欤？若了荀子整个意思，其《非十二子》，确
有以也。岂唯中、印，以我所闻，罗素诋柏格森反理智，以之与黑格尔
例比，而谓法西斯之道导源。其实柏氏确未反理智，只云其效能有限，
不能得本体耳！此类冤事，何可胜数。谈事素者，罗素、怀特海皆数理
派，人皆知之。东荪译柏氏《创化论》中有一语，数理哲学之宇宙论_{宇宙}
_{论三字，忆不清，而意确如此。}是空洞的。_{此未忆错。}只此一语，想不必止此，
当是东荪有未翻也。吾以翕势顿现不必有实物，如此，言有可融摄处。
此中用心已细，并注云：即在其无实物之意义上稍似。此何尝胡扯
耶？吾子于此，全不着眼何欤？他的宇宙，自指自然界，即相当于吾之
翕之方面者。翕势顿现，何尝不可说为一种事素？唯他不了辟，不了
翕、辟是本体流行，所以是空肤的，所以不了生命。若见真理，哲学家
各组的一套宇宙观，都是空肤的。此非作过深切体认工夫者，必不承
认吾言。学问那得求一般人之能信？唯求真理而已。此文张申府原
未见。他今年来，吾以意告之，他颇赞同吾意。罗素昔在华讲演自谓

是中立的多元论，似未忆错，见译本之《数理哲学大纲》。其解析关系，繁过牛毛。他本是关系论者，未尝非一种数学系统。不知吾子谓然否？至于近代物理学，实则即是数学。近世数学之异于古代数学者，古代数学，实只当之算学。亦即近代物理学之异于古代物理学者。数理哲学，总不外秩序和关系等观念。谓其以数学思想说宇宙，似无不妥。虽古今数学之深浅与变迁有异，然大致不无相通之点。譬如今之言唯物者，标异古代唯物论，然毕竟是唯物而不唯心，则有其大同也。无论何派哲学，从系统看，各是一套，吾岂不知？从部分讲同点，必有可通者。如张人、李人不同也，而皆有五官、百体，则莫有异也。吾于数理派言同，亦就事素说言之，非一切比同也。吾意如是，宗三如不谓然，不妨函来。义理以细究而明。《学原》再印单页，务每次寄江苏丹阳正则学校吕秋逸先生一份。千万记之日记本。

印行十力丛书记阅后函示刘虎生等

（约 1947 年 10 月）

记文引吾与友人书，言翕辟二极，但言"其有内在的矛盾，以相反相成而已"。此语在《新论》语体本中亦尝用之，取时俗通行语，期人易喻。然亦恐起误解，以与外来思想比传。《新论》以翕辟明本体之流行，故翕辟不可折为二片，亦无先后可分，只是一个流行不息之整体，有此两方面而已。两，故含矛盾，老子所谓"反"是也。《老》曰："反者，道之动。"道之动，犹吾云本体之流行。反，不自外生，故云内在的矛盾。措辞只合如此。然反以相成，翕终从辟，仍是一辟而已。辟，先生也；生生，仁也。大化究归于冲和，万物以是并育不害。《新论》所以继《易》而立大中之极也。"支离破碎"一词，先儒以是诋驰求知识之学者，正是宋明儒蔽处。知识成其精密之体系,所以谓之学术。吾云何随先儒亦说支离破碎? 求知之功,非于分殊散著者,周以察之,弗可贯通也;支离者,分散义。物之分殊,理之散著,贵乎周察。非于完整体,破碎以析之,思弗精也。科学分观宇宙,却似将完整体予以破碎。然完整者,非无条理。知识之兴,虽破碎完整,要因宇宙条理而始兴。此中宇宙,即谓完整体。反知而归于浑沌,庄生之过也。故"支离破碎"一词,自先儒言之含劣义。自余言之,则是知识所由开发。有误会者,示以此函可也。来记曾缄示宗三。彼复云:"《新论》与西方哲学相发明、相对较者自不少。惟此除生命哲学外,仍当求之于正宗的理想主义或理性主义,盖所言之层次及范围有相应也。相应者,则相得而益彰,其价值亦显。惟西方之正宗的古典哲学,中国今日之治西方哲学者多不解。北平方面尤甚。今日风气之不能了解西方正宗哲学,亦犹其不能了解中国圣学及《新论》也。冀新论显明于来日,非风会转向中西正宗哲学有相当积累不为功云云。"并以奉闻。十力寄于平寓。

(原载1947年湖北十力丛书,附录于卷首《印行十力丛书记》之后,题目系本书编者所加)

致叶石荪

(1947年11月24日)

石荪有道:

南归过沪时,适有杨生持惠函来见。此生于吾上春在平时曾有一函寄北大。初函约二三十余字。云"与吾同□见,欲相合作"。辞气间,毫不见有一毫灵感与朴实、深厚意思,只是轻浮肆妄而已。吾不答。次函如前,亦无可答。其在沪来见也,吾问之曰:"汝是常函北庠二次者乎？"曰："然。""汝欲合作甚么乎？"复恳切教戒之，令无蓄好名之私，无求出头地。如其有此，而小聪明足以济之，固可遂其私，而为人之道不当如是也。若小聪明尚不足济其私，则不成神经病不可矣。又嘱勿轻北上，生活太高。吾语甚切直。而此子似全不省。视其两眼似无神，聪明何有哉？其态度极崛强，不必由其生性也，殆有病态乎？吾子不止其行，岂止之不得乎？抑果重其人乎？张德钧确是可爱才也，不能致之川大乎？鄂东各县全陷，武汉冬春间殊可虑。唯看天意如何耳。族类当万世为奴，此吾一向所忧。教育只是自毁，谬种流传，日甚一日，不知所底也。不卜吾子同愚见否耳？上春，由鄂省、市拨款印吾书二种，就汉上印，不图书店欺骗，款交而书尚置。今兹坐催其间，不知几时可了此事也。明春，书出再作行止，不定北还。

十一月二十四日　力启

原编者注： 此函信封上写："四川成都国立四川大学叶石荪教务长。"下款："熊寄，十一月二十五。"另批有"门房切勿失落"。信封背面批字："如有信，即寄汉保元里十二号。"汉口寄戳"三十六、十一月、二十五、十三"，成都收戳"三十六、十一月、二十七、十二"。

致柯莘麓

（约 1948 年 5 月 10 日）

莘麓：

五〔月〕九〔日〕来函所举《时与文》□短评有隐刺胡先生语，吾子不平，是义愤。然正义恒存于有识者心窝。吾子不平之鸣，正是此等心窝发□。天下有识同此心窝。胡先生亦在此心窝，□□□何足为损乎？吾料彼非不知现状之难，但在□舟中，亦无彼岸可登耳。然其绝意仕途，亦足大明心迹于当世。乱世作人诚难，老夫持学术而龙潜犹□世，彼以盛名系中外之望，而拥国庠，已为见龙。其难与当涂绝缘，亦可谅也。居公去不必发丧。吾在杭尚无好住处，肾脏痛，老年无可望痊。幸是慢性，日打针以扶持之耳。明年春夏，如无意外，仍思北上，住到秋后乃复图南。

十力

五月十日午后

致胡适并附读谭子《化书》

（1948 年 7 月 13 日）

适之先生：

总觉民生已尽，此局不了。偶阅《化书》，感触万端，信笔写成一纸，本无心于文，自述所感而已。谨陈之左右，如可发表，即请布之，如不必，即拉碎可耳。

力启　七月十三日正午

附：读谭子《化书》[1]（残）

大战结束，民望苏息，而物价日益凶涨。去年视战时，民困于水火之高度已增加万倍。今年上半期视去年，其水深火热之度，又不止增加亿、兆、京、垓、秭、壤倍。民命将尽，种类垂危，仅少数官僚阶级朱门酒肉臭。若辈仰视天，俯视地，何以为怀。哀哉！本是同根生，相食何

---

[1] 谭子即唐末五代时期的道士谭峭，《化书》见《道藏·太玄部》。

太急？吾读谭子《化书》而有感焉。谭子曰："有智者悯鸥鸢之击腐鼠，嗟蝼蚁之驾毙虫，谓其为虫，不若为人。殊不知当岁歉，则争臭恶之尸；值严围，则食父子之肉，斯豺狼之所不忍为，而人为之，则其为人，不若为虫。是知君无食，必不仁；臣无食，必不义；士无食，必不礼；民无食，必不智；万类无食，必不信。食为五常之本，五常为食之末。苟王者能均其衣，能让其食，则黔黎相悦，仁之至也；父子相爱，义之至也；饥饱相让，礼之至也；进退相得，智之至也；许诺相从，信之至也。教之善也在于食；教之不善也在于食。其物甚卑，其用甚尊；其名尤细，其化尤大，是谓无价之货。"详此所云，食为五常之本，治乱之几，实存乎食，盖后儒所不能道。古今之国者，如任官僚贪残无餍而不顾及人民之有食与否，则覆族亡国之祸未有可幸免者也。谭子又曰："夫剜其肌，啖其肉，不得不哭。扼其喉，夺其哺，不得不怒。民之瘠也，由剜其肌；民之馁也，由夺其哺。"又曰："为巫者鬼必附之；设象者神必主之，盖乐所飨也。戎羯之礼，事母而不事父；禽兽之情，随母而不随父；凡人之痛，呼母而不呼父，盖乳哺之教也。按此上数语，观物最深微，明解乎此，则知与人均食而不忍夺人之食者，斯可为万物母，否则物之所不与也。虎狼不过于嗜肉，蛟龙不过于嗜血，而人无所不嗜，所以不足则斗，不与则叛，鼓天下之怨，激烈士之忿。食之道，非细也。"又曰："养马者主，而牧之者亲。按马不亲其主而亲牧者，为食故也。养子者母，而乳之者亲。准上可知。君臣非所比，而比之者禄也。子母非所爱，而爱之者哺也。按此语虽若激，然人之生也，形气限之。当婴孩期，其生机体之组织尚未发展至于可以显现其灵性之度，则其母子之爱，犹生于哺，未足云天性之流行也，禽兽亦如此。驽马本无知，婴儿本无机，而知由此始，机由此起。"按驽马求食，而始开其知；婴儿求食，而机智渐起。知机既发，日益复杂万变，而究其开端，则食而已矣。所以有爱恶，所以有彼此，所以稔斗争而蓄奸诡，据上所云，原于求食而启其知机，则爱恶之烈，彼此之猜，斗争奸诡之凶，势不容已，恰为今日共产主义者写照。然则反共者毋徒怙己私，挟忿气，以争其力之所不能持与势之所不可胜。其唯正本清源，与天下人人均食，而慎勿夺人之食。大公之道既行，乖戾之气不久当自息。如不悟此，犹将狃已变而不可复守之道，堕已颓而难以复挽之势，相猜相持，日复一日，天下之忧，人类之惨，何忍设思！且今忧共与反共之国家，其国内莫不伏有共产党，此辈或忘其本国而另有所戴，此岂人之常情也哉？戴其助我张目者，将以求食故也。马不亲其主而亲牧人，婴儿不亲其母而亲乳者，唯可以得食者是亲耳。今日反共之国家，如虑共产主义者将假主义以行其侵略，思患而预防之，则其自己之用心行事，必不可不一出于公，必不可背于与天下均食之道；对国内资本家当为之法以裁其私，当为之教以导其明；对国外弱小，当扶勉之以自立自给，而不可使其夷为殖民地之境遇。审能如是行之，则世界大战可不复作，而吾孔子作《春秋》以寓太平之理想乃实现于今日，岂不休哉！戾乎此而欲反共，其各挟己私与忿气相猜相持之久，日以造战者避战，吾不信其终可避战也。有生之伦，皆属同气，争相自毁，何忍于斯？儒者以天地万物为同体，佛氏视众生为一己，理实如是，今人何故自迷，此可哀也。吾不暇哀全人类，而实哀吾国人。吾国民众已临绝食之境，而强贪巨污，安富尊荣如故，官僚资本主义者绝不闻其有所觉悟。前岁接收舞弊，奇贪奇耻之败亡征象。《左传》曰："国家之败，由官邪也。"千古殷鉴。去年虽曰清查，而窃国者侯，未见有何法纪。当此民不聊生之候，捐税犹日加于农村；国家公共事业犹时时加价，以刺激物价飞腾。岂谓今之农民无有武器，不能造反，遂可一意孤行耶？为渊驱鱼，为丛驱鹊，此等惨象早成，奈何不思，奈何有目而盲然无见？人生不过数十寒暑，何故逞无穷之贪欲，造覆国亡种之恶业？此真不可解也。阔官如不贪，小官决不敢贪。大小官都不贪，则财力自有余，而小百姓可活命矣。举一例以证之：吾鄂自起义伤残，迄北洋军阀之宰割，凋敝极矣。民十七，张难先长财政，石蘅青长建设，严立三长民政，刘树杞长教育，张知本为主席。诸君皆清廉吃苦，衣仅蔽身，绝无嗜好，食取果腹，无事珍味，并禁绝宴会。难先微服侦查属局、私访商民之口，铁面无私，虽其子婿欲妄求一差而不可得。故年余之政，而致省库充盈，社会有骦虞之象。武汉大学创建，实赖其力。中小学教员薪水增高，人得安心任教。至今学子犹多能言其事者。当时省府诸公皆非无知无耻官僚，固卓然有以自见；而其时掌兵者胡宗铎、陶钧亦复自好而能礼文人与老辈，能不干政，此其效亦不可没也。岳武穆云："文官不爱钱，武官不怕死，天下太平。"此万古不磨之训。今者，贪污奢淫已为牢不可破之习，人人视贪淫为寻常，为不足怪异。官邪之极，至于无法形容其丑，甚至不知邪之为丑。抗战既止，而百政日益败坏，人民非但不聊生，而实已不聊死。上下犹不省悟，此局云何得了！吾意当道与其以全力剿共，不如以全力剿贪。贪剿则政清而民得食，自不附共，不外向。斯共不待剿而自息。从古未有政乱、官贪而其国不亡、民不奴者。是在我国上下之自觉。余年逾六十，来日（下缺）。

钞寄刘公纯等

（1948 年 11 月 10 日）

付瞿禅交哲敷转仲浦所问阳明收敛工夫语，似非切问。吾子但当在自身体验视听言动之际是否可纵任其发散。纵任一词，吃紧，即毫无收敛工夫之谓。如知纵任之非，则时时在在当注意收敛工夫。所谓收敛者，如视思明，听思聪及非礼勿视、听、言、动之类，皆收敛工夫也。思聪、思明之"思"与非礼之"勿"，汝切忌粗作解。如不当视之物而不视，固是非礼勿视，然仅如此乎？犹其粗也。至人一心内敛不随耳目等感官流散，千万勿粗解此语。无物当前时此心因澄然平明，不曾放荡；有物当前时，虽不是非礼之物，而此澄然平明之心，其感乎此物而视之甚明，却非有意追逐此物而后视之明也。所谓思明之思是照了义，不是如凡夫将心系着当前之物而瞪视之也。如系着乎物而瞪视之，则求明而适得其反。因此正是追逐乎物也。心逐物，即心乃物化，明于何有？君子之学，常收敛则心常澄明。澄字之义甚深。澄定不摇，如水澄清不昏，故谓之明。明故能照了，于物无所蔽也。凡夫遇非礼之物欲不视此，比于视者虽佳，然即此欲不视之欲，已牵扰此心，而失澄明之本然。易言心已为官感所摇，为物所引，但能强制于将驰之际，要非能立大本于未与物接之先也。孔子语颜子以四勿，境地甚高，不可浅会，实即收敛工夫也。阳明做到此时，正是希颜之诣，谈何容易！汝不反身自求下落，而乃疑阳明何故此时犹未能发而中节。不反自身究此理而上疑古人境地，此何所为？吾于知见自信于古圣贤及百家深旨，庶几六通四辟矣。但终不敢望古圣贤分毫者，他于此理实有诸己，我则贫子说金耳。收敛意味吾静中用思时，亦非必有，但气性一动，则心随口舌而奔放，注意此语。无有道理。此汝曹所见也。吾伤学之绝，悯世之衰，种类垂亡，急于著述讲明，未及作静养工夫，以致神经衰败，生理又影响心理，容易躁动，故收敛工夫不易作。此亦平情之谈也。伯尹钞此一分寄公纯。闻吴生听他讲《四书》，故当示之。又可自钞一分，并陈马先生一看。黄宾老致候。效宽、定域、志岳、石君、哲敷同看。

四月二十三日

（以上为弟子抄稿，熊先生又有亲笔短信附后：）

刘公纯先生并交仲瑜、仲强及菩儿共看：粤中先说来接，今情势如此急，当不能来。赴彼处恐不必胜此。老年也，难动，只好一切听天。公纯所说之事，吾暂时且置。将来或不至断交通。此纸仲瑜、仲强、世菩看后，烦公纯或仲瑜邮星贤。来信到多日，吾无心复。吾年已至此，可苟活即苟活，万一要早去，即自由去。吾诸书星贤幸妥存。颖、丰两兄均此托。养轩先生好！

十一月十日

与徐复观

（约 1948 年末）

世局究如何，还是美、苏合同处分吾神州耶？还是苏暂处北中国而不急图南耶？此皆不可知，政府是何作法亦不知。尊重士气与士风向背实关国家命脉，岂能等闲视之耶！艮庸注上。对大学教育将任其消灭乎？如此，即半壁决不能支。是驱一切识字者都北走胡而无南走越者！黄、农、虞、夏之胄真完了！汝何不一言？《示要》书汝绝不留意何耶？到底出否？纸型存否？又及汝何日来？

原编者注：此函无上下款，未具时，估计是 1948 年末给徐复观的。

就良知主宰问题答唐君毅

（1948 年 12 月 26 日）

一

孟子言仁熟，不可单在此二字面上悟去。孟子言先立乎其大，又尊舜之明物察伦，又主扩充。此三义仔细参透，小可悟仁熟之旨。明儒"良知烂熟"，未尝不从仁熟二字来。其实，他们见到良知，于孟子性善及先立其大有见处，而明物察伦与扩充工夫皆太欠在。二溪至多可谓狂者，良知烂熟何可以此加之。下文"熟而烂"不知何意。二溪甚粗，细玩孟子言行，足知其于良知未烂熟，且常不是良知。二溪取予便乱，何况其他。不独孟子，去阳明亦太远。

双江、念庵，龙溪议其于良知未真信得及，此亦乱说。二公病在溺寂耳，与二氏近也。二溪于先立其大有见处，而双江、念庵则于先立其大见之而已有得处。见与见而得二意大有分，须注意。明物察伦与扩充则二溪与双江、念庵同缺了。扩充与明物察伦紧相关，宋明受二氏影响。

二

只务鞭辟近里切己，对知识方面无形忽视，自于伦物处疏脱。其言治平，言王伯，好似作教条去崇奉，不是良知从现实中去扩充得来。阳明本人尚于伦物处做扩充工夫，但其教人仍偏于立本与向里，故门下多入狂禅去。

意为主宰之说，始于泰州之徒王栋，念台实受影响，其弟子梨洲不讳言之也。此实胡说。而君毅尊为宋、明殿军，不知何解。此等处如作文字太麻烦。以之说《大学》，万不可。吾《示要》甚分明，不察何耶？若不关《大学》而别作义，则亦不通。吾若言之，须长文。此时无暇。

三

后文吾未及看，只看第一页暂止。君毅或重在主宰之义欤？其实阳明自谓发明良知为千万之一快者，就于此得主宰故。阳明屡言心是身之主。而心是甚么？他解《大学》致知处，特指出良知才是心，从知是知非、知善知恶处认识他了。以至于无声无臭为万有基。这即《易》云"乾知大始"之知。《新论》解云，以其知而大始万物也。此知分明是主宰义。《示要》解《大学》最精，亦最得阳明之旨。但格物处则融朱子耳。离良知而别觅主宰，可觅否？望静心体之。程朱谈天理，会得时，固可说天理即是良知；若不会时，将以何为天理耶？

四

若指出良知则人人反求自得。叫强盗当堂脱裤子，他不忍脱，当下就认明自有主宰，叫他非礼勿动。何等易简、真切！良知明明是主宰。今不自反，而妄想一个"意"来做主宰。王栋固误，念台师弟更从而误。君毅今又重尊之，执迷以导人于迷，此何为者？吾少年怪阳明总不道白沙，晚而知阳明无私意也。白沙静中端倪，不必是真体呈露也。白沙有狂者胸抱，见真犹未也，虽洒脱而似失却仁。甘泉随处体认天理，天理是甚么？宜阳明不予也。识得内在主宰，然后说随处推致之则甚是，而甘泉不尔也。念台思想混乱，彼为东林党魁，立身端谨，物望所归，梨洲又崇之，故为一代大宗。实则其于学术无甚真见。

五

真言宋明殿军，其必以船山、二曲、亭林三位合为一体而后可耳。船山自命体用兼赅，而实不见体，当以二曲救之。船山固有用，当更以亭林扩。船山方面多于亭林，而谓以亭林扩之者，亭林实测之精神与专长处有过于船山也。此等纸条望保留。

吾急欲离粤回鄂，欲腊月半离，未知能否。不该来。

十二月二十六日

86

原编者注： 此件无上下款，末具十二月二十六日。标题为我们所加。内容与作者 1948 年 12 月 31 日"致牟宗三转唐君毅"及 1949 年 1 月 23 日复唐君毅"再论良知主宰"相通。此件亦可能是 1949 年 12 月所写。

致牟宗三转唐君毅

（1948 年 12 月 31 日）

杭州浙江大学牟宗三教授转

君毅：

前不多天与宗三转一信谈你文字。余来此，气候不好、水土不好、精神不好，未能详谈，然意思确不差，望留意。汝似谓致良知"致"字是良知所得自致的，确似有此意。果如此说，则学问不必讲，人也该不待用力而皆为圣人了。此大错误。致者推扩义，是工夫之谓。孟云"扩充"，"充"字即《大学》致知之"致"字义。"人能弘道，非道弘人"，此须深究。而言"圣人成能"，与此同旨。吾《新论》全发明此旨。吾注重即工夫即本体，亦此故。

良知确要致，他本是身之主。即主宰之谓。但上等人气质清，可不大费力，一识此本体即主宰。便不会违他。视明听聪，处处是主宰用事。质不美者，如能闻师友启迪，得识本体，却要自家努力把他本体或主宰。推扩出来。诚意工夫全仗此。诚意只是无自欺，此不是理论，须自反之心才见。良知主宰，知善当为，而人有不顺良知去为者何耶？此时习心或私欲、私意起来，计较利害得失，便诡辩一个道理，而不去为善，是谓自欺。良知主宰，知恶不可为，而人有不顺此主宰去止恶者何耶？此时习心或私意起来，计较利害得失，便诡辩一个道理，而姑谓不妨作恶去，此又自欺。有分毫自欺处，真意即被障碍，而不能为善去恶。久之真意全障，即本体失掉了，主宰不见了。宗门所云主人公不在了。知与行不合一，也就是此故。若毋自欺而纯是真意之发，则知行自是合一。故诚意以《示要》解得是。念台大错。

如将意另作说，则必如《新论》分别心、意、识三名。以其为吾人与天地万物之统体言则曰心，克就其为吾身之主宰言则曰意，克就其感物而动言则曰识。随义异名而实一物，如一人有多名也。念台并非如此说。他所谓心、虚灵、觉、主等名，并不是我那样说。我的说，可以说是依方面的异而不同其名。他似是在自心中分了许多层次，看吾《示要》讲《大学》诚意处之后一段。都讲不通。须细玩《示要》。

《新论》之心、意、识三名，是因佛家分八个，以心之一名属第八，意属第七，识属前六。我既不打作八个，故改其说。我自问改得很圆融，很妥洽。念台于心之中来一个意作主宰，何可通？

《示要》于《大学》正心处，言此心是身之主。但只泛说心，未指示心之面目为何？到后致知才指出心就是良知。离了此知何所谓心？此吃紧。推是工夫。要把他推扩出来，如孟子劝齐宣充不忍一牛之心以保四海，充好货、好色之心，使皆与民同之。这种推扩的工夫能做到，自不会陷于自欺。不能推时，才起自欺。此意深微。从来理学家总是以为心地工夫在克治，此即重在无自欺，而不甚言推扩。此理学所以敝也。一不推扩，自欺便起，如今日许多好人连吾侪皆在内，皆有不忍斯世之心。然而说到救世行动，则皆曰举世昏迷，举世不可得一共事之人，无可与为，或又曰以身轻试，死也无益，甚且取辱名，至少亦是劳而无功。此种种话，谓之非欤？确也是事实必然，无可责其非。但凭良心一想，则此等计较究是诡辩自欺。若顺汝良心一直推扩去，既不忍斯世就要拚命去救世，那计他得失、成败、死生、祸福。因举世昏迷，皆不成人，我知之，不忍之，才要去救。他若不昏，何须我救？依良心说，上述种种计较确是自欺。若依良知即良心。而推扩去，尽我一身之力去作救世事，不管死生得丧，不管人之可与否，鞠躬尽瘁，死而后已，便知《大学》诚意在致知，是一针见血语。朱子、阳明解诚意错得不堪。在意发处求诚，太不反省!《示要》已驳到明白。好善如好好色，非做到不可。恶恶如恶恶臭，非拔去不可。此等努力的行动，也即致良知之致。易言之，即推扩工夫。此当就依顺良知主宰处说，而非可于好恶之情动时说也。好恶情动时，如动得正必是早已顺着良知推扩，常常有主宰在，故好恶不乱。此时自不须于好恶上再着意添个好之真、恶之真，于好恶上又添好恶，则私情起矣，非顺主宰之真也。

好恶动得不正时，更着意去添不得。《大学》释诚意，明明曰无自欺，如何不依此而在好恶之情上求添增耶？故曰朱子、阳明均误。无自欺工夫固与推扩工夫是同时用的，然推扩是主。吃紧。没有推扩工夫而求无自欺，其终必陷于自欺而不觉。此种[非]内省深者不自知。《论语》说："枨也欲，焉得刚？"刚便是推扩之力。不推扩，在消极中究立足不住，种种终是躲闪，终陷于自私自利了。大乘的精进与大悲也是推扩，小乘便不推而自了，遂成乎私。推扩才是人能弘道，才是成能。《新论》主创净习明心宰归于仁。仁者与天地万物为一体，皆在推扩。

主宰不是由人立意去作主之谓。主宰非外铄、非后起而确是汝之本心，是汝固有之良知或性智，亦即孟子所云仁义之心。程、朱云天理之心，却要在知善知恶、知是知非之知或智心认识他。阳明教初学，总在此指点。认识了这个面目却要自家尽人能，即努力去推扩他。推扩得一段，主宰的作用便显发一段。推扩得两段，主宰的作用便显发两段。你时时在顺主宰的作用而推扩之，即无所往而不是主宰显发。于流行见主宰，要于此悟去；即工夫即本体，要于此悟去。一息不推扩即容易失掉主宰而习心私意将乘机而起变，自欺而不自觉矣。宗三去年说，答他《大学》致知格物信是理论的，岂不怪哉！吾故知汝侪于吾文字太作儿戏看也。

十二月三十一日

（以上原件用六页，查熊十力致唐君毅信札中另有一单页，朱笔具"七"码，内容与此函相近，恐是此函完后所补，兹附于后：）

推扩工夫是什么，即顺良知或性智之知而努力作去。他^{知或智。}知善当为，你便顺他努力为去，知恶当去，你必努力去之。知是知非，你便顺他行其所是而勿习于非。如不忍一牛之死，岂能忍于四海困穷。齐宣以羊易牛也易，而保四海却做不来。这个是齐宣不肯顺其良知主宰去努力之故。齐宣终自欺。

此信与佛观看。

佛观：急望汝来。吾老腊二十左右或老明正月半决回鄂。吾此行太可惜，被汝催动。财损完了，精神大损，一毫意兴也无。气候一日数变，一夕数变。

复牟宗三

（1949 年 1 月 13 日）

宗三：

十二月二十九日［信］昨午后艮庸带到。三十一日信亦至。所说王学流派，另是一事，"意"之一词要求的解，又是一事。念台"意"宗王栋。栋已误，彼又承之。栋云"心则虚灵而善应，意有定向而中涵"，将心意分层次。实则有定向而中涵者，即知善知恶、知是知非之良知也，即心之自体也。此是非善恶不可乱之知，即有定向，不从外铄，故曰中涵。虚灵善应者亦即此知，非与有定向中涵者可判二层也。吾《新论》

改正佛家唯识"心、意、识"三名依八个识而分开之误,而只于一体之上别说此三名,随义异故。此与王栋、念台乃判天渊。此中有甚多话无暇写也。此处不是讲流派问题,当反在自身,寻得何谓意。流派得失又是一事,须别论。

十九日信候艮庸、佛观午后到此再面商。吾料朱谦之话不可信,孔德话亦然。中大诸人不独不同武大、浙大,亦绝不可与复旦同日语。复旦确有心做好,确有道义。人多以海派观之,大误。此间真海派耳。吾欲回鄂,亦候佛观来决定。

吾于十二月三十一日补一信与君毅,到否? 此纸亦转君毅。

一月十三日

嘱牟宗三转唐君毅

(约 1949 年元月)

又嘱宗三转君毅:

阳明云:"心即理。"何尝是专在明觉处或知处说心。然阳明亦不无病者,即其发挥心体之话嫌多。若在心体上形容,总是明觉或圆明与寂静、虚静等相。理或德与生化、创造等等必于发用处识取。佛、道同为耽虚溺寂之学,故其谈体,大概同于虚寂明觉。

孔孟直在人生日用处指示,忠信或诚敬种种工夫做到,久之自识天道不言而时行物生之妙,元是我固有之也。阳明没后,其流派总分为二,一谈本体,一注重工夫。此二派中又各分派。实则谈工夫者犹不是孔孟之谈法,终与禅及道家路向为近。此意要须善观其通者始可会,吾难简言之,亦无暇详言。

写至此,佛观、艮庸来,云问朱谦之,他云曾请了方东美、洪谦,恐其来，即不好请宗三。其实方已赴台大去了。

答张其昀

（约 1949 年 2、3 月间）

晓峰先生：

来函云：有覆吾去岁抄与本校二三君子公［开］信之一文，不日付刊，颇思获悉卓见。但吾原信今不能尽忆，大意似谓中国自汉以后之学风士习，总是善类不相结合，只各为独善之计，乃任败类坏天下事。短函不外此意。实则独善本是个人主义，其结果即归自私自利而已。此等风气之养成，近闻南京人有归咎于儒家，不胜骇异。儒者道在六经，而《易》为《五经》之原，此汉人承七十子口说流传者。《易》之本体论及宇宙论，首明乾元始物，刚健不息。故有曰天行健，曰刚健中正纯粹精也。曰动而健，天之命也。曰变动不居，曰生生不测，未尝如二氏偏从虚寂处显道体，致令不善学者耽虚溺寂成自了汉也。二氏者，道家、佛家。其自天道以推之治化，则曰裁成天地，曰参赞化育，以视彼谈征服自然与利用自然者，不尤的宏阔远乎！曰富有之谓大业，日新之谓盛德，曰革去故也，鼎取新也，何尝以消极与守故为人生常道乎？曰开物成务，则异乎老氏不敢为天下先之教；而西洋人革故创新之精神，反有合乎此。曰备物致用，曰立成器以为天下利，则科学对于宇宙乃发明与改造，皆自此精神出。秦以前中国科学思想颇盛，吾《读经示要》已略明之。自秦人一统而专制，百家学绝，儒学精神始亡于秦。中国之大劫运也。曰辅相万物，辅嗣开宋学义［理］之端，而偏溺虚玄。至宋又益拘碍。《易》自秦以后成绝学，而《五经》以之宏旨不可窥。孔学既丧，佛、道之教实浸淫于中国社会，二氏末流日敝而精意早失。此中有千言万语，兹不及详。中国人萎靡无能与自私自利之个人主义，自秦以后，渐养成之。今后，教育必于此注意。

相识中见余一生孤遁，或疑余亦独善者。此实测之以迹，而不察余之心。吾自清光绪三十年即投身军队以谋革命，几遭不测。辛亥起义后默[察]北洋昏乱，党[人]气习又颇难言，深怀来日之忧，因此进而探研吾国民性之所由陶成。曾一度研史，而慨叹汉以后迄今将二千年，常为夷狄与盗贼更迭为帝之局。号为盛世者，止汉、唐、宋、明四代。汉只西京差胜，东京已是乱局，五胡之祸胎于此。唐只太宗一世，其后藩镇，几皆夷与盗。宋代始终不振。明祖光复，业盛于宋，而卒覆于外朝。自后汉迄宋明，抱民族与民主思想者，非无其人，而皆不得以其思想，倡诸当世见诸事业。黄、农、虞、夏之胄，长沦苦海。余实长怀此痛。鸟兽犹爱其类，何况于人！吾欲究了吾国民性，乃不得不从哲学思想上探索。汉以后，所谓哲学思想，实止儒、释、道三大派。吾出[入]于三大派之中，而首欲改造本体论及宇宙论、人生论。于是乎续《变经》而造《新唯识论》，晋人称《易经》曰《变经》。又欲[撰]《量论》，以成立吾哲学上之知识论。更欲别为一书，衡论儒、道、[佛]三家大要，与其得失之影响于吾社会者。继此，欲为《化道》一书，以儒家思想为主，参以法、墨、道、农诸子思想之略可征者，西洋思想亦当和会，以求至当，备将来人类之需，非为目前作计。余生而孤穷，少年极人世难堪之境。弱冠从戎革命，劳筋骨、饿体肤、行拂乱其所为。盖失学已久，及年三十五，始奋志好学。向学晚而用思苦，始患神经衰弱，漏髓日厉，不得写作。余年四十、五十之间，在杭养疴久，生活赖蔡孑老设计为多。余病，冬时不可衣裘，外貌似好人，而实不堪劳损。六十后，年衰一年，文籍渐失忆。《新论》语体本，抗战时付商务馆印行，而辞义间有须增损者，犹未及改定。《量论》且未及草，他更勿论。智小谋大，诸所欲造述，弗底于成。民三十六年，乡邦拟为印丛书，所列书名数种，自

《新论》外，皆心事之散见者耳。《新论》语体本文字顺俗，然义旨宏远，非虚怀深研中国各派思想者，鲜有能窥其中之所蕴也。学问之事不亲历甘苦，可相喻乎？余之一生，非忘怀世事，亦非故意与人不合，孤遁鸣高。盖决志于学问一途，不得不与世绝缘。而所以志乎学者，则又出于实感之所不容已。虽人生之感，至为复杂，而生丁衰乱，首谋革命，则族类兴衰尤为情之所寄。可惜心思所至，未能达出，每念及斯，惆怅而已。去冬南下，感民生涂炭未已，道遇流亡者众，皆非小百姓。真小百姓，则就死而已，犹未能流亡。此辈昏嬉无觉，吾故兴感。若使善类能相结合，何至任此曹坏天下事！此吾所以有前信也。

　　昨在浙大一年，见竺校长对教育认真，丝毫不苟不懈；贤者学行惇实，振作文学院确具苦心，并期中外思想融合，尤见远识。兹以情意夙通，不觉道出心事。南来本缘艮庸约商农场为休老计，到此觉气候不适。不久当回故乡，或入川中依旧好，以度余年。情通万里外，形迹滞江山，无足为怅。

与徐复观、陈雪屏

（1949 年 3 月 28 日）

　　复观看了，并妥转雪屏部长看，[遽]尔还吾。

　　薪资事，前只领到五万元，由孔肖云先生交艮庸。前几日艮庸云：肖云欲向雪屏商，为吾请其多作几个月扣齐，一次发下，以免老人太苦。吾觉恐未易办，曾函雪屏，只说下月而已。所谓下月者，即谓部中应从何月起，吾收到何月止，其未收之月，便是下月。吾意如是，未细说耳。今请问雪屏部长：如下月可有，吾拟就中大借一宅。我在乡太危险，艮庸的族侄中，不久曾被匪打死二壮丁。他还不与我说，我后乃闻之，他家人都诫我不可出门。我神经衰弱之病太久，今又年高，叫我闭死，不得出门一步，何以堪？乡间物价已太高，有好多比广州贵。因百货皆向城市聚，故反而比乡便宜者。但石牌又更贵于乡，因各菜贩子，须由城买货到石牌来卖，故又加贵。我在乡已四个月未买一次猪肉，只吃菜，到石牌则菜又比此间贵。如无收入，虽向中大借房，尚不可住。倘不能去沪或回鄂，只好居艮庸家也。部中下月果有无，我也不愿乞怜，算了也罢。如下月可有，我只好作移住中大之计。此事必须问明。世事到今日，老话，斯文同骨肉，我凭我良心说实话用不着世套。此非用世套时也！此纸务直转雪屏部长。我在战时未到校，非我偷巧，当时学校没有要我去，此事人多不了。我三十六年去复返，也非偷巧，我明知此局快了。如果留平，回乡不可得。若作墙上草，随风倒去，吾于义也不可。故去年不北上，非偷巧也。进止自有一个大义，诸公若以为老朽不当受薪，老夫并无哀求。

世事至斯，吾亦偶有自了之意。而终不肯了者，欲多活五年左右，看大战情形。吾于人类终有不能自己之爱与忧，不能放下关切之情，所以想看看前途。说至此，报载胡先生言《北大西洋公约》成功，两种壁垒形成，一切明朗化，彼此不会轻启战争云云。我只好一叹，他总看事太浅，真可惜！凡敌对之情，如尚未明朗化，只在隐晦或顾忌之中，然虽隐晦与顾忌，而彼此之间确又无法解除敌对，则隐晦愈深者，互猜互防亦愈深。于互猜互防愈深之中，虽云顾忌，而种种无忌惮之事，恒于顾忌之中作出。宜玩。此等作法，并不自明所以，并不自知。彼曰：吾不得不如此应敌也。此亦曰：吾不得不如此应敌也。势已至此，则向之隐晦顾忌者，自不知不觉而明朗化。到了明朗化，则两下肉（博）［搏］之期不远矣。以吾历史论，春秋，中原有晋与南方楚国敌对，彼此皆有隐晦顾忌，不敢大逞。时或互修礼让，因当时中等国家尚多，可保均势之局。故齐、晋与楚有缓冲之地，其敌对之情，不至明朗化。及至战国，晋分为三，已不成国。齐自桓公一伯之后，在春秋时已弱，及入战国值三晋之藩篱不固，齐之势更无足言。燕之为国，向不足数。于是秦、楚形成两大。秦抱雄心必欲夷六国，六国皆怀畏惧，虽欲割地求全，而秦人之欲无厌。六国亦自知求全不得，于是合纵以抗秦。至此则六国与秦之局，始明朗也。秦举兵并六国。仅十五年，六国遗黎，又群起而亡秦。老氏"狂风不终朝，骤雨不终日"，明训昭然，不容忽视。今世界两大壁垒已成，孰为秦？孰为六国？虽有神禹，难为逆料。二次大战，希特勒亦一世之雄，视苏俄易取，而卒反其所期。日人对美轻启衅，卢斯福对日复估价过高，不惜强中国割东北与外蒙，而于美亦无利。今世诸国家之情形，不同战国简单；各国内蕴之力量，每不易为外国人所猜度。故胜败谁属，只会听开仗后以事实见告。吾何人斯而敢妄测？吾所知者，胡先生两大垒明朗化可以免战之言，真乃过于浅视天下事而已矣！未来事且不谈，目前国内之局，如当道真能革心易面，另作良图，保持半壁，自是佳事。如心犹已往之心也，面犹已往之面也，取欲溃之人心，而支此残局，终不可能。则不如老实投降，无以战火毁苍生，较为心安理得。

　　吾少革命时，首弃科举，而投武昌兵营，充一小卒，是时实不知有孙公也。及日本同盟会成立半年，吾始加入同盟会。辛亥后，吾断绝党之关系，确有痛心。吾所以知世事无望者，一从学风士习上看清，二痛吾党无真人才。第一问题是根本问题，至今无人发良心来考虑。如从历史来说，则话太长。放下历史，直从清末民初说起：清末，学风士习确是康、梁领导。任公浅薄，如今几乎人人皆承认，纵有不承认也少极。康则人犹有称其今文学者，实则康氏诸书，都是乱抄杂缀无根底、无真知正见。［康］生于粤，接触西洋风气最先，拿个"大同"及《春秋》"三世"等名词作主张，杂取古书中文字一段一段排列成说。那有如此可言著述者？学问之事，首必自家真找得问题，不是泛泛取出一二大名词来。有问题而求解决，必须如古人所谓仰观俯察，近取诸身，远取诸物，随处体认道理，借明儒语。久之积测愈多，渐寻得根据来；还要进而曲畅旁通,分条析理,由散殊而得会通,慢慢成为有系统的思想,于是立言才不苟。康氏诸书,只是今日刊物之类,那可云著述? 康、梁以浮浅开端,首引起后生出风头的卑贱心理。人人无求真知正见之念,无深沉厚重之风,将知识见闻作扬名社会之具,无一毫反身之诚。五四运动诸人又承其流而大扬其波。世事至此,大家犹不痛省,成甚人道! 孟子生心害政之言,今人须深省。船山当明季亡国之痛,曰恶莫大于肤浅。又曰肤浅之害足以亡国。一个广众的民族,如肤浅成风,没有真知正见的导师,此等族类而当列强交侵之局,那得不乱? 即无外力亦必自乱! 船山明季之感,岂是无端胡说? 自清设学校以来,如今五十多年,教育无宗旨。学校之师儒,与社会名流均无真知正见,可以领导青年;只以无聊考据或古诗文辞,就老辈言。或新诗、白话文扬声海内。哲学则中西两不是,向西乱拾几毫论调来,谈不上有穷源竟尾的研究。于中则根本鄙弃,但为无法出风头,则不惜稗贩洋人一二空名词,并取古人几个名词,或几片语杂合来,以之论道,以之言理。哲学是改造人类思想的东西,是国家民族所赖以立的。科学是各部门的知识,需要哲学为其主干,或为其所汇归之处。此话要说太烦,各自深思之可也。如果只要各部门科学知识,无有哲学上最高的综合或最高的理解,人类只有各种散漫的知能,其智慧不启,智慧是超于知识的。其精神无归宿,其行动无公同信守之理则,社会如何得了? 从来变更时代思想的,总少不得哲学。而吾国当此非常时代,哲学思想界如此可衰,其何以存? 哲学界之绝望,只由浮浅与出风头之风早已甚深,无法挽救。至就科学言,古人于国计民生尚切留意。咸、同诸老能救一时之乱,安定社会,确是切切实实有他的经纶。使诸公生于抗战时,遇倭降后,他们必切实研究如何接收日人在吾国各大都市多年之各种经营与器材,当如何整理,以图发展。如此,则中国今日,全世界莫能敌也。对外交必审慎,决不献土地与人,以丧天下之气,使民心外向。吾敢断言,咸、同诸公不同今人。而今之知识分子,无论为左为右对根本切要之各大问题,同不注意,同不说半字。或空呼民主而外倚,或顺从危乱之政府,或漠然无感觉,一切不关心,还想现局可安,不会有事。北平学界如此,全国学界如此。纵有一二有心人,在此世局中,无说话地位,无发言力量,报纸也不会登你的言语,唯痛心而已!全国知识分子如此,在民初已然,无真知正见,无至诚。章太炎好打电报,人呼以疯子,此不偶然。使曾、胡与彼易地,决不如彼打电报之为。或量力能作事,必身任危险;或自知不长于事,必切实为学,以导社会。章公则以电报扬伟人与学者之名而已。事业非其长,学不当讲耶?彼三十后日退步,一生只驳杂见闻,除小学与文章外,无有实得。以佛学言诸子,是不了诸子,而佛又未通。天予以聪明,却自弃可惜。以彼地位,在当时能虚怀讲学,必可造一风气,成就人才。惜乎章氏不能为也!彼甘以名流自了也!吾生而孤穷,三十而后,专力于学,四十而后成学,五十六十而日进。值学风已大变,世局已非民初比。学校与社会都尚洋博士阶级,已非吾所能讲得开。吾性不能与人为缘,因此益孤。吾心念种族,常痛于心,无法想也。吾自民初已知不得了也。蔡子老宽宏朴厚,一代伟人。惜其育才志愿未申。吾今不暇详,容缓谈谈。国民党无人才,真天数。只一宋遁初,此公确有英杰之资,惜乎学问与经验两皆缺乏,又无师友之启发。一个人想成才,必有师友。曾、胡、左、李诸公还是师友多,不然也不成才;又历练多年,故成才。遁初甫出头即遭袁氏一弹,不留他长学问与经验,天乎!天乎!吾恨袁贼,丧我国命。向者称遁初民初住在袁氏爪牙赵某之宅,似是赵秉钧。头昏,忽忘其名。此曾任国务总理者,甚有名,有才具。欲牢笼过来,解袁之羽翼,以此称遁初有手腕,了不起。吾曰:此其蠢也!所以死也!这手腕袁氏早窥破,赵氏老奸巨猾,他把国民党看做暴徒,岂背袁而戴老宋乎?故杀宋者,终是赵之告密也。吾谓宋之才尚未成,即此一事可见。宋死而后,国民党遂无半个才。写此已倦,复观与雪屏看,当面取回,勿示他人,切不能发表一字。世已到此,不可胡乱。吾心忧,忆往事,随便谈谈。吾仍思回故乡。望复观来一商。

三月二十八日

遁初豁达大度。同盟会人皆暴徒,彼独留心西洋政治制度等等,惜于国学欠留心。其时章太炎辈,皆考据文章之士,本无知本国学术者。彼无所含茹,难怪也。过去大人物,皆熟于历史得失之林,此关系太大。_{考据家全不知此。}彼于史不究,故涉世即失败。曾、胡、左、李能用人,能审事理,察事势,亦精于史。人情变幻不以时代而异,虽生今日非研史不可。吾三十六年到平,闻人称雪屏之才,故写此,欲彼知所以自修。世无才也,吾不能无望。遁初有识解,学问与经验太缺。吾鄂与彼交好者多,如白逾桓、吴昆、居觉生皆与之共患难久,但不必能知他。吾与彼见过,但吾尔时学未成,又本非事功之才,故不能有献于他。若如后来学成,当亦有助,但尔时不能。惜哉此公!次则吴禄贞亦人杰也,然不足为第一领袖,二等则可。其知人之明不足,量却宏,亦袁氏谋害之。此公与遁初两湖之英,国家之桢干也,均袁氏所害。袁有眼,以私害国。曹、懿之徒不能建民国。吾是以惜遁初也。

与徐复观

(1949 年 4 月 10 日)

复观:

函悉。时局似难知,赴沪与回鄂,均嫌其晚。恐到岸恰遇变局,则不得了也!昨来此时,浙大杨生占两卦,均奇验。今年正月立春后,飞函令彼占今年行止,得《讼》之九四,曰:"不克讼,复即命渝,安贞吉。"吾前飞函复旦，嘱其候吾于今四月廿[日]以内，得吾上船之电，即按时接船。意谓此行必决。今局面如此，似不可行。是于复旦虽命之，而不得不渝变，故曰"复即命，渝"也。"安贞吉"，安居于此而吉，当无问题。

你眷赴台，吾觉不必。大战不能久延，轰炸不能避，城市离之半步，台人必加害，此必然也。即大战稍缓，而当道人心全失，台湾决不能固。兵败如山倒，古话可玩。胡适不留其间，他也聪明。日人似已在运动台人，前天报上有此消息。吾意，你以暂不动为是。有警时，即同吾一起，艮庸当尽力维护。秩序定时，仍可一同回鄂。据北平情形，共党似欲和缓人心。一则大破坏，他经济无法。二则他们准备对美之战，也不能不收拾民心，不能破坏太很。故平定后，吾侪宜返鄂。韩裕文之家眷，今均回去了。你未作负责之官，恐非大目标，家眷回去，或不必有碍也。吾意如此，请你参考。当局只作守台计，决不能守台。颂乔均此。如车路入川可行，颂乔可否派人护送赴渝？烦酌。

四月十日

北韩，美无如何。台无共耶？广州、福建存，台尚可存。闽、广不存，吾断言台不保。

注： 此函《全集》第八卷有著录，今依雅昌拍卖网 https://auction.artron.net/paimai-art0060812205/原信图片对文字、标点加以校正。

与徐复观、颂乔并附徐复观名字说

（约 1949 年 4 月中下旬）

复观、颂乔均看：

世高赴台，吾确想入城一晤。老当衰乱，此别，亦难知何日再见，故欲晤之情不容不有也。然三月正是坏季，吾体力差，舟中须大半日，一往一反，吾不好受，故不果。与希圣信，想非其所乐闻，以后不谈可耳。仲光稿望力促艮庸立刻索回付我，万不可失！艮庸必亲索之，如不遇，可自寻找之，到他房间去找，勿使吾□□□不得也。稿中有重要者。

金事，如复观此次信所言，你自与艮庸亦言之。

复旦飞函阻吾行，想供给无法，自实情不可怪也。《名字说》乱写如下：

徐复观名字说

古人命名，无苟也。文王名昌。用能昌大其德如天不已。《诗》曰："唯天之命，於穆不已。"文王之德之纯，纯亦不已。尽大地万万世，无量无边，众生皆文王之德所含茹也。孔子名丘。其修德似之凝聚日增，崇高无极。今之大地、万万世、无量无边众生，同仰此丘山也。名依义立，义必实践，其可忽乎！复观原名佛观，佛氏于宇宙万象作空观而已。般若《心经》照见五蕴皆空，是大乘无量义之总摄。五蕴即目宇宙万象。此等宇宙观其影响于人生及群化诸方面，毕竟不妥。大乘虽以大悲不舍世间救此空观，然为众生未度尽故，方兴非愿，其教化终归趣寂。与吾圣人裁成天地、辅相万物、参赞化育、开物成务、立成器以为天下利、富有日新诸广大义趣，究不相似。余故造《新论》，继大般若空经而盛演《变经》。《变经》一词，见《新论》语体《绪言》。此意不容忽也。今为吾子易佛观以今名，且字曰见心。《易·复》之《象》曰："复其见天地心乎。"取义在斯。复者剥之反也。今大地众生，方颠倒以趋于剥，吾夏人尤剥极，其忍不思复乎？剥极而复，非去其惨酷之忿心，而见温爱之天心，则不可以复也。余以衰年，丁此剥运，一身无所计，唯于族类之忧不容已。鸟兽犹爱其类，何况于人？同类不恤，侈言悲众生，必唐大之谈也。立爱自迩始是余志也。余愿与世人相勖，以见天心之学，久而当有复也。子以维桑之谊,周旋于老夫杖履间,寄望弥切。慎勿疏忘易名命字之旨也。

民国三十七年一月一日

与唐君毅、唐至中

（约 1949 年 6 月）

《成论》四大要领,望君毅说与至仲。此四义除摄假随实不甚重外,余皆至重至重又至重。尽中外古今哲学或形而上学,只此中摄相归性、摄境从心,此义则唯物论却反之。性用别论尽之矣,包通而无遗矣。《述记》只此四句话,更无发挥。宜黄大师向不注及此,只在八识、二无我或三性三无性或种子、现行等等成语中弄出若干条义,而于其名相的体系之外,有其总括之要领,却不知把握。因此,对于吾之《新论》总是反对。吕先生还说无所谓本体论、宇宙论等等。若了此四要领,必不无理取闹。此四者,吾特告仲光,命她记出。其中无半字轻下,切勿随看即了。

谈主宰义至精,此条仲光原记得很好。但后一日谈非礼勿视、听、言、动处,有"人生息息感摄乎天地万物或经纶乎家国天下者,其作用流行,总不外乎视听言动四者"云云。此等词句是吾改写出来,君毅与四兄看了,必如看报然,宗三尤如此。一目即了,毫无奇特。实则绝不寻常。从来无论汉、宋二派。儒者谈视听言动,止是视听言动诸词而已,如此便只在日常接触所及处,无形限于小圈圈。实不知他的视听言动是息息与天地万物相通,是经纶乎家、国、天下之际而息息流通发现者。人无以自画了,不觉自与天地万物隔绝。所以自视其视听言动只限于小范围的接触,而不了万物同体之实。因此其作非礼勿视听工夫者,只是修其小己而非上下与天地同流。此与佛氏出世意思相去不能□□。二氏于虚静中存养主宰,毕竟不是。吾儒由天地万物同体之实际而于视听言动周通万有处,慎其非礼与礼之辩而循礼以及蹈矩,此位育之实也。相对即绝对。不必如黑格尔分主客与无对三种心。实乃一心合内外而即无待。吃紧。全体大用不滞虚溺寂以与天地万物隔截也。至仲抄还来。四兄一看。

答陶子钦

(1949 年 6 月 16 日)

烦使转

子钦先生:

昨忽得一信,云孔诛少正卯,思想敌也。嘱向希圣商行止。老夫不材之木,为无用之学,古董而已。年去古稀无几,商甚行止? 与其求人,何不听天! 任何人素无干,今更不必存分想。道之废兴,身之祸福,一切任天。谓天即自藏其理可也,谓天即无无之神又何不可? 孔子曰:"知我者其天乎!"熊子曰:"我可自由而不须计虑者其任天乎!"付宗三一看。他在复观宅。

六月十六早

复唐君毅

(1949 年 8 月 13 日)

君毅:

七月三十一日信收到。

所云某之骄纵、偏激等语,其实用不着谈。凡可责以骄与偏还算好。

中国历史自后汉、魏、晋,弄成胡祸以后,胡祸远因在后汉,魏晋更不成

103

话，遂全不可自支，而胡来矣。直到于今。

向来中国如系内乱，自是一团糟。大概如北洋军阀时之局面差不多，贪横之官与今国党之政差不多。

但如在外力之下而为虎作伥，则自毁异常惨烈，便不同内乱时之情形。《北史》与辽、金、元、清史，经了粪蛆汉奸。之粉饰，曰某祖、某宗，俨然文明侔三代。其实，无形还露出多少兽性。这兽不专谓夷、胡，汉奸依胡而兽性特凶。你留心研史就知道。《北史》所说，常常杀得万里无人影；胡兵所至，老幼杀光。壮者劫之为兵；妇女壮美者收为奴，供淫虐。除当兵者外，又常收少壮男女为奴。一胡帅大者常收奴二三十万口。胡帅奢淫，所取者自是中国人之血。中国人受摧残之后，各各想降于胡苟且图活，则以杀同胞而媚胡。习久成性，以此为武、为乐、为自得计。清初东胡之虐也其凶，范文程诸狗孙为之尽忠杀同胞也了不起。外衣是外衣，内里皮骨总是那回事，说甚么？

如果佛法真能粉碎虚空，自是完全粉碎为好。如只是虚愿，这生物界便太苦。儒之道确好，而推行还难。个人勇退只好学佛；大乘究是空愿，吾故云个人勇退。吉凶与民同患，只有大勇，毅然任重，无别话说。

钱先生同此。

看了拉碎。

八月十三日

答徐复观

（1949 年 8 月 20 日）

复观：

八月十六日信才到。吾于八月十三日嘱艮庸交一信与你，不知到否？你云九月底到港，尔时你能否来港当不待尔时也，快了也。及港、粤交通如何，大是问题。赣州、福州已弃了。杭某函请作先圣纪念文，言儒者主自由等之义，大要明其非封建思想。如他印出，《学原》似可转载。吾本不欲应，但柯树平函云吴士选嘱他恳托，吾不好不一为之，但用南海渔翁之名。顷杭来函，要用本名，并自称弟，大无道理，吾只好不答算了，他如登大概改用本名。真□物也！

《谈韩》文，只一份文字长，比昨《答僧》文，至少相等，或犹稍多。仲儿不能再写，吾不能便寄出。此文确是从来无谈到者。韩〔非〕主废一切学术，毁文化，而尤以儒家为其唯一集矢之的，其主张与今之强暴者相同。非谓本国人。此文体大思精。如天意祐，九月底果可相晤，可一看。

韩驳儒处，如照他的话而驳，不能有超出他的眼光，便无从驳他。此子作法确与今时同。

与王世高

（1949 年 8 月 20 日）

世高：

吾昨春相见，即大受苦。〔徐〕先生当时不甚听，有一次吾特留多坐一会，先生犹谓外援，不知忆否？此非先生一人之见，胡适之徒及全国名流与大官皆同此见。吾侪草野之民，只忧民生涂炭。素与在朝者无干系。使人民受此惨，吾心痛之多年矣。革命二字，吾痛之则将四十年矣。昨冬屡与先生信说昔之小朝廷尚有人气，今不然矣，忆否？事至今日不自觉，总作跑计。福州已跑，赣州已跑，广州如何不必言。台湾如何？吾尽向外闹虚交涉，为世所共丑，而有事实表现耶？中大有人言竺校长赴北平受欢迎，不知然否？

与王世高

（1949 年 8 月 20 日）

春秋据乱之治，必内自正而后可言外交，否则恃外乃自亡也。吾《示要》书中已言此义。天可翻，地可覆，此理不易！早已为内外所弃，而乞怜小附庸，何其辱乎！不自正而作此无聊侥幸想，何为乎？〔徐〕先生赴美教书为是也。相爱之言，如赐音问，切勿用机关信封，不写信也可。此烦复观转晓峰先生。

致柯树平

（1949 年 8 月 27 日）

树平：

二十六即昨天。交艮庸托人邮你一信。吾手无邮票。不知其人真交邮否？内言纪念文可登专册中，用本名。日报勿载。外与吴先生一信已交否？渝行决罢。赴台，二十六日平邮复观商决。亦由艮庸交人邮。与昨与你信同时。如他赞成，吾决赴台；他不赞成，吾便留艮庸处。顷恩寿侄来，云你意陈、李可照顾。此胡想也。儿子不能照顾老子乃真事实，况其他乎？若辈确处于极可怜之状态，吾从旁得确信。惜你不能来，不便详谈。去年吾说汝眷宜回乡，由今观之，幸未回。若回去，乡间清算与否且不谈，而粮食括尽，存款括尽，加以抽丁，饿死与惊死两皆可能。吾原意解放后回乡，今不敢作此想也。吾尚有一六十多岁之胞弟及诸老实侄儿，此次决不能活。论天理，吾自求全太不合。吾年亦可死，然念斯文一线，天与我以一隙之明，有得先圣贤之意。许多著作未起草，已成者亦多未印、未行。又今虽老衰当乱世，不能为系统之作，而以语录或杂文式出之，尚可为民族精神存一脉，此不忍即死之故也。教[育]部薪如可靠，吾赴台意多。否则不能离此。此与吴士公看了拉碎。

八月二十七日早

又告树平：吾还有赴川之想。因此地万不可留，台亦不可去。川之地大，熟人较多，故有赴川之意。但手中本太小，人有四口，又其地现亦惶惶，故未敢决耳。你未能来，许多话未能谈。看了（碎）[拉]碎。

小船赴港，笑话也。吾之行止事，与君毅等不须谈，谈无益。看了[拉]碎。

与徐复观

（1949 年 9 月 3 日）

复观：

来信草草。有一句不明白，上语云印书无问题，下一语似有敷衍者。欲不印，究未知如何。今后之局，吾能活否大是问题。入川今已来不及，故吾决欲印书。

《答僧》文许多大问题，佛教是如何一回事，从来无人真识得，亦无肯问者，亦无敢问者，此文解决甚精要。大空大有，此文择其真髓。此外各文皆有精要，不可失。吾须与你一面谈，我入城一次也可。如可印书，吾可否赴港校？望覆。

《韩非》文甚长，你不看不知其重要也。此宜入《语续》中。

致唐君毅

（1949 年 9 月 5 日）

《语续》中，艮庸答僧人之长文，望君毅留意，勿看得太草率，道理必多一番体究而后深入。今人无论何种道理，入眼便谓"见得"，其实隔膜甚。此意难与今人言。佛法毕竟是出世教，此不是凭空断定，须就此文内细参之。儒家是学术，即天人一贯之学。唯其天人一贯，所以不向惑染处说。宇宙人生非如佛氏以无明为导首，而直从本体上直显人生真性，直下空人我、空生死、空惑染，此根本认清儒佛精神面目，两下判然。随取二家中一书观之，其不同明明。四涅槃，须究清白。

谈大乘空、有二宗处，真好极。字字句句皆吾三十余年来心得之言。僧人之混乱，经破斥则若无奇。殊不知若不见此文，只见僧文，便不知如何对付。凡论辩，对有见地之异己者，与之作辨易；对盲龟瞎马胡乱不堪者，欲条析而明正之，确是没下手处。古人言，对牛不可弹琴，此味难言。非大本领对付他不得。谈空有诸文内，宏深透辟，皆前未尝言者。尤以空宗浩浩似无着落处，不好谈。今在源头上，为之一一疏治明白。有宗所以胜于空之处，亦说明净分依他，实救空之大失，惜乎体用未圆融。将空有一一认清，而后知《新论》用意宏深。

儒之生生，是就体上显，不是在万物生活机能上说。此于辨儒释中似说过，亦要紧。其他各义不能尽忆。又佛之破相尽净，由于修观故尔。此亦最精，非面谈不罄。又一神即依他。与泛神或自性之融和，此甚重要。哲学与各宗教融通处在此。

此纸与钱先生看了还吾为幸。

九月五日

复叶石荪

（1949 年 9 月 5 日）

石荪有道：

才得来函。大诗气息颇近魏晋人，望犹于气势加雄厚。魏晋人典雅而气已弱，此可戒也。至于感怀世变，融中外文化与哲理而慨乎言之，固与老辈谈禅者异撰，望更涵养真实心。真实心，佛家语，儒者所云诚心也。工部才逊太白远甚，而后世宗杜不宗太白者，杜公一段真精诚千古不可磨耳。人性本真本诚，无以养之则日离，真学问须于此着力。

粤之气候，吾确难受。风俗实不如川。川人于学虽难言诚心，然尚有此好尚。五伯假之，犹愈于不假也。粤人于一利字外，无知觉。此无可久居也。至于生计则犹其次耳。中大已来聘，未始不可活也。

唯有一语须问者。来函云："大局演变不能预料，□□□，此与师之进止无关。"不知吾子意云何？吾意世局诚难料，而有可料者。至少百年内世界无宁日，吾国当更惨。一年内川大是否可由吾人授课度日，殊难知。吾若入川，生活是否有意外之虞？此虽俗虑，而亦不能不虑及者。课目任如何列法，而每星期大概说二次，如在北大例。亦不必上堂，如北大例。所说则随吾意而已，不必与课目同，亦不必与课目异，随时随兴，随机可耳。吾子必仔细考虑，如对吾将来有难为力处，则不可轻请吾赴川大，吾亦不必多此一番劳动。年近古稀，可了即了耳。道之晦明，学之兴废，亦有天运。吾愿不当馁，而意不可期，必任重道远，仁也。道之将废也欤？命也。乐天安命故不忧。智以济仁之穷也，智不穷而仁亦不穷矣。吾已衰年，犹未至"仁守"之境，遇事不能无计虑，然不以俗虑常扰于心，或易吾守。此则可自反无疚耳。

吾到川与否，仍望吾子细思一番，方作进止。如吾果可赴川大，亦当在（羊立）〔阳历〕十月内也。然当在十月二十前方好。不卜往来函论无延期否？子好酌量，不可轻诺。中国人好易其言而后无信，吾平生最恨此习。闻北碚卢子英先生对梁先生言，愿助吾生活费。意诚可感，然未知能有此力否？吾亦不愿深□人也。若能集一点小款，托人经理，吾得了此残生于蜀土著书，仍望仁人君子共刊存之，吾无憾矣。

九月四日

末后语：叫你决定作答，此时何能言？然有一念之诚在，或有其几欤？

"累人"二字不明。

原编者注：此函系作者托时在广州市的儿女亲家万幼璞（秀岳）先生，让他转航空信寄叶石荪的。信头有一句话："幼兄飞'成都国立四川大学教务处叶石荪先生'。"

致梁漱溟
（1949 年 9 月 5 日）

漱兄：

顷阅与艮函，谓我有饿死之说。诚然。如将来无可教书，又或辱不堪，有一于此，即如是以了结之耳。此主意须先拿定，然后临时不惊惶。但时未至时，吾还为武侯苟全性命之计。年已至此，死不足悔。总有此一遭故也。生物皆怀生，何况于人？义可强生，犹不求死，此常情也。吾自犹人。

若以世道论，谓吾侪如可守义而不饿死，吾敢曰：上帝不能保证，孔子、释迦或不肯作如是看法。不说一千年，至少百年，人类无宁日。而况衰敝不堪之炎黄遗类乎？言之痛也！后汉以来二三千年，族类常在夷、狄、盗、贼迭相宰割之中。民德之偷、民性之卑、民智之陋，自私以图苟存、不知大计、不知公义，其来久矣。其养成之，非一日矣。西化之来，只荡固有好处，而借新花样以发展固有恶习。在此世界狂潮中将不知所底也。吾哀也，固拿定"饿死"二字也。

通旦云赴印，无译人，一难也；人家不肯多请译人，二难也。有说罗君放空炮，只云印政府介绍其各大学。可见尚托空言。牟子在台，何肯从吾作译人乎？老老实实不舍学、不离师，今日何可谈如是□。

雨僧先生致念。

颂天告通旦。

九月五日

原编者注：在此函开头，熊先生写有一段话："此纸附川大叶先生信中，转北碚温泉勉仁文学院梁先生。"此函中，"艮"指黄艮庸，"通旦"指周通旦，"罗君"指罗家伦，"牟子"指牟宗三，"雨僧"指吴宓，"颂天"指云颂天。

与张丕介、徐复观、唐君毅、钱穆、牟宗三

（1949 年 9 月 7 日）

丕介先生并转复观同看：

八月二十七寄《韩》文一节，二十八又函改《韩》文尾后数语，三十一日又一函复改《韩》文后之三句为二句，较显。原欲浑含，后觉不必

也。以上丕介先生均收到否？顷接来书，似只收吾前二信。所云带百元不知交谁？如交高弟路四十二号二楼黄艮庸之妹亦可。

九月三日与丕介先生转复观一信，欲一晤，不知到否？复观怪哉，你如来一晤，坐船大半日，水面或不过难受，翌日回城，不过两天而已，何必不一来？即函约吾入城晤一面，吾今愿一晤，竟匆匆以去，此后行止总宜一谈。局面何能预测？变后，也许吾不能生。年已到六六，六五快过了。如此时局，如此生活，吾能久乎？吾自去年来粤，未买半只鸡。只小女来，见其病弱，买一鸡或为彼下蛋，未买得好，无蛋，遂杀之。只此一次，外此两个年头未见鸡肉。如说谎，与汝孩子一般大。米是三十六年在平时，寄款艮庸，他早为买谷，故从去年至今不须零买米。衣则三人从未买半寸布，手巾缝补用之。只区区柴与青菜、水油等零用，而耗费可观。因此地物价比广州贵，异乡人又吃亏。吾昨冬迄今收入不算少，而无如此地物价太贵何。打针虽耗费，然昨至今初夏，你送者不算少。王季思亦送过几盒。仲夏以来乃自买，或不过五百港元上下。吾独立生活之年已久，知道如钱不生息，则任何多之钱，日消于无形，此是吾深切之经验。况今日物价乎！昔在川，吾能吃好，能写书者，钱少而可生息。一月不用之款，便生息一月；两月以上不用者，便生息两月以上，故吾不至穷。艮庸为人本厚，而遇事无办法，说话甚易，注意。后来难做。他对世事少经验，又孤介与社会少缘，非是有意以好话欺人也。吾初不知其处事糊涂，若早知之，吾径入川。不来此地，当不吃苦如斯也。

中共既决定某国路线，民族之命难知。士者自亡以为乐，又何话说！老夫本可速了，但亦愿得苟全性命时，也如武侯之苟全，看看世事浮云苍狗之变。如义不容苟全，则亦自了而已。台行之议由树平引起，先时陶子钦叫函希[圣]以言之某巨公，吾固力拒。后树平之言，则不与当道为缘，吾故动一念。然闻生活已贵于广，又台决难保，何必多此一行？故决罢！印《语要》事，吾不遽寄稿者，念此地且夕难知。如此地不测,香港亦警扰,台更危;尔时你不留港,书或难印,吾向谁追稿?共纵不即谋港,而断绝交通以困之之方法,可能在人意中,此吾不能不慎重也。《韩》文以拙甫名登《学原》或《评论》固无不可,然只一份,恐旦夕不测之局,稿寄出不必能印;又恐交通断,吾不能得,也不好不暂存。候艮庸回,稍处分其私事,欲彼代写一分,然后寄丕介先生收转,任登何处,但此时不能寄。

《语要》如印,丕介先生可否代复观负责?原稿必还一也,马上火急印出二也,校对必无错落三也。负责必真负责,望丕介先生能作此好事。

吾自慎重此书,必有以也。吾字字句句均无不根之言。现世人心习于浮乱,见为寻常固其宜耳。种如不亡,后或有用得着者。仲光《困学记》[字]并不多,其关唯识者,皆前未有之义,吾改定,其谈儒与禅者亦从来未有之义。今人心粗贯,必欲寻常视之,无怪其然。学问谈何容易!眼力谈何容易!胡清二三百年,早无学术,人习浮妄所以成今局。复观推尊君毅人文社会文,此在时贤中自是难得,然老夫则欲其百尺竿头无忘求进。人文社会所以异于偏尚科学化之唯偏重经济与政治之严密组织与各专门技术等等而日趋于物化者,人文至此为长远。其必别有致力处,必有所归趋与真实据处。《示要》于变知常之义,在《示要》随处发挥。如九义之本于仁、《大学》之三纲八目总于致知诚意以立格物之本,中卷之始于立志与三畏、《易》之仁体、《春秋》之元、《尚书》之中,不能胜述。若于此不能有真切发挥处,第泛言艺术、宗教、哲学、道德等语,恐终不会有根据处也。艺术、宗教、哲学、道德等学目固可列举,但须发明大本,而后言此等学目,皆为研讨之资,则吾亦赞成。否则今之列强岂不拼命奖艺术耶?苏联且顺民情而教堂打钟矣,况英、美等乎?哲学列强皆未废而不讲。如谈未来之人文社会而不深穷一个超科学而并不遗科学、不遗科学而实超科学化之另一高尚路向,与更有致广大尽精微极高明道中庸超细碎观会通。之道理在,为人类所不容不更求上达者,则如何得拔于物化之中？何以异于今之社会？君子于其言，无苟而已。言不可如清末以来之名流，空名词、空泛论调，一层一层，而实不知所据。凡名流皆狗也！大名狗大，小名狗小，而狗一也！老夫骂尽古今名人非自是，痛族类之亡，情不容已！君毅吾倚以寄吾志者，年来于彼责之严，彼或不知吾之意，而反怪吾之不了彼也。岂不痛哉！艺术，子老昔以代宗教，最无知最害人！吾虽非艺术家，但就吾神解所至而衡之，则艺术理论，无论若何高深，决不能彻根源；总不外情感移人，期与大自然契合为一而已。此等情趣可为据乎？吾总觉艺术家好学僻怪而实小器，时或好表示与人为缘而实假，表示超凡而实小与俗恶；其所学在情趣上，无真见、无真依据。西人尚此而其俗日物化、利令智昏，明者胡不思？此何可与宗教、哲学并列哉！吾先哲鄙视诗文家，以其止于情趣之域故也。年来西学小生，以中国哲学与文化为艺术的，吾痛心此等奴性发于政治方面，则为人奴而不惜者，良有以也。禹拜昌言，子路人告之以有过则喜。君毅如志天民大人之学，幸勿自足而忘老人之戒。子老吾不深咎之者，非私情也。彼在民党，对社会之鼓吹力，不及吴名流甚远。吴名流乱七糟八扯得不亦乐乎，其毁此方学术，比诸小狗力量远大，小狗无彼不得成名以毁先圣血脉也！此与君毅、钱先生看后转宗三看了，切切拉碎！

与张丕介、徐复观

（1949 年 9 月 15 日）

丕介先生　此转复观一看：

　　吾于九月十日将《语要初续》及《困学记》合共十三万字左右为一本，又《正韩》一本，共封为一大包付艮庸，托人带城邮。外有平信一封,俱到否? 千万回吾一信。如到了,复观若已走,先生切勿以《语要》及《困学记》合本寄台,恐遗失。此中多精要,如谈佛诸文、谈吾不满西哲之短信及他各文,俱披根见底之谈。《困学记》中从佛之五蕴论至唯识论对心物者问题之二派,千年来谈大乘者皆未注意及之,只曰无著兄弟为大乘有宗之开山而已;谈种子义,不辨古今学,又不知唯识十师中有安慧种子是假。此皆仲光此次清出,不独内院向未说过,日人似亦未说过也。日本人考据最精,未〔及〕此也。谈儒、禅最精则老夫所指授者。以前无此见,故我视此合订稿为性命,千万不可寄落。二稿合为一本均不涉及世事,谈世事者悉删去。两共不过十三万字左右,不为多,切勿寄台,恐飞机与船或有不测。此稿不能失。如何印法,先生与复观函商。望能立时付印,校对恳先生代劳,好在字不算多。《正韩》之原稿必付印后仍还我,我别无底。艮庸乡里事忙,不能抄也。

台行吾决罢。广州失,台万难靠美人。二女如离开老夫,她也不能安,无法抛她,四人全累复观也不得了。《学原》之款甚少,不足支持,吾所知。我在此所恨者,一天气真难受,老衰受不了热闷。二坐牢狱太苦,一步不能散心。三物价太高、太苦,而用钱仍骇人。解放后将何往? 此吾所欲一商者。可苟活以不去义为主,义不可活方一了之。钱先生文谈不朽并大谈涅槃,只是他的佛法,为要归佛。

原编者注:此信封底有一段文字:

佛书难通,仲光此解甚要紧。如可加入《困学记》,以加入为是。若太费事,希还来。

如秋原不在港,即烦丕介先生速为妥转君毅。

仲光文中后面大段中(似在四页)"易言之,无往不作宝物来取著"句下。加正文云:"然后是心上造作之物而已。"下接"是故以言显事云云",千万添上。写至此,适接九月十二之来信。

与徐复观

（1949 年 9 月 15 日）

复观：

才封一信，交艮庸托人发，忽又接来信，似太不了吾。吾谈生活情形者，因你不来，吾不好不谈。去冬及今年吾确有相当收入，而生活奇苦则实情也。因无法生息之故。重庆可生息，一月不用者可生息一月。此间确不能。如解放，一毫收入也无，吾青菜与白米之生活将亦难。因此吾欲商去此之方向，或与王季思到温州，此皆在心中未决者。此地长居似不便，艮庸境况并不佳，又将来地方是何情状很难知，此谈生活之故。你若来，则可不写。你不来，吾不写你何知此地生活之不易乎？

次骂名士者，此是吾真心处，吾子乃误会。中国自汉以下有名士之风。一为名士，其学不求真知，其人全习世故，其行全是虚浮。顾亭林、王船山皆恨文人与名士，而船山骂之尤甚。盖船山亡国之恨，比亭林尤真也。吾眼见清代以来名流之造亡，故骂之毒。吾之任性，一切无掩饰、无做作、无装点，吾只任真二字，吾所骂者真而已矣！孔子、释迦、程、朱、陆、王修养之纯粹处，吾本远隔。然吾好恶之公且真、是非之平而允，则稍有良心与知识者断不能谓吾之论人、论世、论学，有不平处也。世事至此，吾何能不痛！何能不骂！

《大公报》文，此乡不可得，望寻寄一看。来信云某方不必存者意。谁曾妄作好处想？台行决罢，前一信已说了。港亦不易住，有急时赴港，此亦理想。吾只守定"听天"二字，天意怎样安排，即听之。

来函"争名"二字，确非平衡之论。吾生平何曾有此行耶？吾痛心汉以来二三千年，夷与盗宰制中国，士大夫不为名士者真无几人。理学自程、朱、陆、王诸大师而外，其后之为理学者亦有名士习，尤以明之衰世为甚。名士亡国灭种。名士学能求真、行能求实，未之有也。今之世人与人，世相相与，乃可全终始。任性以涵养论诚不是，以世故言则任性似不离吾真也。理学家之一套吾实不愿学，规行矩步，言不轻发，吾性不能为也。

　　丕介先生千万与之一看。

与徐复观、张丕介、钱穆、牟宗三

（1949 年 9 月 16 日）

复观：

　　昨天连发二信，一未接你信时写一件，接你信后又补一件。但补件太略，今复言之。你们视吾为怪物，凡事都无道理，不知何为至是？吾对艮庸只觉其处事太糊涂，不为吾设想。三十五年说起吾南来终老之事，他云有农场及中大二处。吾云中大恐不可靠，若真有农场吾愿来。吾三十五年时在川中黄海化〔学〕社，冯文炳为以北大薪积成七两金。吾以此告艮庸，愿南来时以此付农场，为吾作生活根据。中大则相机进止，而吾生活不必依中大也。吾欲南来者以此。去年中大孔德与艮庸常函杭州，要吾到中大，徐州急时又来函。及吾告以行期，孔德不答。大约不任路费之故。吾函艮庸：中大不谈，吾来则住农场。艮庸全答应。不意来后农场无可住，住其家。吾仍欲以金子付农场作一基础，却不能。此乡生活实高于广州，百货集于市故，当时三人米、柴、油、菜之类确亦耗费。又不能出外散步，也无来宾。宾兄、君毅等数人来一次而外，并少人来。你想今日何时，谁到四五十里之乡而视吾乎？

牢囚生活汝尝一月看如何！而乃责吾是怪物，不肯安乎！去腊，中大曾发一聘书，艮庸未与吾，亦未告我。若如浙大故事，向西堂觅一佳所，非不可能。而吾不知此事至夏天，王季思言之，则局面已大变，时时见报上说疏散，吾何必交涉入城？若早入住定，即可安之也。且孔德自云要走，陈可忠在动摇，也不知向谁交涉。

生活事吾在川可支者，一月不用之钱，可生息一月，二月以上不待言。吾所以能写书者赖生息办法，否则老病之身何可用心乎？此地局面不同于四川，世事动摇无法生息。虽有流亡教授薪之收入，一至七月止。而俟款坐吃，物价日日飞长，所以只吃苦。七日信说未吃鸡而发一誓言者，因知汝等视吾为怪物，决不相信，吾是以誓之也。但以此相告，实无作用。因你见艮庸一面而走，他必说了许多好办法，吾实不信他有办法，故举生活事告之，意只如此，并非求你另想法。你自身也无法，何能为吾想？但人情有苦不能不说。不说则闭死难过，只如是而已。

吾骂名士非争名。汝太不了吾之痛。名士一词自东京党以下，此风日甚。凡名士必不虚心、不著实，必作无量外表工夫，必会世故、善迎合、巧屈伸，心肝死尽。东京党人、陈太邱、郭林宗皆此物也，况其他乎？**魏晋诗文家及清谈家皆如是。两宋理学家矫之，而终不能胜名士也。明世则理学末流，亦成名士。船山痛亡国，咬齿而骂此辈。清代不独诗文家，经生号大师者，游王侯公卿门下，皆名士伎俩也。康、梁固名士，蔡、吴、章太炎。实皆有此风，而吴尤甚，后来新进者更不忍言。此辈断送国家民族，吾亲受此痛，故恨之深。每见友类与学生好发表者，即极不乐，常直言。人不反省，故骂吾为怪物也，不可与处也！

在川时，有一年《大公》副刊说吾斥某友，事本假造，但确非无因；因同处时，常言过切直。友如相纳，对世风上之贡献当甚大也。吾除直率得罪当世外，不知那一点是争名？呜乎复观，乃以是视老夫耶！

与某信者，昨年念其不相怪，故彼南来约一谈。因彼对人说想来。彼未来，后由台来信，似颇得意。吾觉其在某左右，不当如此惑于世事，故去数行，言当局正义不伸、军法全无，亡而已矣，你何如此？他回一信，盛称外交，吾故又骂之数语。此于世故是太蠢，然问之良心不必失也。事到今日，人皆当自反才行。当道须自反，学人更须自反，否则灭种而已矣！犹可以人情世故相将乎？

吾毅之文，吾谓其对人文社会当发挥一个根本的道理来，不可只拿艺术、宗教、哲学等空泛论。此真切之论也！复观云生命为一体等语，君毅已说到了。须知西洋生命论者，只理论甚宏博。柏格[森]、杜里舒之说吾亦有所闻，自然比君毅此文说得多而精，吾奚为不许耶？生命是如何的一个生命，唯物论也谈生命，况柏格森等更非唯物乎？吾侪从何处识真相，又如何保任住它，使它得以充塞流行，不遗禅学知能，而可为科学知能之主？又凡中外古今宗教、哲学、艺术百家言皆可采择，而非不识此根本者，可云采择也。

《中庸》"择善固执"四字，意义无量无边。"择"字最吃紧，择而后有"执"也。如何能择？非自无真主者可以择也。道理可易谈乎？愿君毅自反。吾生活苦，年事已高，此故未另写信，又恐复观行踪不定，故于丕介先生交复观而随提及君毅文，嘱并与钱先生、宗三同看，冀相知中，共注意根本问题。理论不在多，而在拿住命脉。吾到老来，益厌空理论，非真识道者难与说此意。呜呼，吾苦矣！复观责吾与各人看，须知，古人责难即对朋友不避嫌。孔子，先儒谓为太和元气，然原壤其故人，而打之以杖，骂之曰老而不死是为贼。门人记之传至今，是对众目而打骂之也。今人读《论语》至此，何曾疑孔子不对？又何曾以此轻原壤？而原壤反以此名留千古，知其为圣人之侣矣。陆子静每次攻难朱子函札，皆另录以遍示人，朱子甚不悦；而象山则曰：理者天下之公也，不容不示人。朱子亦时称象山表里洞达，坦直无隐。石衡青常言：英国老教授于助教讲于堂上，必旁坐听之，一语不合，即对众生公开严斥，后学只有敬以承之，其学术之盛以此。中国无论朋友、师生、先后进，都习于口是心非，面面敷衍，有异此者即为众所不容。吾平生未尝与人争名、争利，而为人所共嫉者大抵此故。在复性[书院]时，朋友与学生共相打击，亦以言太直率故也。然不可以此变吾本性。是浮词、是实得之言，是枝叶、是披根见底之论，是痛痒语、是无关痛痒语，非曾下真功有慧眼者，不能辨今世何世。吾实痛心。吾于君毅、宗三责之深，诚以爱之切、望之至。彼等到何境界，吾知之明。若辈不自知，而疑老夫不够了解他，甚抱不平。吾明知其情而犹不已于言者，世已如斯，良心不容已也。

宗三圣诞文，末后谈名数为儒学今日所必要，此固彼常言者。吾在民国十年左右，痛中国学术之衰，亦早云：今欲崛起，不可效老辈经师或理学家，必于西洋科学、哲学有基础者，方可进而研儒佛，以系统之理论发挥，否则人不视为学。吾此言与宗三实不同：吾意必去旧人之迂阔顽固、迷谬种种病，乃可研究体会与发挥此学耳；非谓讲儒学者，必于其著作中戴上名数帽子，编入名数材料之谓。去年在浙大，闻无锡有一西洋留学者，以数学谈《大易》，著一书自命空前。吾不待看而敢断其谬。如罗素以数理来演六十四卦，当然可成一说，吾敢断言仍是空洞形式，即解析事物相互间之关系而已，必于《易》道不究其源，于人生更无关，于宇宙万化不得其真。此非武断也。形式与数理逻辑之于《易》又不必论。今之儒学要究明真际，穷神知化，尽性至命，使人有以实现天德、立人极、富有日新，而完成天地万物一体之发展，彼名数形式可语是乎！

此信丕介先生仍一看。君毅转复观、钱先生、宗三。

原编者注：此函信封具九月十六日，背面附言："谓漆园不安于居。试问语言不通之乡里，并无人来往，吃不过白饭青菜，他人能长耐否？"

与唐君毅、钱穆、徐复观、胡秋原、
牟宗三、张丕介

（1949 年 9 月 19 日）

君毅与四兄同看：

　　昨将夕接徐复观先生一信，首举吾欲问南京中大情形一语，接着便举君毅与宗三先生如何为学的精神，躬行实践，救世等，居然圣贤！而叫吾去问毛泽东先生中大可去否？信末，又举四兄吃苦诲人，毫无怨言，以刺我之向他道苦。此信吾于九月十八日早，托人带城还与徐先生自得覆看，并与秋原及丕介先生同看，再转你们及牟先生。今请你们平情静气，拿出良心看该信之意味，勿专想老夫之坏，而以良心玩味徐先生信之意味。否则天地闭、日月食，恐罪不在老夫。

　　我在上春，只怨气候，欲走，并未向徐公言生活苦，似亦未与你们谈。中间与徐通信也不多，后为稿子事，说不好再抄，仲女生活真苦，不好强之，此等信内说过生活。最近因艮庸回，说他徐先生。来广与艮[庸]商吾之避难办法云云，吾极感其厚意。艮庸所云到急时，小船赴港等语，吾实厌恶。因平时已不能赴港，到急时，如沪上已有抢劫，此地匪风凶于沪，小船好行否？又英人于码头上，警戒必严，也在意中。又房租与尔时生活费，吾无此力，艮庸又何力？此等语，明明不思考徒好听，吾恶之而未欲详说；因举生活事，明艮庸之好轻言而不思考。须知吾六五之年行快过，已进古稀，举动决不轻。自三十六年，吾在平，适东北一度危机，艮庸叫我南来，说他家有七百亩的农场，吾因此欲来。后闻气候不好，吾昨故赴杭。他说气候本不好，但无论如何比四川好，我又心动。及昨秋徐州急，艮庸又约来，复观先生亦赞助。吾当时回鄂之意及转川之意均有，不定要南来。但徐先生实促来此之信颇多次。吾因函艮庸云：三十五年吾在川之化学社，北大薪吾曾退一次，郑毅生等未撤销，冯文炳代收，共买七两金，[此]吾去年所苦积者，稍资零用。因云：七两望付农场作一经营，使吾有生活把握，才可立足。否则如此时代，你儿女多，吾何可累汝乎？云云。他都不表示困难，只慨允，叫我来。我来以七两交他，要他交农场想法经营。结果，他没有一毫办法。幸教[育部]薪从[年]头发至七月份止，徐先生也曾零助几次，故乡刘子泉也曾零助几次，而因物价太高，先前三口人白米、青菜的生活耗得精光，不能如四川有生息之办法。此乃华洋交通之地，市场变化多，非四川可比。假设吾赴四川，一月不用此，便生一月之息，两月不用此，便生两月之息，吾可不苦。艮庸如不轻诺，吾不至如此苦，此所以恨艮庸也！以此明艮庸之话不能轻听。他分明见吾苦况，无办法，而就说逃难之易，吾因动气。以上语，望以平心体察吾况。吾绝不是疑艮庸心坏，皇天后土，实鉴此心！吾非无知之小人，只怪他遇事不考量，好轻说好听之言，所以动气。我平生用脑太过，今年事至此，又当危亡之际，心总苦，而加以如此生活。我函复[观]说从去年以来，未见鸡肉；因知复观好疑吾言，故举一誓。所以如此者，老年人心情苦，不比强壮者忍得住，注意。以此见吾之苦是实，非形容词。吾若到川，决不会如此苦，所以恨艮庸，便极道吾苦。事只如此，并非别有用意。譬如陶渊明几乎首首诗说穷，不过写实而已，他胸中何曾无聊？徐先生也该体察吾之情，只是向亲人道现状，何可别生猜度！吾年将七十，何曾无聊过！且吾非无知者，徐先生有甚力量，能解吾困乎？我如此无知乎？陶子钦劝吾函希[圣]，对赴台经济事，言之巨公。吾毫不起念，直拒其议。徐先生本身只有那多力量，吾非乡愚，而求他何为乎？向亲人说苦况，此人情之常也，平心察之乃可喻耳。且吾恨艮庸者，尤以住处真是牢狱，散步不可、言语不通。前有江西胡君欲来与吾同住。吾函谢之，他不听，乃令先来一看。初到，见清净，极高兴，说明天回城移家来，吾亦喜。乃翌晨起，胡乃曰：吾思之一夜，究不宜来。不通言语、不可散步，犹如坐牢。老先生耐许久，我们三五天后万不可耐。且物价比广州高，_{既非僻远之县，故高。}百货聚于都市，此距都市有相当之路，赴市买物不易，故又高于城。如此时代，耗费也难。中大曾下过聘书。他不交我。我不知，不能作借住想。后来知之，则局面已变，陈将下台，也无法交涉。此人糊涂，不谅人苦，此又吾恨他之故也。复观先说来此，及去冬来看一次，遂决不来。而今乃举钱先生之盛德，以辱斥老夫还怨。其实，四兄虽年过半百，而比于我，则小多矣。他可耐，吾难耐也。他住中外著名之大市，我则坐牢。他之饮食当不似我之苦，此皆不可援之以教责老夫也。人心之不平，何可一坠之九渊，一推之天上乎！此何心理？吾不可解也。至问中大一事，本由艮庸听君毅说：南京主者，对大学不过问，不干涉，宗先生且教君毅、宗三回去云云。

我多年有一痛念。何痛？古人当危亡时，有生道，有死道。有生道者，可退隐也！有死道者，如愿以一死反抗恶势，则一死可以明正义，激天下之公愤，即此死足为国家民族之生命力，予以兴奋与培养或助长，是重于泰山也！今也不然，生则不可望如武侯之可以苟全；死乎则当今之世，虽不利于国之作法而不可责以亡国罪，彼有思想、有学说，有为其所据之正义，而公愤且归于彼矣。又如杀人，本不仁也！而今则不然，有一派哲学思想，认为真理，不仁非可谓之不道德，公愤亦归于彼矣。汝若死，天下所共斥，群众与大学师生所称快，不如一死蚁也！故今日善人无死道，诚然之言也。世道至于无死道，而人道乃真穷矣！船山、亭林、念台诸公，或生或死于明季，皆易为。我辈今日，乃真无以自靖，老夫真苦矣！然老夫自定有不易之矩焉，将来学校不能容余说所欲说之话，而或容吾说其勉强可说之话，吾当教书，冀存一分种子也；如必迫吾说所不可说之话，则必不入学校，或饿死亦听之安之。如可容身社会，过苦日子，随大化迁，则亦无不可。如不容为此，则亦死耳！死为自靖之事，当有义在。是则老夫所早自计，所必持而决不易之道也。一问中大，便诮之以问毛公；且举唐、牟两先生圣贤之高谊，以教斥讽刺"当视为卑贱"之老翁。老翁果卑贱，不可希两先生者乎？人伦丧、天理亡，恐皇天也不容！且上春，裕文函谓可回北大。吾以告徐先生，先生曾嘱：如查得可回，不妨回去。然吾至今未有此行也。问之中大也不过因艮庸引起，随便之词，可遽坐以罪案乎？《韩》文不用本名，实则胡［拙甫］名，亦非其本名，因彼在沦区，须为人想也。彼本教授，而为此文求吾改定，呈部审查，吾改未成，而局已变，审查事罢。然吾终成此文，欲异日付彼。多用"老夫曰"者，彼不肯以我之见施于他，恐人讥不类，亦坦白之士也！如送部，则吾不多用"老夫曰"。今无此举，故多"老夫曰"耳。牟、徐二先生纵不知此事实，却素知某方本不可测者。老夫一向未进当道，此刊，社会皆知有色彩，徒以私情付稿，而惹嫌疑。老夫不去台，不往港，先生等能保无不测乎？无麻烦乎？以此鄙薄老人，于心何忍？占在另一地方，而刻以衡人，良心何在？

　　吾骂名士，此恨甚深长，此见甚高远。东京以来，夷、狄、盗、贼交宰之局，民智德力皆不行之故也。民品之下，由士类不足为领导故也。士类之坏，由名士之风也。吾《读经示要》中卷首贬名［士］，公等绝不留意何耶？高远之义，你纵不解，吾举一事：民气丧民心去，而军气丧军心溃，国亡矣！所以致此者，名流首以浮浅导天下，使天下人一天一天不得深思远虑与正知正见；康、梁、吴、胡先后风动，而有今日之局。汝等犹不悟耶？徐先生责老夫与名高者争名不得而挟忿。试问：吾六七十年间，行事昭昭，科举未废而已入营为兵，以谋改革，也曾冒险。此铁的事实，汝可毁坏乎？旋赴江西躬耕，心恨党人。异乡欺生，千磨百难,时吾县同时两督军,其一且为巡阅使,庆弹冠者不知多少,吾奇厄不改吾操,终守田里。此铁的事实,汝可毁乎?到北大,两点钟的薪水,吾安受之十五多年。民二十一年所加,也无几何。吾一心向学,何曾怨尤?北庠当局与名流皆未尝识面,钱先生忍抹煞此事实乎?可曰不闻此事乎?徐公试问之可也!复性[书院]之事,无关讲学,义所不必为,不计生活而毅然舍去。此铁的事实,汝可毁乎?素痛心当局,然于某方之交结,绝不轻移,中天下而立,当世唯老夫可说此事耳。此铁的事实,汝可毁乎?南来只在艮庸处坐牢,不曾半次入城;某先生厚意,欲予以特约编辑,吾犹未受薪。此亦铁的事实!三十五年,某款吾分文未受;汝可问万某与内学院,可厚诬乎?半百而后出书,六十以前未有只字入刊物或报纸,晚年间随顺人情,此可曰为名乎?老夫一生在辛苦中硬挨,与世无迎合,于朋友学生有责备无标榜。一世孤零,即由此致,而曰争名不得耶?吾虽不才,何至争名不得耶?无知之徒虽必怪,然老夫以衰年当亡运,心恒不快,遇此恶剧不能无言也!唐、牟二先生文字,老夫年来时戒之,此必有故。若谓老夫不测高深,二先生之所至虽已高深,老夫或未至目不识丁也!决非吹毛求疵也!总有几分苦意也!知言谈何容易?徐公欲抬之上天,其实,他未上天。我从旁苦督之,他如反省,或可有上天之望。汝不要轻老夫太过,老夫不必是凡夫资禀,更辛苦将七十年,迄今犹在用功也。儒、佛、道根本关头,汉以来二三千年老夫敢曰无人打得过。两眼无花,老夫可自信。昔慈湖先生,见学生与后进肯进他者,便极力吹高,黄梨洲以此谓其门下不能有人才。明道太和,对人无疾言;伊川严厉,逢人便教督,说得好,他还责之曰:贤者更加涵养!故明道自谓不如伊川能弘此道讲此学。世风益坏,人皆喜自高,要人说高才合意,不悟此乃自杀之道也!吾有何不可于一二面后再相见,只不谀耳。真说得是,吾何不听之有!又谓责人之信,不当与人看。实则,所与者皆其接近之人,并非登报。孔子对门人，打其故友原壤先生，且责以不死为贼，门人记之传至今。后人何尝以此轻原壤？反以此留名耳。象山责朱子之论，至不客气，而常抄示各方友好。朱子当时不悦，事后仍称其表里如一。圣贤固如是，全无世故也。《越（漫）［缦］堂日记》有鄙弃王湘绮之一段话，直是骂得狗马不如，且谓其文理不通，《越（漫）［缦］》至今在文学界负盛名，其骂也，终无损于王壬秋之毫末。吾平生论人之短，同时必举人之长。君毅、宗三可黑心不承认吾此语耶？汝侪于吾精神一毫不感觉，而以私意相猜，成何话！徐公则吾无责矣，世故嫌疑实不用讲，吾说话写信，总随意所之。《新论》出，妄评者也不少，吾从不理。间有理者，总是他人不断的说，说动了，才动笔，然终甚少为此也。当今之日，谁肯骂人？又谁能骂人？你们乃无心肝至是乎！此是何等惨时代乎！可不反求乎！浮泛而不关痛痒之长篇大论，清末以来擅长此多矣，到亡时何必多演！

　　四兄之文别处不说，佛家涅槃，果如尊论，即涅槃非实有也。佛法自释迦至大小空、有各派，为说虽至歧至繁，要皆以涅槃为归宿。大、小各宗对涅槃之意，虽不必全同，而确有同一真脉所在。否则如何皆自承为佛法乎？此点真脉是大、小各宗所共同者，究何谓？吾于此确曾用过苦功来。宜黄与秋逸向好诋吾任意，不多读佛经。实则，吾读其必须读者，不做泛滥工夫，他不察耳！《新论》出，内院合力相破，谓吾必遭破打，及《破破》之论出，彼以半年的工夫作《破破破》，最后终［作］不出。吾义证坚强，他不能摇也！此周少老昔所常言也。你不要疑吾亦不了涅槃，此根本大义，吾若未透，岂敢评旧师而造《新论》乎？切勿鄙视吾言，以为不足听也！夫生灭不住者非无真实根源，《胜鬘经》大乘之巨典也，以少文而摄无量义。其归本之言曰："澈法源底。"此云法者，即谓生灭法；源者本源，底者根底。生灭灭生，刹那无住之法，非无源底，而凭空得起也。譬如众沤相，顿起顿灭、顿灭顿起，而无住者，由有源底,即大海水故,否则无有起灭不住之众沤相也。又如一闪一闪、不住之光相,非无电力为源底而凭空得起也。喻斯譬况,则虽于无常无住而见实体,于字及见字,吃紧。要非可谓无常无住者无实体,吃紧。而只于无常无住者之上,漫云不作思维,不起识别,便是寂灭,便是真如,便说名实体也。譬如:于众沤相而见为一一沤相皆是大海水,即实体,亦即沤相之源底。此则诚然;若妄计著一一沤相,而不知有大海水为众沤相之源底,此非迷惑之甚乎!四兄谈涅槃,只是假名词,实只执取生灭法,而以于生灭法上无思辨,无取著,便说为涅槃。佛法果如此,宇宙人生都如幻如化,无有根底,何所归宿?此甚不可也!涅槃名目虽有四,而实只是自性涅槃。自性一词何解?望体究!不过《涅槃经》与《胜鬘》等经,谈涅槃都可如吾以上所说,唯空、有诸菩萨将生灭、不生灭有打成二片之嫌,虽以不生灭即涅槃。为生灭法之源底,而有不能圆融之患。此话要说太长,且止。但源底的意义是共同的真脉。以上说得太省略,且有此话不可公开,幸勿示人。四兄学问自有专长。不谈佛法不为有损,多谈佛法不必有增。此在佛门中,为极高无上之归宿处,很不易说,不可随便谈谈引起世人误会。今人一切无正知见,生心害事,甚愿四兄于此一事,降心加察。此乃随触谈及,非故意与你起诤也!我和你究是多年心契,故不妨谈谈。

致柯树平

(1949 年 9 月 22 日)

树平:

　　昨日一信不知到否。顷看艮庸所交之港报,有教部介教授于印度各大学之说。果有此事,可代商请吴先生为吾想法。吾虽不通英文,然可慢慢觅人翻译。中国儒、道及诸子学，印度佛家大乘学，其精要皆宜传播。吾之《新唯识论》在形而上学尤有特别贡献。融会中国古学至孔子之本体论、宇宙论、公论[1]、知识论等方面义蕴，而兼收印度佛家之长，创发新的意义。将来人类大同，太平与平等自由之治亦当从此等根本之学而推演得之。中国现时要消灭此等学理。要思赴印一行，请教部为固有文化留一点血脉。国际大学固好，但闻人言，谭君或不容纳。此信留于吴先生一看。

编纂名义之薪，艮庸主张领，但章子在他手，他留在城中，侯他到城时再说。前未领者，因乡间传说纷纷，广州似旦夕不可知。白将军虽打的好，而台陈及闽赣向来只会跑，权重而毫无斗志，此局不好谈也。

九月廿二日

吴先生看了拉碎。

（录自雅昌拍卖网 https://auction.artron.net/paimai-art0065542453/）

致张丕介、胡秋原、唐君毅、钱穆

（1949 年 9 月 24 日）

丕介先生妥交秋原有道，并妥转君毅有道、宾四先生：

"而又想向共党求饶之情，不能不使文章受影响。""称道韩非用术一段，至欲为其执鞭。"

右为徐长者复观先生见教不才之信，略摘黏于前。原编者按，以上两句话为徐复观笔迹。熊先生剪下徐信中之上两句，黏于信头。

九月二十日直寄沙田工商学院交君毅及四兄一信，收到与否？望

---

[1] 公论，原文如此，疑有误。

函告。

《韩》文之所由来，吾本人向不作此等文字。实因有人作此文字请改。改至一半而其地不守，吾终成之。付彼一看。此在二十日信中已说过。原作者昨年曾面商。韩之独裁思想在竞争剧烈之世，为必有之事。韩子所云，以宽缓而治急世之民。此意确不可全非。观于英、美之民终不可以抗苏，其明验也。极权可以邀一时之利，不能否认。但只邀一时之利，而祸患之中于天下者，不可胜言。毙人亦自毙，该文明白言之。何谓"求饶"？

至韩非言极权的□本道术。道是否真为道？然其不私爪牙近幸，则其所以可邀一时之利之故也。昏庸而学希、史，则亡覆。此中有深意，何谓"求饶"？

"至为之执鞭"一语，上文明言韩非不往秦求仕，当时六国之人才，皆活动于秦，而韩子有国家思想，独不往秦。愚痛汉以来陷民族于奴者，一为名士，一为汉奸。故余盛赞韩子不往秦。于今之时，尤有深意也。不知徐长者眼看了该文字句否？

"求饶"二字何等重大，岂唯无人格，直无狗格矣。该文之全，丕介先生、四兄、君毅、秋原固未见，但有一段见于孔诞者，是否有"求饶"之情？就该段而论，真民主自由谈何容易，非行保育政策不可也。保育，只有儒者仁道，即父母之道。违此者不仁，只有弋人之术。古今伯者皆此术，但有泰甚与否。去泰去甚，即未大背于仁，所谓王伯假之也。今之英、美民主对其国内之民意，犹未至如希、史，亦近于五伯之假，而犹不必及五伯。泰甚则极权矣。

弋人之术与父母之道，古今中外□□者大要不出此两途。大家看此段文，何处是"求饶"？闻宗三先生不满此文。徐长者之言当与同契。不满可也，"求饶"则长者何救乎？亡灭之世，人道绝，人理亡，老夫受辱，理当然也。其尚未遇着，而先辱于徐长者。长者贱视老夫至此，本不足较。然昨冬迄今，吾确甚衰，生活太苦。异乡囚于一室，不通言语，即难生情味可知。吾并非爱热闹者，在北平无知交，四兄所见，但无名士往来可也。若闭处而无可移步，则精神受囚。注意。四兄、君毅等来一次外，更无他人来。滋养无，钱耗却不少。生活比城贵多。又坐牢，秋来奇热闷。屋是四面（厂）［敞］的，热气尽入。吾大衰，脑常欲裂。如今年不解放，长在此也不可久。吾已不堪受刺。请代恳徐长者勿再辱我。我已六五、六六之年，辱我也不为强。

我道生活苦，如陶令首首诗叫穷，实非有鄙心。评君毅文，因长者函云，是"天地间奇文"。吾恐如此适害君毅，故函谓其文尚有缺点。确嘱转君毅看。时或责牟先生，亦是愚忧，并非登报。你已高，我压不下，若实未高而名高，则胡博士飞在天上，今人不齿冷者有几乎？九月二十日，直邮沙田与君毅之信也说过此意。

外间骂《新论》、骂我者实不少，我向不关心，唯牟、徐二先生，吾向以为亲人。近受此，孤苦中不无伤。然此后决置之，勿再多言。

徐长者又谓老子之"不尚贤"，不如吾所说。老曰：清净自正。夫清净自正者，可曰非贤乎？老之不尚贤者，正谓世之伯者，或任贤使能相矜尚，矜尚二字意义甚深，向、郭于此有冲旨。使人奋于功利，而天下乃多事。故老曰："不尚贤，使民不争。"知争之出于尚贤，则不尚贤正对治世主之所尚也明矣。非恶贤也，恶夫矜尚也。矜尚之贤必为伯者功利之贤也。吾只说老实话。

十金在艮庸手，吾实未用。吾无法自行料理奉上，当再三嘱艮庸照办。《语要》如已付印，其二两半金，吾当自付。印之不失也可。唯希望徐先生允由老夫自付。吾尚有一点金，均在艮庸手。如何交付，须烦秋原、君毅与艮庸商交付之法。我实可以付出此款，此烦秋原、君毅、四兄、丕介先生看了转达徐、牟两先生。

九月二十四日

《韩》文务恳秋原、君毅向印所取出快寄还我。广州高第路四十二号二楼黄艮庸收。此稿千万要还来。不可发表。并望即复。

《韩》似有附识一段，分别主义与行主义者，颇有深意，而亦在所谓"求饶"之列。

《语要》《困学》配合刊共一本，恳速校早出。

致唐君毅

（约 1949 年 9 月 30 日）

君毅：

九月二十七八，仲光与子一函。吾于封面批数语，不知到否？前闻沙田房子须退，故函每写丕介、秋原转也。

吾子九月二十三信，于二十七夕到。

复观上年付艮庸代收之十两金，吾实未用。此金决意还他。总望你托人或亲身有事来广州便取去。

始吾以彼为乡里后进，里居实不远。在川时相过，故不能疏外之。老当非常之变，于彼之为不复却。今因对中大之问题，直以汉奸心理相度。此等人，万不可受其馈也。虽外人不以受此为非，然在我乃良心上之事。良心揆之于义，无可受也。亭林"行己有耻"之训，吾不可不守。此意屡与艮庸言之，恐他不肯代付。而吾又无法自付，吾子当为老夫了此事。

印《语要》之二两半，吾亦嘱艮庸以吾款代付，不必劳徐先生。此间艮庸族侄开印所，吾予以五两，他竟不印。故港上印价出吾意外也。

校对一事，千万望吾子耐劳，否则恐不易出书也。

钱先生说涅槃，确非佛氏本义。此事关系太大。自《新论》谈本体，而佛门反对者皆将涅槃、真如说成虚幻。盖彼等于佛法本无所知，故不惜胡乱一顿。三十三年春，宜黄下世，秋逸亦尝言，真如非实有，用以攻《新论》之本体。后来川人王某及陈真如与某流氓和尚之门下，皆盛演其说。吾《新论》附录中有答友人一信，即答真如者。秋逸后来毕竟不主其真如非实有之说，而赞成吾答真如之信。此事吾子问德钧便知其详。

涅槃者，真如之别名也。此是万法根源、人生本性。所谓自性涅槃。此若说成流幻，则宇宙人生全同电光石火一般。譬如小孩只认众沤流动相，而不知众沤各各以渊停深宏之大海水为其本体。此在知解上，已是错误。在宇宙论及人生论中皆只见为流行，而不悟即流行即主宰。尤以人生无归宿为最可哀。三十五年冬，吾在黄海化〔学〕社，孙社长曰：吾尝虚静中自思，人生确是苦恼与罪恶。世所计为乐者，实是倒计。其终无往非苦。人生诚欲免于苦与恶，只有超个体而识本体。到此时罪不忍作，而一切皆乐，苦亦成乐。他所以赞《新论》者意在此。吾觉此公之言，确有深慧，未可粗心会去也。中外古今圣哲穷理必至究竟处，皆与孙先生同一实感。望四兄勿忽吾此意。

君毅于世事似不甚作严重看法，吾殊不然。此须深心从历史及今日各方面情形考察。

佛言依自不依他，此不独佛法然。儒曰已立、已达，曰成己，曰君子之道本诸身，皆依自不依他义。没有自己者，此等人其立身无所谓道德与志气等，其活动于权利之途，得所附而可无所不为。

自东京迄今二三千年间，学界名士之风，一切浮虚、浅薄、诳诈、谄曲，以风动于社会。无量卑陋、险恶，难以枚举。其风深入于社会，至今尤甚。政途上依附夷、狄与盗、贼以逞志者，此其愚贱、凶顽，不可形容。其毒深中于群众心理，残害同类，与安于麻木，不知痛痒，及自私自利，无量恶德，皆此等兽类与名士合成之毒。吾觉此族万世为奴，难救拔也。

函云：某先生与张某中立，可惜今无中立地也。此局之成，他们亦有力也。若辈当初苟为中立之结合而无依于另一方，当别有一点生意。此中有很多话不便谈。

《语要》，切恳耐劳速校速出。此局旦夕难知，迟恐印不成。且恐港人心亦慌，印不好。三十六年汉上因军事，印书错落不堪，此前车也。烦为吾劳一番心。切恳。

王淑陶处切勿与谈吾之事。港、广将来许有阻截之时，很难预测。故《语要》望你劳神早出早寄来。

将来如教书，也只为存先圣贤心事于一线，此外无可入校门之理。今人将为国家独立与民族精神，乃至人类正义与自由等等公愤，一切消失尽净，可谓一毫人气也无。哀哉！此族类也。

看了拉碎，切切。

九月三十日

致张丕介、唐君毅、胡秋原

（1949 年 10 月 8 日）

丕介先生、君毅、秋原同看：

前日似有两三次信谈书尾不必印发售地址。部数不多，毋取如此。又川中预约不必寄。待书出后，由君毅照吾十月五日所发信中，寄川各处之本数，并于每本中附一信。信照吾所拟稿。此信到否？望答。希望君毅酌办见复。此外北平及韩裕文处四本，均望查照前信寄去。唯由香港发邮，则北平似当写北京。否则恐其疑为异己之刊物，不肯投交前途而径毁去。此望注意。寄书，总求寄到，不可忽视此意也。

据邮电局中人言，扣留寄件之事，各方皆有。间有送到者，则视机会。而地址、人名，勿引起误会，实为至要。此本纯学理之书，若投不到，可惜也。切勿不听此托，凡事细心为好。

《韩》文出时，如有另印之单页，望尽先寄我。《学原》可寄一部与梁先生及川大图书馆。君毅留意。

秋原究赴某会否？

尊公读《示要》，能与吾心心相印，最以为幸。今日谈正学，非老年人不可与谈。然无心肝、无智慧之老朽，又不可与谈。此吾痛心事也。世事如斯，吾不知与尊公有把握时否耶？念此怅然。

又告君毅，评唯物文，固不得不多作，而方正学、王洙、所南、船山、亭林、晚村诸先贤提倡民族思想之意，实切要。此一精神树不起，则一切无可谈也。东汉以来，名士习气不破除，民族思想也培不起。名士无真心肝，不求正知、正见，无实力量。何有同类之爱、独立之望乎？此等话，说来必人人皆曰"早知之"，其实确不知。陶诗有曰："摆落悠悠谈。"此语至深哉！今人摇笔弄舌，知见多极，实皆悠悠谈耳。今各上层名流，有族类沦亡之感否？

又《语要》烦寄二部与"上海康定路七百二十一号胡宅交林宰平、锺锺山两先生同启"。切切勿忘。锺锺山先生，君毅当知之。

《语要》、《韩》文二稿，印了切切还来，勿失。

复唐君毅

（1949 年 11 月 29 日）

君毅（丕介先生、秋园［原］同看）：

顷接十一月二十一、二十二两信，似多过虑。吾年已高，何至以风烛余光为衣食二字而尽丧平生之所守？吾中国人也。中共既已统一中国，如不容吾侪教书，只可作夷、齐。如尚容吾侪教书，则吾侪无有"自经沟壑"而不去教书之理。船山在当日可入瑶洞修学，若在今日亦只有寄于庠序耳。

吾只有"不变吾之所学而为教"一个誓言。年近古稀，岂能变面孔冒充时髦。吾子何至不了老翁如是耶？世事吾决不谈，艮与宗临亦赞同此意。

自五四运动迄今三十多年，凡好言本位文化者，每假之以为宣传工具，名为护持民族精神，实乃毁尽无余。此不可不察也。其次，不必有党政作用，而实不知中国学术思想为何物。向来刊物文字，不肤词乱调者几何耶？

余志在发挥孔子六经之精蕴以贻后之人。至于汉、宋群儒，以及诸子与佛氏，其长宜抉择，其短宜辨明。《示要》一书已具大体，更当详细耳。中国历史毁弃民族、民主等思想，《语续》曾言之。尤为可痛。今人以读史为广见闻与弄笔舌之事，故不觉其害。真有良心者，当与吾同感也。魏晋以来，诗文集之养成名士劣根性，其害与史同。

余愿整理固有学术与文化得失，以俟后贤。船山在当年亦是此意。实际问题，非余所能过问。不问方好守学术本位，谢绝不相干之事。

若云以交游之谊对世道献些忠言，则须澄心静气，因机纳善，未可草率也。董与吾本少时革命之交。民六、七年时，吾早已脱国民党关系，矢志学术一途。彼于是时亦舍国民党而另定革命方针。即加入共产党。彼此行径不同，不相通信者，三十余年矣。郭先生则国难在川时，晤余二次。余之心事，彼当深知。余之行事，亦彼所深虑。余之故人几尽在民盟，余始终未预其间。天下无不知余素未参加党政者，何至有所迫害于衰年之书生。所虑签名等语，望放心。

此间十月十四日日夕时，乡人回，解放军犹未入城。而昨接许思园来信，则是十月十六日所写，云已知广州日内解放。郭、董二公甚欲吾入京，全无坏意。继愈来一简单信，亦云此间 <small>指北大</small>。俱盼师北上。

余认为，吾人对中共只当站在自己正当立场上自尽己责。如吾一向为学即尽吾教学之责，以坦然至诚之态度，立乎庠序，不必预先猜疑共产党不相容。若彼果不相容，吾再洁身而退，饿死亦不足惜。

吾决待路通先回鄂，开春定北上，与郭、董一晤。且冀深悉北大情形，可如吾素志而教书，即安心教学；倘有未便处，吾夏秋间便可还归故里。叶石荪仍欲余入川，倘其间可作终老计，不妨入川也。如其意不诚，又少切实办法，吾即饿死故乡无所惜。

吾意钱先生及宗三与吾子均宜回国，一心教学。闻郦、王二君虽解聘于浙大，而之江大学仍请其任教，并无干涉，不似外间所传之甚。此浙大杨生最近来信也。此信如可寄宗三等，即烦妥寄去，明吾意。

十一月二十九

答黄焯

（1950 年 1 月 30 日）

耀先有道：

《毛郑平议》，吾因住处烦杂，<small>三家人，小孩又多。</small>来人亦时有之，未能看毕。然睹梧桐一叶落而知天下之秋，尝一脔肉而知一鼎之味也。此书精审可贵，置之《清经解》中，当为极有价值之书。《清解》多无聊者。惜乎斯文将坠，无复请事于斯者，以此思哀，哀何容已！然学者求自得自乐而已。古义之悦心，犹刍豢之悦我口。吾与耀先、博平以此娱怀可也。

庚寅一月三十日

复张难先

（约 1950 年 1 月底至 2 月间）

难老：

承示各信已看了，兹即奉还。所云孔子差方法一节，学校教育与政党组织自不同，今日技术进步又大异于二千余年前，此不足为孔子病也。我尚有些意思，候面谈。关于北上一层，我须函商黄海化社，如彼可有余屋为我作依托，我即寄于黄海化社，而不住北大，但请北大予我以退休教授名义，得领退休金，而与学校不必接近。意欲如此留北。此一法，公谓如何？又次一法，即仍须北上，办妥退休名义及退休金额，而在北住至夏天，或延至秋天。于此期间，相度川局。如川有可依托之处，吾即入川，以终其余年。但川中是否可托，尚不能知，故未能决。总之吾不能留鄂，一向随便的脾气，乡人多为无谓之扰，我在此毫无生趣。去年不留武大，以此故也。南京、杭州，今亦不可去。我也曾打听社会情形，且旧识中老者将尽了，壮者亦多散，少者难与群。人到老年，此为惨境。时代不同，则惨之又惨。

我所以有在北住之意者，确有一种苦心。陈寅恪此陈三立公子，为现时史学界之大权威，亦西洋学生。在粤云，五千年文化当断灭。张东荪亦谓，今后文化有全灭之可能。此二人之言，实一般人之公同感觉。我于此实有无限悽伤，此并不是舍不得旧东西，但大抵就人类说，我相信吾先圣之仁道，与天地万物一体的爱，及其德治或礼治的精神，实不可亡灭。小之则一国家一民族的文化与学术，究是精神之表现，此等精神原是其国族之所由成立。虽云文化不能无流弊，学术思想亦不免有短处，然须知其弊与短是随时代与环境之特殊而不可避免的。此中有好多意思，兹不深论，但须知文化或学术思想的所从出精神不能谓为可斩绝；精神之活动，为文化为学术思想，此皆精神之表现，然精神实不能离此表现。虽有其因时因地之流弊或短[处]，而不能谓其全是弊全是短。譬如饭是养人的东西，虽有因食饭而噎，饭便成弊成短，然人究不可因噎废食。由此譬喻，可见固有文化或学术思想不能道他完全是坏的，全打倒，全鄙视，若全鄙视则固有精神随同毁尽，何以自立于天地之间！大同之实，尚是前路茫茫，吾族类必保持个性，注意。将来大同还要会聚各方面的优良的个性，而互相平等和谐，方成大同之盛，若只凭一方统一其余，则平等何存？亦只有一方独制，无有众方和谐，大同云何哉？兄勿轻鄙此段话，我确得之《春秋经》。你不要忽轻讲学，孔门虽有由、求，此亦何损。而中华民族毕竟涵茹于孔子之道以生存，即如自五胡迄唐藩镇，至五季之昏乱，不有程朱陆王又成甚人类，成甚世界！又如当世莫不推崇张难先，其实难先长鄂长浙时间甚短，虽有功绩，实未及其万分之一，而人尊之者何？自我观之，人之着眼实不在你之功绩上，而实由于你于无形之中有一真实物事在，其动人者深也。此其真实物事，若论天赋其谁没有？惟公少习于孔学，而养之而勿失，此其所以发光也。旧学如何无用？要从大处、远处、无形处看，方不误解。我为先圣贤精神哀悼。平生自知无作事之才，故专力于学，今当世变，仍不忍不竭微力以扶坠绪，故与任何人见面仍不顾其他而欲谈吾所学，于不可往处仍有所不忍不往者。然每当夜静凄清时，念此间怆然欲泣，盖有所不容已也。然亦知徒自毁亦无益，可惜道力太薄，不能有孔子、释迦乃至阳明先生之本领，随机接物，到老未变化气质，此吾之所自悲而自恨也！斯文如不丧，天更假吾十年以上，或有渐化之日乎？所赖公与宰平兄，时加督责是幸。

西屏主张吾留鄂垣，顷得必武兄信，谓西屏意如此。必武兄道义人，似亦明了吾之习气，或恐吾不便留北，当不相强。然鄂亦似不好留。总之吾或以明正月半外半上数月或半年试试，或须办妥退休薪额为好，总想找一妥处，得以余年养一二善种子，吾愿乃毕。

注：此函录自锺泰先生保存的抄件（抄写者不详），由锺斌先生提供。

答黄艮庸

（1950 年 4 月）

艮庸：

四月二十五来片，二十九才到。吾于你们行后所发之信，二十四已到，只三天耳，可谓快。

证体是入手工夫，不可以此为究竟，不知梁先生和你疑否。佛家出世法，地前工夫多而严，入地尚分为十地，直至十一地，乃是真正证体之位。儒家无所谓出世，《中庸》演《易》之书也，首以性道教，即证体工夫也。然必极之于位育，则以离用无体，注意。故必有位育工夫，即始用而发展其本体。《大学》以明明语始，而必极之于修、齐、治、平、诚、正、格、致，其义与《中庸》同。不见体而格物，道德无根；认识无内在之源，自反无基。今云自我检讨，实自反之义耳。忽视格物之学而高谈证体，即以万德皆自性具足，其实遗下宝物，德于何有？根本或良知唯说成大圆镜，而不去格物，如何得发展其知？自反只就心上用功，而不于事上讨个分晓，则子游之仕卫已错，其死也一文不值耳！孔门已有此弊，况其下学者乎？此皆略言之，吾二十一之夜未能详论，可惜！此转梁先生一阅。

致叶石荪

（1950 年 5 月 4 日）

石荪有道：

四月二十五长函，五月三日收到。吾此次回北大，而主者系故人，颇无相纳之意。卒由教[育]部指令聘请，乃强照办。

郭先生曾约就科学院。吾因科院犹是过去中研院一辈人，吾名义自当属之社会研所。老朽与洋面包似不必打在一起。北大旁院系与吾无干，哲系一小范围，吾历史久。以俗语言之，此是原来岗位。世变而学校之地自若也。故愿回此，挂名养老其间，于义无悖。郭先生，他忙甚。吾初到，见过二面，后来复面。今日情形不同于昔。欲与说话，似无闲暇。吾非不想你与[蒙]文通来京，而似难言。国文已改选科，文通在川大能复职否？如不能复，其生活可虑。芸荪亦可虑。科学院，你有接近之人否？今日政界无可就名义。思之可知。因政府机关今甚紧缩，财政无法。郭公所掌者只科院，文化教委会彼只虚名而已。如你于科学院有接近之人，吾不妨向郭一试提及。但吾未就科院名义，且吾言亦不能有力量。今之大学现在为主之老人虽不无相当力量，向后一天一天亦非授权于新的青年不可。吾之学，百年之后能否有人讲，甚难说。吾书恐亦难存下去。

梁先生《文化》书，抛了尧、舜至孔子及春秋战国，而以秦以后二千数百年，夷、狄、盗、贼交扰之局为文化成熟时期，实只夷化、盗化、奴化而已。他以种种妙论而盛演秦以下之局，真怪极。又情智绝对分开。理性是情，智谓理智。中国无科学，并哲学也无。其后加了十三、十四二章明明揭出。我为古圣抱屈。但他为人自信强，不好与说也。不必说，说了他不睬。相反的意思,是他所视为无知的。他理性引罗素无私的感情,但此"无私的"与"私的"之别何在?以何为尺度而量其异于私的?此处无说明。中国只是情的一面,无有智。西洋只是智的一面,也恐不尽然。东方先哲指出本心或道心、真心,以别于人心或妄心。此中确有道理。人心或妄心是无根的,非自有其本的。细玩《新论》才知。西洋谈唯心者,似于真妄之辨欠分明。然谓其绝无窥,似不得。只是不分明耳。易言之,即于本体尚未证到好处。

甚多话,无兴趣写。中国家庭确是国家民族衰败危亡之原。他拿伦理本位来粉饰太过。实则帝制之久、封建思想之长不拔,与学术、政治、社会之敝,皆由家庭之毒太深。千言万语说不了。

《大易》言"范围天地""曲成万物"、言"开物成务"、言"立成器以为天下利"、言"备物致用"等等,使大义不绝于汉儒之象数,科学奚不发展?生产工具何至不能发明?言"智周万物"何至偏于情感一面?

张君评《新论》文字。中国先哲之言理,就本体上言,则以本体上原是万理具备。故于本体而名之以理。《新论》即发挥此义。须知在形上学或本体论中,既以本体为万有真源,此真源必是万理具备。否则不须谈本体。《新论·成物》章有一处以谷子为喻。一粒谷子_{喻本体}。其自身是芽、根、茎、干、枝、叶、花、实,无量众理具备的。虽此众理尚未发现,而不可谓无此众理。我们不妨把此一粒谷子即视为含藏万理的物事,也就不妨把他作理来看。善悟此譬喻,则知以理为本体者有深义也。若将理作虚的去说,则在逻辑上于实际事物中抽取其共相而谈,此与本体论中理的意义不同。今日有些人不了此义,混扯逻辑之共相到本体论中来,确是错误。此问题甚大甚深,望张君虚怀。

恶之问题,在《功能》章谈习气处已指明。《明心》章谈根处更指得切实。张君似未反己体认。大凡今日少年人,一向习于西洋路数。于中哲反身体认工夫尚不免忽视。故于《新论》尚有隔在。

吾之学，对西洋思辨与中哲体认是主兼用。此乃今后为哲学者应采取之方向。《量论》如作，必明斯义。惜乎石荪本有神解与才气而不向此学发展。吾老而孤，世又如斯。张君睿智，吾久闻之。愿勿忽老夫意，好努力斯学，担任真理。愈艰困，愈要振作。真理总在天地间，非一期风尚所能掩蔽。吾于张君不能无望。少年志要正，量要宏，心要虚，气要盛。知必求真，思必入微。用功无间断，兴趣时提起。吾以此数言赠张君。

世界成毁问题，亦无妨于宇宙论中讨论及之。《成物》章即宇宙论也。

吾常愁苦一室之中无人可与言斯学者。

五四上午

与梁漱溟

（1950 年）

漱兄：

关于大著《文化》书，弟前已屡函，兹不赘。大者且勿论，如必以西洋人著书成一套理论，而遂谓中国无哲学，此乃吾绝不忍苟同。时俗说先圣之学皆用艺术眼光看去，吾尤痛心。艺术是情味的，野蛮人皆有之。曾谓先圣穷神知化与穷理尽性至命之学，只是艺术之谓耶？世人方无知自毁，吾侪何忍同俗调乎？

如只有宗教与艺术而绝不足言学术，文化足言乎？兄既否认古代科学，其实古代只可说为初步的科学，而不可谓其非科学。古代药物、医术、机械、地理、工程、物理、博物等等知识，亦不可谓其非科学的。必以现代科学之进步而否认古代科学,是如见成人而谓小孩非人类也,可乎?

科学且置,必谓中国不足言哲学,何必如此乎? 主义与思想,诸此,吾前信已说过,不有学术而言主义,可乎? 真足为一派思想而谓其非学术,可乎? 吾前信可复看。胡适之云我们的老祖宗只有杂七乱八的一些零碎思想,而不足言哲学。二十三四年北大哲学系一学生亲闻胡言而告我者。此等胡说,兄可适与之合乎?

哲学定义非是爱智,后来还有许多家。而且任何学术的定义都是你所非衷愿[1]。哲学固不遗理智思辨,要不当限于理智思辨之域,此如要讨论,殊麻烦。中国的学问思想虽久绝,而儒道诸家侥存者,不可谓其非哲学。以其非宗教、非艺术故,以其不遗理智思辨故,但其造诣却不限于理智思辨,此当为哲学正宗。兄如将中国哲学也勾消,中国当有何物事? 无乃自毁太甚乎! 自弃太甚乎!

邓子琴累函言兄有意约彼来京,此子于古书涉猎较多,实可约来。但兄究定若干人,用费需若干,似当有一计划,从速决定。……

与梁漱溟

(1950 年 5 月 22 日)

漱兄:

前与[李]渊庭带一小条,当收阅。

尊书谈中国方面,吾多不赞同者:一,中国确是退化,唯太古代至战国时期光采万丈。兄古代太忽略,直等于置之不论,此吾不赞同者一。二,中国文化虽开得太早而确未成熟,尤不当谓秦以后二千年为

---

[1] 你所非衷愿,疑当作"非你所衷愿"。

成熟期。秦后二三千年，只有夷化、盗化、奴化三化，何足言文化？此宜替历史揭发，永为来者之戒。三，尊书谈到根源处，只揭周孔礼教一语。孟子在战国叙学统、道统，从尧、舜、三王直到孔子，吾以此为定论。唐人始尊周公，原是莫名其妙，并未明其所以然。尊意即提出周孔礼教，便当分别说明周公之思想与主张，及孔子之思想与主张，然后略明孔子之承于周公者何在。孔子本人之思想，其体系如何，其宗主为何。秦以后衰微之运，是否尚存孔子精神。今后发挥孔子精神，宜如何舍短取长。孔子思想自当求之六经。六经以《易》《春秋》为主，《周官》次之，三经纲要提得起，余经皆易讲。周公之思想难推考，吾意三礼中唯《仪礼》是周代典制之遗，非孔子所修。此书虽非周公本人所作，而周代典制必承周公开国之精神与规模，殆无疑义。今欲究周公之礼教，似当由《仪礼》之章条而推出其理论或义蕴。二三千年来，治《仪礼》者，只是训诂名物，不知其义。周公之影响于两周之世运者为何如，其影响于孔子集大成之儒学者又何如，此皆谈文化者所不宜略。

尊书谈义务权利诸处，甚善，然须于本原处有发挥，而后言及此等处，自更好。本原处，尊书固曾及之，即所谓礼是，然吾犹嫌于礼之义犹欠发挥。

六经之道，含宏万有，提其宗要，则仁与礼而已。仁者礼之本，礼者仁之用。徒言礼教而不谈仁，则无本，是亦尊书遗漏处。虽云谈文化与专讲哲学者不同，然文化根源处总须提及才好。

伦理，在古圣倡说，只是教条，亦可云德目。垂此教条，使人率由之，久之多数人习而成化，固有可能，然不必人人能如是也。若云社会制度或结构，中国人之家庭组织却是属于制度或结构者，尊书似欲讳此弊，而必以伦理本位为言。其实家庭为万恶之源，衰微之本，此事稍有头脑者皆能知之，能言之，而且无量言说也说不尽。无国家观念，无民族观念,无公共观念,皆由此。甚至无一切学术思想,亦由此。一个人生下来,父母兄弟姊妹族戚,大家紧相缠缚。能力弱者,悉责望其中之稍有能力者;或能力较大者,必以众口累之。其人遂以身殉家庭而无可解脱,说甚思想,说甚学问? 有私而无公,见近而不知远,一切恶德说不尽。百忍以为家,养成大家麻木,养成掩饰,无量罪恶由此起。有家庭则偏私儿女,为儿女积财富,以优养骄贵。儿大则爱妻子而弃父母,女大则爱丈夫与其所生子女。人类之卑贱与残忍,以至于此。余痛此习不革,中国无可自强。吃苦,自立,不图安逸,不存私心,如此,则剥削之邪心消灭,达于德与廉耻矣。尊书巧避家庭本位之丑,而曰伦理本位。做好文章,果何为者? 此好文章只是你个人的德性表现与人格表现,而何预于中国社会?

我说中国文化开得早而未成熟者:一,《大易》明明言"裁成天地,曲成万物"等等,此比西洋人言征服自然、利用自然,尤伟大、尤宏富。荀卿《天论》言"制天而用之"一段,即本于《易》。假使此等广大义趣不绝于汉世象数之易家,则吾古代百家之科学思想必大发达无疑。又如"制器尚象""备物致用""立成器以为天下利"等等精义,亦皆科学精神。由此精神发展去,则生产技术与工具必早有发明,而吾之社会因仁与礼之本原异乎西洋,或者不至演资本主义社会之毒而别有一种创造。易言之,则《礼运》大同之盛得早现。

二,《公羊春秋》已不许大家庭组织存在,一家至多只许五口人,子多者,其长成必令独立成家,不许父母兄弟聚成大家。倘此制实行,中国决不会为秦以米二三千年之丑局。

三,尊书言中国只有民有、民享,而无民治,真奇哉! 信若斯言,人民不参预国政,而享谁、而有谁乎? 譬如某家子弟不治家事,而专倚赖父兄管家者,此等子弟犹得享其家、有其家乎?《周礼》之地方政制严密至极,此非民治乎? 各职业团体皆得以其职与内外百职事并列,此不

谓之民治而何谓?《大易·比》卦之义,即人民互相比辅为治,此得曰吾
之臆解乎?

　　吾略举三证,中国文化分明未成熟,先圣启其理想,后嗣不肖未
能析明与实践,何谓成熟? 吾所欲言者甚多,细节处亦多可商。但一
个多月以来,饱闻粪气,吾与仲女均无精神。觅易住,又觅不好。
无法达意,望兄垂察。兄书时引出问题,有极好处,亦时有病。惜吾今
精力短促,难以细语商量。昔居觉生兄言,人生六十五以后便觉衰,力
量不行。吾六十生日彼尝言此,艮庸昨犹忆其语,今六十六乃深觉精
力差。东兄前言,候你回,吾三人当聚谈一会。宰平犹未至,将不
来耶。

五月廿二日午后

　　注：此与《梁漱溟往来书信集》(上海人民出版社,2017 年,以下简
称《梁集》)第 691~693 页所载当为同一函,但文字有出入,或有事后
修改。今以《熊十力全集》本为底本,据《梁集》本校正。二本之差异不出
校,仅按：末段"兄书时引出问题",《梁集》作"东苏兄书时引出问题",未知
孰是。又据《熊十力全集》编者注,信开头提及的小条上说："……《易》与
新学说确有不同处,新义根底是斗争,《易》道虽不废斗争,但斗争是不
得已而用之。要以仁义为经常之道。我正于此处用心。"

与梁漱溟

(1950 年 5 月 24 日)

　　前天一信,殊未尽意,兹略申者：

　　兄言中西文化之发展似归本于感情理性。与理智各有偏胜。吾以

为如本体透露者，则本体流行，触处是全体大用显发，感情理智决无偏胜。故《乾》卦言仁而大明在，孟子、阳明言良知而万物一体之仁在，此真实义也，不可忽也。吾古圣以此为学，以此立教，以此立政，以此化民成俗。

本体未澈，即在虚妄妄识。分别中作活计，虽云妄识为主公，而本体未尝或熄，但妄识毕竟乘权，本体终难呈露。妄识流注，有势用而无恒德，有偏胜而非圆满。以上二语，千万吃紧，余确是自家体认得来。佛于圆成言圆满，《易》于乾体言圆神，皆不可以分别心去索解。故其行于物也，则猛以逐物与析物、辨物，而理智胜；其希求寄托也，则投依与执着之惰胜；其与人之交也，则对峙与争衡之情亦胜。争衡谓由斗争而求得平衡。兄谓西人只是理智的，其实西洋人亦是感情的；但其情为妄情，不自本体流露耳。所以西洋文化一方[面]是理智，一方面又是最不理智。兄似于西洋文化根荄尚未穷尽真相。西洋文化本自二希，一希腊的理智，一耶教希伯来。的感情，二者皆不识本体，即不澈心源，此中有千言万语难说。吾年五十五以后，日日究一大事，渐有所悟，六十而后，益亲切无疑。

中国何尝只是情胜？古代百家之科学思想虽已失传，而天文、数学之造诣似已不浅。指南针作者，一云黄帝，一云周公，或黄帝首创、周公继述也。此非明于电磁者不能为，则物理知识古有之矣。李冰，战国时秦人，其水利工程当在今人犹惊叹莫及，则工程学盛于古代可知。木鸢则墨翟、公输并有制作，是亦飞机之始。舟舵发明，当亦甚古，西赖之以航海，此与造纸及印刷术贡献于世界者甚伟大。《易·系传》言"裁成万物"，天地日成。荀卿本之作《天论》。又曰"开务成物""备物致用""立成器以为天下利"，此皆科学精神之表现。周初或有奇技淫巧之禁，而孔门《易》学已力反其说。汉人象数实为术数之《易》，非七十子所传孔氏之《易》。孟轲称孔子集大成，是为中国学术思想界之正统派,万世不祧之宗也。惜乎汉人迎合皇帝,妄以封建思想释说而经遂亡。今不注意圣人微言大义之仅存者,而断定中国决不能有科学,余实未能印可。科学思想发生于古代而斩绝于秦、汉,此其故,自当于秦、汉以后二千数百年之局考察情实,自不难见。吾《读经示要》曾言之。

民主政治,兄谓中国人只有民有、民享诸义,而所谓民治,即人民议政或直接参政等法治与机构,中国古籍中似无有。吾谓不然。先说圣言治道,其本在仁,其用在礼。仁者礼之本,礼者仁之用。而政法皆礼之辅。《春秋》与《周官》之法制,可谓广大悉备矣。兹不及详,略就兄所云民治者征之。《春秋》书新人立晋便有由人民公意共选行政首长之法。《周官》于国危或立君等大事,亦有遍询民众之文;又于各种职业团体皆列其职,即各业团直接参预国政。至于地方制度之详密,尤可见民治基础坚实。余常以《周官》一经为由升平导进太平之治,灼然不诬。程、朱与方正学并尊此经,皆有卓见。西洋议会少数服从多数之规,吾先哲似不尽赞同,兄已见及此,然先哲未尝不征取多数意见。孟子盖公羊《春秋》家也,其言国人皆曰贤未可也,见贤焉,然后用。此即明政长,必遍征人民公意,而仍不以众议为足,必本其所自觉者裁决之,始付诸实施。孟子虽就用贤一事为言,推之百政,殆莫不然。余谓孟子此等主张最有深义,凡民主国家遇有大事,咨于群众,往往有昧于远识者,咨其群而合于庸众偷堕之情;或逞其偏见,易得大众赞;或险默之徒阴挟野心,而饰辞以欺骗群众,一夫倡说,众人不察而妄和;此弊不可胜举。是故孟子言用贤必遍征国人公意而卒归于政长之本其所见,以为裁决。如此则政长有前识于大计,议会不得挠之,此为政长留自决之余地,实议会政治之所当取法也。春秋战国间,法家谈民主者,必与儒家相为羽翼,惜其书已失传。《读经示要》曾言之。孔门之儒大抵依据《春秋》《周官》,

注重法制。如孟子伤当时之民无法守,又曰徒善不足以为政,其留意法制可知。今传孟氏之书,或其弟子所记,不可窥子舆思想之全也。《管子》书似亦大体近于民主思想,而惜其不纯,似多杂糅之文,七十子后学尚法者所托。六国昏乱,一切学术频于废绝,秦政更毁之务尽。汉儒征焚坑之祸,《春秋》许多非常可怪之论都不敢著竹帛。史公、何休当时尚闻口义,汉以后遂不可复闻矣。今若遽谓古籍中无民治制度,吾就《春秋》《周官》《孟》《管》诸书推之,犹不敢作是武断。

中国学术,兄又谓其非哲学,或不妨说为主义与思想及艺术,吾亦未敢苟同。夫哲学者,即指其有根据及有体系之思想而言。非空想,非幻想,故曰有根据;实事求是,分析以穷之,由一问题复引生种种问题,千条万绪,杂而不越,会之有元,故云体系。思想之宏博精密如是,故称哲学。子贡称孔子曰"宗庙之美,百官之富",可谓能了悟孔子之思想者。孰谓如是美富之思想,不可名哲学乎?主义者,综其思想之全体系,而标其宗主之义,以昭示于人,故言主义。孰有不成学术而可言主义乎?艺术毕竟是情趣之境,非由能诠深达所诠。能诠谓智,所诠谓理。今俗以中土之学归之艺术,是自毁也,而兄何忍出此乎?斯文行坠,吾偷存一日,犹当维护朋友之义,存乎直谅,愿察苦怀,勿以为迂人有成见也。

与梁漱溟

(1950 年 7 月 27 日)

漱兄:

此来为我所不愿,匆匆一别,又未卜何时得一面。海隅旧宅,如不见函允,吾决不北游。社会问题,吾前年亦稍涉新籍二三种,虽非大部,而马、列之精义已可略窥。所谓尝一脔肉而知一鼎之味,睹梧桐一叶落而知天下之秋,是在善领会耳。社会、政治方面之理论,吾于马、列不能不殷重赞美,独惜年力已衰,未堪致力于此耳。至于哲学,穷至宇宙根源,毕竟不容作物质想。若谓彼云物质并不是作为可摸可触的固定物事想,如古代唯物论者之见,而其所谓物,实亦是生动活跃、变化无竭之真,则与古上哲不同者,只是名词之异,穷其实相,无所异也。兄昨所云却是如此,吾决不曾误会,而吾实不能赞同此见,此话要说便太长。

当知体用本不二,毕竟有分,而所谓心与物要皆依用上立名。若不辨体用,而克就用上目之,以为真源,是犹执众沤相而不辨其本出于浑全的大海水也。

若以体言,自是备万德、含万理、肇万化。古哲以真常言本体者,并非谓本体是恒常不变的东西。果如此,则体用将分成二片。佛氏便有此谬。因为用是动跃的,体是恒常不变的,固明明将体用截作二片也。唯体是动跃的,现作心物万象,譬如大海水是动跃的,现作无量众沤。《新论》故说体用本不二,而亦有分;虽分,而仍不二也。曰真曰常,皆就本体所具有之德或理言,不可把本体看做常恒不变的定体也。《新论》于此辩之甚明。

古哲证体之学究不可忽而不究。不见体,则万化无源,人生昧其真性。此中有千言万语难说得,高明如吾兄,慎无以此为迂谈也。

证体之学,吾意此只是为学入手工夫,不可以此为究竟。古哲失处,大都以此为究竟。佛氏出世法,自必以此为究竟;道家曰主一,曰抱一,曰致虚极、守静笃,皆以此为究竟。是以遗物、反知、厌世、离群,其弊不胜穷也。宋、明理学之含养性地,皆有以证体为究竟之失。吾谓学者须先见体,既了大本,却须透悟现实世界,即是一诚。孟子曰:"诚者天之道也。"诚为本体之名,其义甚深。自有成己成物与裁成天地、曲成万物,化育参赞,富有日新等等盛德大业,以完成其本体之发展。若不如是,只期默然内证,以此超脱万物之表,却是独善自私,何曾有天地万物同体之实乎? 昨未眠好,未能道意,希兄察之。

兄昨言名无定,殊甚误。《春秋繁露》曰:《春秋》辩物之理,以正其名,名必如其真。注意。《尹文子》曰:形以定名,形者,意象或概念也。名以定事,事者,事物。名本声音,而声音所由发,则出于人心之意象或概念。名之散殊,各本于意象或概念之差别。差别者,不一义。有桌子之意象,而桌子之名以定;有杯子之意象,而杯子之名以定。故曰形以定名也。然须复问:意象何自出? 意象固缘事物而生也。缘者,攀援思虑义,非无事物存在而得凭空现起意象或概念也。由人心缘虑一切事物而起意象,以是定种种名;即由如是种种名,以定万殊的事物。此知识所由成,学术所由起也。事物定之以名,名定于缘虑事物而生的意象,一切不容淆乱,亦本来不相淆乱。如梵方声音与中华人声音虽不同,即立名虽不同,然梵人杯子之名定于其缘虑杯子时之意象,则与华人不异。故吾人用华文翻梵语,如对于杯子某物之名。自不会翻杯子以桌子或其它物名。若不然者,则一切物或义理之名,悉淆乱而无本,吾人不独不可读梵书,又何可与梵人通语乎? 又何可与人辩物析理乎?

唯物论谈到宇宙根源处,与华、梵古哲谈到宇宙根源处,谓不过名词之异,无义指之殊,则吾所伤怀而不愿闻也。吾衰而兄亦老矣,平生道义亲交,不绝迹之交,宜以全神注意于此。农村情状,大概免不了一"饿"字,《老》云不出户、知天下,吾颇怀斯感。与其作不必要之奔波,何若潜心素业。吾侪今日生存意义,亦只在此。否则偷活若干岁月,亦何所谓? 方今学校,毫无向学之几,令人苦闷欲绝。仲揆过此两度,前一次,值吾赴乡人吃鸡汤之约,未相见；后一次乃晤谈。彼意兴甚佳，劝吾勿悲观。欲与论文教，彼确甚忙，不及深说。吾确未免悲观，颇思候江西土改，或回德安，领一点土，了此残年。

渊庭、仲颜、云川、艮庸同一看。

蒙文通于晚周故籍搜阅多本，当致之科院，但无回音。

七月二十七日

致蒙文通

（1951 年 6 月 30 日）

文通兄：

吾已衰年，际荟兹之佳会，念平生寡交游，而式好无尤，文通要为二三知己中之最。别来忽忽十余年，再见焉知何日。上京孤寄，暮境无谈心之侣，风辰月夕，一旦悲来，愿挟慧日以西沉，何恋浮生于刹顷。然先圣之灵，若警余梦寐中，厌舍非大乘之根器，天下有道，丘不与易也。《江陵》小册，寄［叶］石荪转，不知得到否？有［黄］艮庸名义答俗僧之书，曰《摧惑显宗记》，引发许多大问题，确不是寻常制作。吾无力印，赖二三好人办书局，愿代印。吾既无甚钱付彼，彼等亦确艰苦异常，只是拉空架子度日。望与云荪兄及石荪尽劝所识函购，购价或一万八千元。在个人所耗有限，在书局有积腋成裘之报，是所望于兄等也。京中新风气，无过问此等学问者，恐书局太困耳。石荪鉴吾此心，必转文通。

六月三十日午后

原编者注：此函未系年。据蒙文通先生哲嗣蒙默先生说，此为寄

《与友人论张江陵》时来函。是书写成于 1950 年秋。此函中提到的《摧惑显宗记》印行于是冬。故可推断此信为 1951 年所写。

致巨赞法师

（1950 年 10 月 27 日）

巨赞有道：

佛会所出刊物，秋逸所发表诸文字及吾子有关教理之文，均望检寄一份。上海（十七）青云路招商二邮九十一号熊世菩收交漆园老人。千万勿不寄也。

兹有恳者周朋初君，重庆人，昔与吾共处于湖上庆化寺年余，今年半百矣。其弟亦中共，在东北。渠昨冬奉其老母在东北而住不惯，近欲奉母来京，难找屋。闻广济寺甚宏阔，拟烦就寺中觅一旁隅小小房子，他母子二人容身便得。吾顷上车而南，即颂

法祉

漆园上

十月二十七日

附：小札

佛家得失，古今真知之者，实难其人。仅是穷经析论固然须经过此功。决不济事，非入于其中而超于其外，直是了他不得。

足下全文虽未出，然即此所见者言之，谓吾即犯攻难，尚未然也。但愿贤者将来得便能作若干时间之快聚，诚心、虚心相对，不杂一毫客气与成见，自有相契于真理之一日也。

四月八日灯下

得《论学》，且表面注有因称"定慧"者多，故取号"万均"，是昔与张

153

诗言相契，而曾与吾同住庆化，后依太虚出家，亦曾住其院者否？如非此人，亦望以籍里姓字见告。万均想非其本来姓名。大作固是用心人语，非浮士口气，此甚可佩。唯学问之事，确是难言，吾老多千磨百炼，已近半百而始出《新论》，今出已，又且五六年。要非随便立说，吾于此土先哲及梵方佛学几经出入，最后，却是扫除各家名言反求诸己。若自己未得着下落，依人语下转，无有是处。

注： 以下致巨赞法师函凡四通，皆转自朱哲主编《巨赞法师全集》第三卷，北京：社科文献出版社，2008 年，第 1273—1274 页。并依《新经学（第一辑）》（上海人民出版社，2016 年）所刊文本略有校正。

致巨赞法师

（1951 年 3 月 25 日）

巨赞法师：

　　人生不过数十寒暑，所可宝者此心耳。世事无论若何，此心之公与明、刚与毅，不容埋没。如是者，谓之有守。吾子担荷大法，不随外缘移转，十方三世诸佛，皆当赞叹。老夫亦随喜。宗与毅昨曾函劝其回乡，而未得复，今亦无法通信。

漆园老人

三月二十五日

　　诸法实相即实性。不可空，此处不容戏论，须反己体认。某法师文字，吾有怪者此耳。此外任何非难皆可不计。

　　看了拉碎。

附：刘静窗致熊十力

（1951 年 8 月 20 日）

挚友张遵骝兄，见示大著《论张江陵》，一气读完，曩尝得见先生《新论》《读经示要》诸书，语重心长，悲怀恳至，而犹是也。骝兄又告，尚有《摧邪显正》《论六经》二书，亦将问世，可谓学不厌诲不倦者矣，斯世其人，低徊难释。

六经之不明也久矣，船山所谓责我开生面者，沉痛恳到，略知痛痒者，能无慨乎？华族近代两沦异族，文物凌毁，不可值数，清人貌为尊经，阴夺尤甚，斧锯在前，利禄在后，运行其间，则亦何所不至。虽犹存名物训诂之义，继绝治平之论，无有也。求为顾、黄、船山诸大师，劲节遗风，尤无有也。诸儒孳孳其中，不为佛家所指依经解义者，盖寡，则亦可以觇盛衰矣。亭林尝慨于百年养之不足，一朝败之有余者，观鸦片之战以还，民族迭挫之痛，可深思矣。数十年来，鼎革云涌，天下英才纷纷求为变常更新之道，先生乃睊睊表章六经，不忘先民本源之学，卓哉其迂也，而于民族文化之际，思之深矣。嗟夫！千古贤者断断用心，无非欲为天下辨明一个是，果其言而无当，虽增千论，何愈枯朽，果其言而是矣，则贤者所谓实相目前，应者岂无，慨麟之思，不已多乎！

附奉邮汇五万元，请嘱书局寄下大著三书，<small>如有余，请多寄一本《论六经》</small>。企韩意挚，谒教缘悭，不请之陈，先生弗以为烦渎否？

注：以下所附刘静窗给熊十力的信函均录自刘述先编：《熊十力与刘静窗论学书简》，台北：时报文化出版事业有限公司，1984 年。惟

标题及标点有所改易。全书熊十力致刘静窗书信亦依该书重作校订。

与刘静窗

（1951 年 8 月 26 日）

刘静窗先生：

八月廿三日信，昨夕收到。秦以来二三千年，可谓绝学而无忧矣。民德敝、民智塞、民力疲，无可自振久矣。汉人考据之业，于学术无关。只可云为读古书者备工具。宋明义理之学，拘碍偏枯。佛教思想，自后汉始入，迄江左至李唐，始普遍深入于社会，其理解高深处，固可爱，而空想幻想处，实不免毒人。高深处，非上智不可攀援，毒人处，则中国人饱受之矣。吕政、刘季以后之中国人，安于奴性，不曾运用理智，发展思辨。不曾二字贯至此。其治佛学，实以混沌之头脑，而迷信接受之。至余始为之平章，向时宜黄常不谓然，其实吾见之明而持之固也。《摧惑显宗记》一书，起草者门下士，改定者余，此书谈佛法，甚重要，须字字玩。六经，汉人以吕政焚坑之祸为戒，大为窜乱，非孔子之真也，而求孔子之真者，舍此莫由。余今所印小册，善学者，字字细心读之，孔子之道，固未坠也。闻吾子昔卒业北大法科，今能留心古学，得未曾有。吾无力印书，近三书皆累大众书局郭、万二君，此间各大学，欲其阅此书，似不可能。印费无可稍酬，倘可于沪上稍劝销，亦为积腋之助。有售者，径函北京西四大众书店郭大中、万鸿年二先生。来款五万，即交郭君收，嘱其寄《摧惑显宗记》二部。待勘误表补办好后方寄。两书共三万元。《论江陵》及《论六经》合作二万元。《六经》之书，已校完，恐尚未装成。此三书烦贤者妥为保存，将来或以付可靠之图书馆为是。京中世家子，皆将藏书作废纸，卖与小商店为包裹用，可哀可鉴。斯文一脉贤者留心护惜。

力　八月二十六

《论六经》书分量比《江陵》书多些，将来装成，或不能作一万元之价，然不至要一万五千元。因比《显宗记》少。贤者如介绍人买，候郭君将来说价，但吾子切勿补。五万元共三书确已足。

致刘静窗

（1951 年 9 月 9 日）

八日晤及郭君。据云，吾信确已随《论江陵》及《显宗记》邮沪，想日内当到，来款五万，《江陵书》作一万元，《摧惑显宗记》作一万三千元一部，而寄上二部，如可多存一部，亦佳，或转售一部，亦佳。此书于儒佛之别，极重要。确是前人所不曾见到者，老夫直从根源处判别二家，此不可忽。佛家是出世，然出世意义云何，前人亦是茫然。清末，康、梁之徒，喜谈"即世间即出世间"，更是混乱语。又大乘空有二宗，其理论上之得失，以前无论信之者与攻之者，都不求解。今则各将他体系疏通明白，予以正当批评，而吾《新论》底蕴，亦自可见。府上如有人能理小小商业，稍维生活，贤者幸专心学术。（原函缺）

致巨赞法师

（1951 年 5 月 1 日）

巨赞有道：

前谈某不被抨以不敢故。某曰：不足抨耳。义理之谈一本无影响于社会，非若历史，人人必阅，不正其谬将误人也。"无易由言"，昔人所戒。并示虞君。

五一节

《巨赞法师全集》编者注：即虞愚。

致巨赞法师

（1951 年 8 月 4 日）

巨赞有道：

向后佛经及各古典均难得人了解，其自识字以后，一切熏习皆与先哲路向不近。昨劝贤者勤作经论注疏，幸勿忘。今后弘法必接近世间，殆无疑义，担荷责任非子莫属。土改报告自不容不作。梁先生每出参观，甚留心各方面情形，有文字发表，吾子亦须注意。徐特老有卓识，对佛学曾用过心，但未专耳。君毅、宗三僧人[1]，梁先生回当一商。二子俱美才，流落于外甚可惜。子如移广济，现住之庵幸为吾留，不可忘。

八月四日

《论江陵书》，顷查手边甚少，不过四五本，我非保留不可。请你向大众书局购一本，一万元即可行，本要一万几千元的成本，他们减价。如从一平处借看一下也可。《摧惑显宗记》请你千万勿购，《论六经》者已付排，将来尽先送你一部。此二书你千万勿买。《显宗记》下星期六可着人去取。至聆。如遇一平亦嘱其下星期五六取一本去。

八月五日　星期日

---

[1] 此处疑有误。

附：刘静窗复熊十力

（1951 年 9 月 13 日）

九日示书敬悉，大著及前函仍未到，计时或有邮失可能，如系挂号，乞便一询。大著尚可筹款补购，书教恐不可复，惆怅何如也。

先民之学，好之不已，虽鲜启发之效，犹有愤悱之劳，欲罢不能，则亦尽心焉耳矣。资生用绌，自来为此学者，盖莫不然。蔬食饮水，固恬然耳，惟去夏刲治肾石，体力大衰，肠胃旧病，乘袭益甚，不免为身累也，向学有愿，乃有战兢手足之情，志赖以行，不敢不勉耳。

先生论究儒释，自有精到，故不待书至而喜，释迦仲尼之学，喻如双轮耀天，不为过也，沉沦世俗，义多淹晦，自人类言，岂不甚可惜乎。垂缕将绝之际，略知其故者，虽被发缨冠而从之，可矣。嗟夫，儒不励行，释不严戒，堤防尽决，泛滥何穷，二三黠智，务名为得，是非纷呶，则亦象山所谓资盗粮假寇兵而已，治平之义，抑奚取焉。

附：刘静窗致熊十力

（1951 年 9 月 21 日）

本月十八日示教敬悉。八月手扎，及《汀陵》《显宗》二书，仍未见到，必已遗落，盼久为怅。重寄时，乞嘱书局挂号，《江陵》《显宗》可各寄二册。《论六经》如出，亦寄二册。尊旧著《语要》《读经示要》，及《破破论》，如有余书可让，并各寄乙册。以上书价及寄费等，共多少？候示汇奉。肾石乃脲酸盐沉淀、食化排泄黏滞累积所成，喻如长江挟沙东流，滔滔中偶有淤滞，累成崇明岛屿相似，平日了无痛苦，知时成形已大。遂听医一割去之，无大碍也。而刲治中，失血多，不免损体元，因之肠胃旧疾，乘袭为扰，今所困者此耳。蒙示种种摄卫之方，感铭无已。孟子寡欲之说，十余岁时已闻而信之，独宿之习，盖亦行之久矣。淡泊自持，日常不过蔬食饮水，药物于不得已时始偶为之，年来戚友劝食鸡汁肉汁之类者，不一而足。损它为己，顺躯壳起念之事，虽至丧身失命不为之也。此意从众生本源处悟得，世俗饮食习气深重，盖亦难为不知者论矣。

先生学究儒释。消归本分以为明己之学，盖不世出之人，不世出之志也。敬服之者，宁有已乎。而先生论释学，辄有以为截生灭、不生灭为二，而少之者。于静平日所闻知、所观习者，若不尽相似，窃有疑焉。夫滞有者凡，偏空者小。菩萨观空无不见色，观色莫非见空，无障无碍，为一味法，曷尝二事。学佛正因，率由般若。般若依二空显，二空因蕴界出，不容辩矣。谓般若由空显即可，谓为滞空，不有期期者乎？一切菩萨，莫不从身心蕴界差别而入第一义谛，一切菩萨莫不观一切法空，而不舍离一众生。世界无尽，众生无尽，烦恼无尽，悲愿无尽，谓之跂生灭、不生灭为二者，可乎？果跂生灭、不生灭而二矣，犹许之为见道也，可乎？先生学到成家，平章儒释，以见机用，则犹丹霞烧佛手段，不敢议矣。若定执释学滞空难用，则如江陵者，不过略得其意，而其为政杀活之机，盖先生亦常称许之矣。

复次，先生于《江陵》书，尝跂士大夫为二而论焉。夫世之所谓士大夫云者，非吾所欲言也。儒家之所谓士大夫，天爵人爵之类耳，穷则独善其身，达则扩至天下之类耳，学优而仕，仕优而学。伊尹处畎亩中，乐尧舜之道，谓与其使斯民为尧舜之民者，旨有异乎？《易》所谓君子之道，或出或处，动静语默，终不落在第二门头，若仅指一部分历史人物而论，则时下辱诮所谓士大夫焉者，恐亦非儒者本怀也。先生中道而立，必不轻易敷率，接引后人，则分论士大夫云云，盖有其故矣。幸垂教焉，秋风渐凉，诸维杖履珍摄不一。

附：刘静窗致熊十力

（1951 年 9 月 24 日）

八月廿六日示扎，展转居然得至。环读，忻怀极矣。儒佛两家，遍传国中，数家珍者，舍此未由也。佛学依般若入，般若因二空显，二空从谛观身心蕴界差别得，而不善学空者，鲜不坠于虚无渺渺之乡矣。而复杂之于世俗，乱之以神奇，义益淹晦。此与三家村学，实乡愿而称中庸者，同病。刚劲之气尽失，为学源头莫见，睠念民胞，几不有万斛夺眶之慨矣。由来吾国论学者，多薄器而语道，两橛之差，终难见长，藏身无事甲中，浸久自是。比与西人值，当锋迭挫，则愈况而尽易故常，紫阳喻为东扶而西倒者，则今日风雷震薄，务为声色器物之学者，不亦有自反之故者存乎？本自无得，斯又何失。虽然，盖有发人深省者矣。宜黄大师，知名恨晚，不及谒教，而读其书，声教铿然，大异末世无病而呻者也。大著寄至，当遵示详研，先生悲愿切至，后学者敢不勉乎！嘱推广其书，自乐于随缘为人说。

复柳诒徵

（1951 年 9 月 10 日）

劬堂先生：

九日惠函昨夕到，今早写此复。［蒙］文通不通讯良久，今夏曾以

161

《江陵》书寄川大一人转交他，而迄今不得其来函，想亦无话可说耳。公所问某君，只去春吾回京时彼来一面，后遂不相见，恐彼亦无暇老古董之事，公意似无须转达也。前信问公尚堪努力否，已发而悔。吾侪均老，而公且老过于我，此时只合作优游玩索工夫。若努力看书，努力用思，均非久计，不可不戒也。弟幼而孤，且奇穷，又荒于革命，年卅五后始拼命为学，于是得神经衰弱，致遗髓之病，几不可活。在杭弃书籍，去思虑，休养七八年，想公所闻知也。弟为学之法，今以告公。一、学不可不博，而不可滥博。昔人言"一事不知，儒者之耻"，此后世士人所以卒成无知也。博学者宜善择要，如我专志于哲学，则于六经，及晚周诸巨子，及魏晋少数大家，辅嗣、向秀、郭象、张湛等，在哲学方面皆有研究价值。其余文学家，间有颖悟语，却甚有限，不必于其间多费神。与宋明诸巨子，皆必精研。佛家小乘要典，治一二种可也。因今有西洋哲学，吾人于哲学上诸大问题已知道，许多小乘典籍不必过求。大乘空、有二家，其大经大论皆不可不精究，其小经小论及注疏，以余力择要略涉，力所不及，置之无妨。因此等皆自大经大论中推演而出，亦不必另有特发之精采也。如另有特发精采，则虽见摈于当时，亦无久闷之理。吾人一入佛学之门，自然知道，即可搜阅。除中国哲学外，如科学方法及科学上许多结论，也须究一番。西洋哲学也须就译本究一番。大概都要善于择要，不择要精研而过于泛滥，必如入五都之市，处处是杂货奇宝，眩目乱心，如何得了。

《论语》："吾尝终日不食，终夜不寝，以思。无益，不如学也。"此章须善读。圣人是首先用过终日终夜不食不寝以思之功，才说不如学。若先不曾下过苦思工夫，而徒云学，则欲免于迷惘，其可得乎!《论语》此章"学"字，当是指博考文籍而说。其余"学"字，不必是读书之谓。一人之思力有限，博考古今人文籍，庶可为吾人思辨之助，有引伸而长，触类而通之乐与效，故博学者正所以善其思也。汉以后考据学风成主流，此辈只是博考文籍，实不足语于思辨之事。其初指汉初人。或是在帝制之下，不敢发展其思想，只合以无聊考据度日，而顺事帝者。其后成为风气，人人以此为当然，遂埋头于书册之中，而不知自用其思，自精其辨，故吾国学人自汉以后，思辨之功确废。此非吾之狂言，公诚大其心以察之，当同此感也。

考据家不思辨，不独见于儒家，而吾国学人之吸受印度佛化者，亦如此。六朝时代，佛典不甚多，其时玄学家只以三玄附会佛法。其实三玄中只以《老》《庄》为宗，而《老》最为要，言《易》亦以《老》之旨去发挥。或作短篇论文，或为佛书作注疏，则其烦琐，犹儒门经师之业也。至唐代奘师译经论甚多，而其门下及后学，为唯识及因明诸籍作注疏者，其烦琐视唐人注疏有其过之无不及也。大乘有宗法相之学，悬空之辨析，日演而益多，自智者观之，实应快刀斩乱丝。禅宗之兴不偶然。然禅宗末流之病，亦不堪。法相学毕竟不可废，但当从大处深处去理会，而改正其缺失。惜乎唐贤不知自用其思辨，只向纷杂无穷之名相中讨生活，故佛法在中国毫无影响。昔者宜黄尝不满于不材，其实不材亦自有真见处也。

宋明诸老先生虽异汉学，而又过受禅师家影响，把心性当作一物事执持看，反失掉禅宗活趣，思辨之功又不能发达。此等话在理学家闻之必见怪，而不材实非胡说也。周、程、朱、陆、阳明诸老先生，皆大哲人，其颖悟所及处每未发挥出，深可惜。至其语录与经疏，或笔札之属，只在心身日用践履之间，昔之考据家已视此为迂阔。西化一来，科学上种种发见，哲学上种种理论，后生稍一涉猎，便视理学为无物矣。

居今言学，当于汉宋两途失处加以改正，故吾从卅后向学便好苦思，而亦不废旁求书册之功，后来大病几死，吾始改变方法。黎明早起，而夜八时或九时必卧，日间看书时不过多，而常有正襟危坐，此不甚多。或院中院外散步，居南中时此最多，但院外不是远处，即指院外空旷处，此境难得。若斜阳散步，则赴野外颇远，不在此例。或看书与用思稍久，恐疲困，即稍卧十五至二三十分钟。不必求熟睡。吾之得力处，每在庭院散步之际。此时斩绝一切念头，放下一切思虑，顿觉头脑清旷，胸际开拓，如此便有如禅师所谓"恰恰用心时，恰恰无心用"[1] 之灵妙与快乐。禅师此语本是就存养工夫言，此语吃紧。而且不好领解，一般人闻此，每笼侗或模糊解去，此最害事。吾觉得孟子有此功夫。"恰恰无心用"，孟云"勿助长"是也。杨慈湖云"不起意"亦此旨。"恰恰用心时"，孟云"勿忘"是也。忘便放失此心矣。此几甚微，不卜公尝用静功识此几否。一放便危，即人心起而道心失之候。勿忘勿助，此四字禅师家不能外。"恰恰无心用，恰恰用心时"，本是存养工夫，不是就思辨工夫而论。但今人言思辨，只知找逻辑。易言之，即找方法。殊不知方法是工具，工具还是能用者方善用，不能用者虽告之以方法，他还不会使用。如小孩无力，告以用农器的方法，他亦莫能用也。人生为万物之灵，是有神解的，可惜其神解恒被俗念、杂念、私意种种锢蔽了，不得开发，即无思辨之能。如小孩无力。还有一种学者，并非心地有许多俗杂等念，终日埋头书册，眼常撞着文字，脑常摄入许多文字，一生之中时时在在总如是，其脑筋贮满许多文言与故事成说，毫无空间，其神解如何焕发得出？神解不发，那有眼光，那有超脱于旧习成见的思辨，那能知周万物？戴东原之聪明，看考据不满，而欲谈哲学，卒之走不通。最上者如朱子之睿智，而象山犹病其"支离事业竟浮沉"，朱子确亦时自悔，《晚年定论》虽不尽晚年，而其自悔之语确可注意。则由朱子以脑筋费于书册者太多，而开发其神解之时或少也。

---

　　[1] 此处抄本原作"恰恰无心用，恰恰用心时"，又用倒换符号颠倒前后句。按此句禅宗原作"恰恰用心时，恰恰无心用"。然观下文再引此句，以及释义的顺序都是"恰恰无心用，恰恰用心时"。盖原句是禅家修养的工夫，熊公有意颠倒原句，用以说明思辨（神解）的原理，着眼点不同。此处倒换符号或为熊公自为，表明禅家原句如此，或为抄者（锺泰）为之，不得其详。

我白天在庭院散步时无一定次数,每次亦不限时刻,但随兴所至。此时放下一切,优哉优哉,恰恰无心用,恰恰用心时,而神解每于此时焕发,忽然于道理有个顿悟。一悟时还不要停止,再向各方面的事理推征去,_{宋明诸老便少此工夫。}至于《中庸》所云"文理密察",_{文理,即朱子"格物"补传所谓"众物之条理"。}然后顿悟之理乃得征实,至此便成为精密正确的知识,亦称为系统的知识,不会有散钱没索子穿起之感。弟个人之经验如此,不敢自以为是,未知公谓云何。

老年看书宜节省。史书如不能作,可提纲揭要写些文字,以便后来有智者得所依据。老年如用力太猛恐自伤,而反无益于后人也。弟自觉不堪多看书,不堪写大著作,公年已高,不可用猛功,望多作"恰恰无心用、恰恰用心时"之工夫,以此养神明发神解,使心地常常有生趣,留得此老躯,有益于后贤。大著作如欲成,须集众材,而公提其纲,则无所不可。

《六经》书系与徐特立先生之信,当然不能尽意,然确重要。已校完,因书局有多少要件,未能即出,装出须稍待。弟之北还,本与当局言明,不就机关名义,只求回原来学校,一切照旧例。当局允许,但学校方面主委以及学生皆前进,我这老朽头脑与精力都不中用,何须教课,不过年岁已该退休,承政府宽待教界人士,我就以教授名义白耗公粮,并无课可上也。曾有几个学生欲于课外来听《新论》,每星期一二次,但他们一则日夜少暇,二则他们于此学毫无根基,文字与名词也难弄清,吾何必白费气力,今年已停止。

历史之学,太史公"明天人之际,通古今之变"二语包含已尽。孔子之道,本是内圣外王。明天人之际,内圣学尽之矣;通古今之变,外王学尽之矣。史公有颖悟,又多识七十子传下遗言,故可贵。其纪、传、书、表等体裁,亦皆承古史而创制之。凡创非无所承也,天下没有无中生有之理。此则公之大著已言之详尽,但体裁是一事,而其内容又当别论。譬如五官百体是体裁，而圣贤之精神志气主乎此官体者，便与凡庸之行尸走肉者，相去不止天渊，此则内容之异也。汉以后之史，以专政之独夫为主，亦可云以家天下为主，不论何篇目中随处充满此精神。《史记》较有纠正秦人帝制之长处，如《项纪》《陈世家》奖革命也，《游侠》《刺客》振民气也，《平准书》重均利也，《孔子世家》及《弟子列传》与尊孟抑荀，皆尊儒学为正统派也。其他长处尤有可求者，识量之宏，眼光之远，近世思想犹不必逾其范围。但各篇内容究嫌贫乏，即如《项纪》《陈世家》并不曾发挥其革命精神，《孔子世家》等亦不曾识得尼父精神，自余皆肤浅之记载，而论赞诸语中，皆不曾向大处发挥。余每谓史公有颖悟而缺思辨，有闻见而缺体认，有识而无学，犹不足为良史也。其病之尤大者，以汉初诸侯王封爵之体式，而观上古由部落成国家，演变至于春秋战国之列强，各各有独立国家之历史者，竟以汉初诸侯王封爵之意义例之，而立世家，乃云诸侯传国曰世家，止记载诸侯一家传世之事，而忽视各国家立国久远之精神，及其政俗文化与社会变迁种种不同处。汉初去古未远，各国情形尚可考察，史公不能分国为之记载，仅为其君主一家作世家，后人遂无从考秦汉以前诸夏列国之各种情事，此其为帝制思想之所误也明甚。吾于《十力语要》卷一中有一篇谈及此，不卜公见之否。又史公虽表章儒家，而于秦汉以前诸子百家之学，皆不搜访记述，后遂一切失传，此其对学术思想之认识太不明了。以上二事，但略举之，用见其概，若细求之，当不止于此也。史公究是以帝王为主体，国家思想、民族思想与政治社会问题其注意力太缺乏，不能有深远理想启发后人；其于诸子百家学术不知表扬，汉以后思想界锢蔽，史公何得无过？至班固以后，则奴史一脉相承，其取法《春秋》褒贬之意，纯就个人行为上注目，不知注意社会各方面_{如政治}_{经济文化等}。变迁，而示人以革故取新之道。即《说卦》曰：革去故也，鼎取新也。秦以来二三千年之衰惫，摧残于夷与盗，而不知自振，汉以来史家可辞其罪哉！公当脱出旧史家窠臼，另出心裁，而搜集材料善运用之。集众才以造新史，公持纲要，而材料方面则访求博览强识者担任。若无此机会，但作些散文字，纠旧史之失，而开新史之路，亦大有功，并不至过劳，是吾所望于老道长也。

九月十日　力启

注： 此函由锺斌先生提供，系锺泰先生手抄保存。

复刘静窗

（1951 年 9 月 25 日）

[中]秋节后六日来函，才到，即复。所问二事，一、吾评佛家分生灭与不生灭为二，吾子不然云，此事须深心细究，更不可拾若干话头而谈圆融，须会通其立说之全体而衡之。佛家理论，大乘始完成。大空、_{大乘空宗省称大空。}大有_{大有亦省称也。}并将生灭、不生灭，有为、无为，折成二片说去，其言不生灭或无为时，决不许道"生"或"无不为"，其谈到生灭或有为方面，则空宗以四缘是凡夫颠倒虚诳法，_{详吾《摧惑显宗记》所引。}是可谓真体之显乎？_{真体之显，即用也。既非真体之显，即不名用，可知。}夫四缘所生法，即生灭法也，亦名有为法。空宗真俗二谛难融。_{真谛显体也，俗谛彰用也，体自是真实。不生灭无为用，自是颠倒虚诳，是生灭、有为而不由体显，如何融？}有宗种子、现行一套复杂的宇宙论，皆生灭法、有为法，而以现行元从本有种生，虽立新薰种，而开端固已立本有种，但本有种既不是真如，又不曾说为真如之现为如此，则种子是现行之体，而又别说不生灭无为之真如，岂非二重本体？且种子分三性，有漏善性，及无记性、恶性，此三通名有漏性，有漏者，染污义也。无漏善性之种子，则可

借用儒家至善一词以形容之。无漏者，清净义。净种虽寄存阿赖耶识中，而无始以来，不得显发，要至第十地金刚道心，始断尽有漏种而净种始发现，始成佛，此皆有宗经论有明文，非吾臆说或诬解。今略言其失，一、新薰种是依本有有漏种所生现行之所薰习而成，其非真如之显现，不待言，岂不是生灭、即种子现行。不生灭真如。成二片？二、净种虽本有，而在众生分中从不得显，实等于无有，而众生发心修行，竟无所据，竟是凭空发出。有宗亦知其难言，于是主张圣言量实即佛经。与多闻薰习。如此，则众生全靠外铄，与吾圣人直言明明德，阳明直言致良知，庄生言自本自根，分明不同。孰得孰失，要须智者反躬理会。印度佛菩萨，究是人类，不要以为与我先圣贤不同类，遂一意妄崇之也。又佛菩萨之圣言量，垂为经典，众生固可薰习，但佛菩萨当初究是众生一类，他非天纵。然如谓其一生下，就是净种发现，而无有漏，则他所说诸经论，何以于有漏知之甚精且悉，想亦是他自己经验过。否则专凭照妖镜来照众生心，吾不敢作如是想也。吾相信，诸佛菩萨，总有本来"明德""良知"本体。他能存养，而不放失，故有悟耳。佛家生灭、不生灭，无论大空、大有，确是分得死，此不可曲讳。此至大处，岂是文言之失。若道他只是文言若未融，则文言出于心，必是心地上有未融也。吾子如能真了《大易》，以之对照，当知佛法究有病在。《显宗记》一书，请字字细究。

来函谓《张江陵》书，歧士大夫为二，并有许多相难之辞，实不相干。江陵论政，在为小民谋福利，不当偏利于士大夫。吾恐人误解士大夫，即指一般士人，故特解明之。士大夫一词，古为在位者之通称，犹今云官僚也。吾子看到《论六经》中所引《考工记》一段，便知士大夫是在位者，古以"士农工商"谓之四民，此四民中之士，方是一般士人。吾侪在清季，尚是一小民，不在士大夫列也。吾子虽卒业大学，若未作相当大官，犹不算士大夫列也，只可曰庶人在官者耳。吾子所云歧为二,想是此处,别无所谓歧为二也。

郭大中于九月廿一日上午来云,《江陵》及《显宗记》并吾前信,均早寄,但假手用人,不知如何弄错,已向局查出取回,兹已照寄云云。今收到否?《论六经》已出,早嘱寄,如未寄到,望来信。今日人人忙乱至极,说不出所以然,故每将小事忘记。

《读经示要》,确无有。《语要》错落太多,《新论》语体本亦然,欲改正,少精力,少兴趣。吾子欲有成于学,须保得此身,不肉食,须另有滋养才行,否则不妨肉食。充类至尽,则今日生物学植物亦有生命,将何食乎。不伤生,本上德,然此事甚难。科学昌明,不在自然方面研究滋养之料,而偏专研人类自毁之武器。每思《大易》天道鼓万物而不与圣人同忧,佛说众生恒处长夜,老以天地不仁,庄言人之生也,固若是芒乎,时或苍茫望天,而不知涕之所自也。

九月廿五午后

原编者注: 刘静窗附记云:"熊先生寄此书,又于信封背面批云:'佛家于生灭法及不生灭法,折成二片。此是根本失处。佛教徒只是迷信而不思耳。'"

附:刘静窗复熊十力

(1951 年 9 月 29 日)

顷者奉读九月廿五日赐书,慈怀剀切,于后学疑处,剖示周详,既闻命矣,而犹未尽,敬就教焉。静乡在北庠治经济学,既卒业,侍先母病中,偶自寻思生命源头,悚然莫赘于中,久而益不自已,求之于近人著作,无所得;求之于经史旧学,无所得;求之于宋明诸儒,略触痛痒,窃有所好,而莫道所以;求之于老庄,喜其言汪洋,谲诡而不知入处;乃求之于释典。初习法相唯识之学,名相繁乱,章句诘聱,未有师承,攻习为苦,稍详文义,终似有物扞格难化,自嗟钝根,难会精微。比读般若,涣然若有释重之趣。中间读明紫柏老人释毗舍浮佛偈文,时已深夜,遽尔触怀,挥拂不去,觉此身心世界,如幻似梦者,浃句而后己,家人相视以为病矣。由此读诸经论,渐觉见解胜前,但究自心,不为章句记诵累也。复求之宋明诸大老,所得稍益,有时偶会前贤心行之迹,忻怀之状,不啻己出,复因《坛经》,会参宗下言句,嗣读法顺大师《华严法界观门》,昕夕不释卷,由斯读《大经》。于因果交彻,繁与大用之道,叹观止矣,为学艰辛,冷暖自知,犹惭钝置,汗漫无成,而象山六经注脚之说,终信守为万古不刊之论也。东圣、西圣,此心同,此理同,何益于尼山,何欠于瞿昙,并为为己探源之学。大本既立,应机说教,尊其所闻,行其所知,育行无害,不亦可乎?百草异味,愈病者得,释迦仲尼之学,并无定法与人,会本忘言,与本皆彰。若泥迹以求,略其用心,礼乐之设,岂止钟鼓玉帛云乎?儒佛之失,末流均等,蹈空论玄,非为众生悲愿地也,五十百步同讥,扶翼之者,不当自反己乎?

宋儒言"人欲净尽,天理流行",知言也。纵举世坐胶漆桶中,天理未尝不在,而人欲不至尽净处,此理终不显也。故为学自窒欲惩忿始,学者不能遽无事也。天理人欲并举,实者自实,虚者自虚,不为二本。而消长之道,存乎其中矣,此所以乾乾而不息也。释者知有而后,破一分无明,显一分法身,十地功成自他圆证者,不在斯乎? 有漏为染污,无漏为清净,实者自实,虚者自虚,此理显现宇宙人生,法尔如是,孰得歧而二之。二之者,情执未遣,谓有为实有,空为虚无,此其知解未离凡夫寸步,而谓之见道,真堪一棒打煞与狗子吃矣。佛菩萨者,印度尊其人称,犹吾国儒者之称圣贤,与吾同类耳。释迦诞生王宫,以其大智大勇,粉碎油面世情,弃万乘如敝履,雪山六年苦行,始得入处。今人如其苦学,如其力行,则亦何所不能,而终搅在油面堆中,芸扰一生,不能自拔,斯亦可哀也已。于是乎东圣西圣,千百世难再其人,能不闻声仰教,而不自已者哉!嗟乎,千古为学,惟在归心,贤者断断,无非欲为天下辨明一个是,存乎其在我者,终不能泯也。大行不加,穷居不损,质之先生,其或可乎。

贤首依日照三藏,判西域智光、戒贤,空、有二宗并为始教,未许了义。先生治法相唯识,究己为归,不泥其教,思想宏深,融会儒释,大勇昌言,自足家数,而志决江海,至统以佛家为不了义,则圆顿之教,台贤诸宗,并无可取者矣。先生之意,岂若是欤?先生复评有宗执圣言量、多闻熏习,以佛家之学为外铄,且与阳明庄生较胜,而静闻之经云:"知一切法,即心自性,成就慧身,不由他悟。"南能得法呈解云:"何期自性,本自清净。何期自性,本不生灭。何期自性,本自具足。何期自性,本无动摇。何期自性,能生万法。"他如尘经,额珠喻类,不一而足,将何说乎?禅和子有云:"山河及大地,全露法王身。"似亦非内外所可量限者矣。

窃尝论之,佛法之要,无非为人解粘去缚,还他堂堂皇皇个人。为初机言,有为自染法,无为自清净,壁立万仞,无毫厘通融处。故白居易问鸟窠禅师法要,但云"诸恶莫作,众善奉行。"此与一般野狐禅,竖拳举拂,虚推圣境,妄谈玄妙者,是何等本地风光。真见此理者,二三十年,打成一片,空是真空,有归妙有,所谓华藏世界所有尘,一一尘中见法界,虽欲歧之为二,有不可得者矣。

先生复举空宗真俗二谛难融,然则古谓观空不证,涉有不著者,非欤?嘉祥为三论宗主,尝见其书云:"问:云何真谛虽无而有,俗谛虽有而无。答:此由是不坏假名而说实相,故有宛然而无。不动真际,建立诸法,故无宛然而有。二谛生二慧者,以悟有宛然而无,故生沤和波若。了无宛然而有,故生波若沤和。沤和波若即波若宛然而沤和,波若沤和,即沤和宛然而波若。"又"问:波若沤和何故无二体耶。答：《智度论》云譬如金为巧物，离金无巧物，离巧物无金，而有金巧二义，金喻波若，巧喻沤和，故知唯一正观，义分权实。"似亦有间然矣。

静中途易辙，为学故迟，每记明道有云："吾学虽有所授受，天理二字，却是自家体贴出来。"则亦不敢不勉矣。上来琐琐辞繁，不成家数，数屡投书烦渎先生，似非所以敬事长者之道，然念姚江之于泰州故事，则信其不轻唯唯于先生者，亦未必遂为先生厌弃也，幸垂教焉。

示为学须保此身，敢不勉乎。而厚为保生，伊川尝耻之矣。不肉食，非矫情，末世人寰，相研无宁日，生生之机，几乎息矣。胜残去杀之念，常如目视手指，无一息不凛凛焉。植物固亦有生命，然于做人分上，扩情至此，亦可谓尽心焉耳矣。易羊之心，孟子犹许之，先生当不以为小节末行而莞尔也。资生之道，今世亦颇研求，信其所发扬者，足补前人之失，但为汹涌世潮掩而弗彰云耳。造天堂者造天堂，造地狱者造地狱，乾坤不坠，斯理终无歇绝之日也，秋深寒渐，诸维杖履爱护不一。

《论六经》闻已出书，喜甚，此不负先生婆心矣。尚未寄到，盼念甚。前已邮片郭大中先生，先生如见，可嘱《论六经》寄四册，《江陵》《显宗》各加寄二册，所差书款可由郭大中先生示为筹汇也。

致刘静窗

（1951 年 10 月 3 日）

静窗有道：

九月廿九日来函，昨夕到，顷写复。佛家经典，如不作学问研究，稍涉一二种作参考而直反之自心，则孟子语曹交"子归而求之，有余师"，何必找释迦、老子。来函所举许多话头，皆吾昔年所熟见，后来只厌此辈喜弄话头耳。自己反躬切究一番，到有真知实见时，再以客观态度，详玩佛家经典。初要取几部根本的大经大论，首了解其文句，更细究其持说之条理，将他千条万绪分清，方可综贯而得其系统。系统，譬如一副网，世学所贵者此，而智者却须裂此网，才自寻实际。此意甚要紧，不独求大道者必须如此，即研政治社会诸学，如只守人家理论系统，即奉为宝训，字字遵从，而自家没有在事实上体会过，那得不受人家理论之误。求大道者，更要小心。如读佛家经典，清楚其理论系统之后，再虚怀以究其得失。虚怀者，勿迷信，勿存成见，勿拾彼片言之投己好者，而遽谓其是。当细省其持说之体系，此处吃紧。有无自相矛盾处，此处吃紧。且须看其矛盾之处，为在其根底处，为在其枝节处，此甚吃紧。一一细勘而后可见此学派之于大道是否真见到谛实处，是否无偏。此真吃紧。总之，读书不可随人转，初学读书时，切勿便起迷信，便存成见，时时以古今人书作参考与引发，引发二字尤重要。而自己虚心深心去讨真理，虚与深二字，甚切要。自有真见，才好辨别人家。且虚心深心者，对自己决不果于自信，能时时求真，纠正自家错误，时时读古今大著以资引发，是至要。吾子且勿遽想来化我，我虽不才，而如此老年一生没作别事，用功不会少于吾子，我不会轻武断，吾子于大有大空等二学，谓已有真见，吾恐不易言。吾子重实修，不必多涉佛典，身体力行四字做去，无余事。如欲博究理道，不读佛典，难了儒家。

　　苦了明春可否北来，同吾住半年或一载。吾屋小只耐苦，伙食你如客气要分摊，也由你。但另外之滋养品，吾与你，各自备，各不客气。如此困难时代，又同住，客气用不着。吾子如欲学，弱躯，究以肉食为宜，否恐不胜。斯文存一线，吾甚望有人与吾同住相当时，虽无益于子，而不会有害于子。陈白沙为秀才时，由粤到江西崇仁从康斋游，虽不必有承于康斋,而其后来颖悟,未尝无康斋引发之益。学道固不宜孤陋也。此信与遵骝同看。

来函后一纸要书之语,即转大中。

空不空老人　十月三日正午

附：刘静窗致熊十力

（1951 年 10 月 6 日）

"子贡方人。子曰：赐也贤乎哉,夫我则不暇。"深有味哉,其言也。前书絮叨,自是后学修行不密之病,先生戒以反躬切究,且示孟子归而求之有余师语,入德之门,曷不如此,谨书绅以勉。

荷召来春北游从学,固所愿也,至时如世缘相许,便当如命。

复示学道不宜孤陋,其然,其然。嗟乎,我闻在昔,盖有以一语半偈,恳至以求,不惜其身者矣。《华严经》于敬事善知识亲近善知识,垂训不一而足,有是心者,敢不景勉以从,而滔滔寰中,熙来攘往者,孰为其人哉,时念孤怀,有不止千百黯然之慨也已。

骝兄去苏,须二周一归,本月二日曾晤,此后约旬日可见,手书自遵与共读也。《论六经》等书,尚未到。曾两度邮片郭先生,想日内可来矣。示《显宗》《江陵》二书勘误表,当一一校正。

与刘静窗

（1951 年 10 月 9 日）

静窗来信收到,六朝诸宗派之谈佛,将有为、无为说得圆融,因其皆从道家入佛，不必是佛家本旨，须注意。《显宗记》勘误表补，及论六经勘误表，请照改后，即烦邮寄"广州中大王教授季思"。季思并要转希之教授。老人心不畅，畏琐事之烦，故烦静窗代转。季思汇款不写西直门，须向前门局取。仲光云，如欲其稍画长大一点，或请画蟹虾，她不喜费颜料，她之蟹虾有神品之称，人皆喜求之也，容取款后，再交她画。

附：刘静窗复熊十力

（1951 年 10 月 12 日）

《论六经》等书，久盼不至，今晨又函大众郭先生询候，不知日内能送到否。向晚得奉九日示书，读已即遵转广东中山大学王季思教授，《六经》《显宗》二书，俟到即寄去。

《般若》与《易经》，堪称天地间双美。依二空理，彻法源底，观乾元变化，直是《华严》事事无碍境界，莫非当人如如之地矣。不然纵是玩得爻象奇妙，不消归己分，则亦如小儿堆积木，砌七巧板戏耳。释儒二家，立言设教宗旨，自是不同，但从源头看，毕竟二而不二也。

示六朝诸宗派读佛，将有为、无为说得圆融，不必是佛家本旨。静意此土众生，久经孔孟老庄教化陶融，气象自是不同。佛法东来，摄机融贯，发而为贤首、为天台、为禅，盖有若决江河，沛然不容已之势矣。诸家宗旨，虽与天竺各派或不尽似，究不离三法印，犹是释迦亲血脉，斯不谓之佛家不可也。融释入儒，自当让席宋明诸老，则亦无碍并行矣。先生意云何，乞示教。为学究以探源立本为先，否则终日扰扰，说食数宝而已，但从己分决分晓，不将知解争门户，先生其有所可乎。

附：刘静窗致熊十力

（1951 年 11 月 12 日）

十一月四日示书敬悉，并遵嘱送骝兄读，骝兄病痊，日内即仍去苏州学习。静以家姊病癌来此就医，而疾已深，镭锭莫能施，日夜奔走医药，苦无对症疗治之方，针剂调补而已，心绪悒郁，因稽裁候，伏祈鉴宥，顷复奉七日示片三书，谨参酌作价，《显宗》一万五千，余壹万。续附函奉现钞八万元，保价信寄，免兑取之烦。并祈察收，便中交大众书局郭先生为感。

《论六经》书曾略奉读一过，书中许多好意思，具见先生为学孤诣，而静心情不鬯，无以绎论，谨举二、三端就先生教正。

曾记禅家有云："佛法无多子。"大道之于世间，原是简易。悟者自悟，不在多言。执而不悟者，亦未尝减得些子也。而制度文物之事，前人象其端，后人演其盛，层推层化，日变不穷。《周官》诚广大矣，自有精意者存，先生推衍微言为世取鉴，俾知先民用心缔造之真，后生无自菲薄，进而于民族文化知所荷承，大同郅治知所推展，不其盛乎，若谓先人设制，已尽善美，师意模楷，不疑有凿者乎？

儒家法天道立人极，根于生民最初良知发现处孝弟一念，期形成一伦理和谐的世界。孟子言仁义，而论事则曰"仁之实，事亲是也，义之实，从兄是也"，可与有子之言"君子务本，本立而道生，孝弟也者，其为人之本欤"互证。由此向上寻去，自得契会于性命之微，而其实践处，则在孝弟二字，端本发源，断然而无疑也。人人有个父（母）兄（弟），则人人有个孝弟，扩而充之，不独亲其亲、子其子者具在矣。举目芸芸，充类至尽，无一非亲亲敬长之事，所谓天下之本在国、在家、在身,乃至笃躬而天下平者,盖实论也。夫如是,四海之内人人推爱如亲子,推敬如兄弟,伯氏壎、仲氏箎,兄弟既翕,和乐且耽,仁义之充也,孝弟之至也,礼乐之盛也。夫如是,虽天下之广,族类之众,相视如一家,相洽如一人,斯无谓之天下邦国,直谓之为一家可耳,直谓之为一人可耳。夫如是,人人本孝弟立身,以充至天下,彼此之间相摄相入,所谓仁义孝弟之至者,不即有独立平等自由之实者存欤?孝弟二字,确是儒家安身立命处。孟子称尧舜之道,孝弟而已,可谓要言不烦,而其意扩充处,《易》所谓天地变化草木蕃者皆是也。孟子承孔门血脉,独于此文见之弥真,守之至笃。儒家论君臣,以义合,且常就职分立言,故君失职,则臣可以去,可以易位,可以革命;至先儒,教君以孝治天下,似亦有以孝弟相绳之意,使其君不得滥用威权。至专制君主利用儒学阴遂其私,是另一事,似当别论。后学于孝弟本源之意,多能归法前贤,极少假借;然气象不如孟子高明,胸怀不如孟子广阔,故多见拘碍之迹,少见江河之象,盖不善学孟子也。去孝弟,则儒家根本铲除;去家,则四海兄弟伦理的礼乐和谐世界观念并不显矣。孟子于经世之方,亦未尝不讲求,七篇具在,可以覆按其言。民先救死,然后礼义,荀子之意未为不在。但立教有本末轻重,有权衡不容紊耳。先生《论六经》之于孟子有微辞,此恐就世流之弊端言之,不足为孟子病也,不然千秋之下,无以知孟子,其然岂其然乎?

先生上追周孔,下慨末流,斥秦汉二千年来学者奴化,并曰奴儒,静仰先生苦心,而窃疑其称号,殆未正名之过也。夫且以儒称之矣,冠之以奴,似未可乎。尝记浏阳谭嗣同愤语亦云:二千年来之政,秦政也,皆大盗也;二千年来之学,荀学也,皆乡愿也。惟大盗利用乡愿,惟乡愿工媚大盗。谭氏语旨,有问题自当别论;而其以乡愿斥伪学可以的当,乡愿一辞见于孟子,其于儒者,盖紫朱之别耳;则先生所目为奴儒者,不如径斥之为乡愿之为愈也。复次,中华民族合数万万之众,历数千年之久，建立邦国，屡蹶外族，不坠典仪，不有真精神、真人品，世出其间而能之哉。但于经世之道，未有如西人之发挥，张皇如风雷激抟焉耳。则吾人于先民缔造邦国之艰难，维系人道之苦心，似景行之意深，而怨尤之意短；警勉之意多，而鄙薄之情寡矣。若先生在震顽立懦，斯又当别论也！

嚓嚓烦言，要在说明一点：儒家固守仁义，不为迂；固守孝弟，不为狭。语谓：忧道不忧贫，造次于是，颠沛于是；顺之者，文山、叠山；背之者，刘豫、张邦昌矣。一念几微，千仞壁立，持己之端，不容假借。而其与人，斯怵惕之心，未尝一息释怀；一夫不获，若纳沟中。先天下忧，后天下乐，前人言之熟矣，先儒于上述第一义能固持者众，于第二义能发挥者少，而其刚大之气，已足日月，惜之不如其敬之，而自勉警之也，先生许吾说乎，伏祈教之。

示在整理《新论》，龙马精神，诲学不厌，敬佩不已；梨枣之筹，一时恐难，则复写钞存，似亦法也。生活多艰，文化之事，多不及顾，思之惘然。冬日北地寒凉，诸维道履珍摄不一。

复刘静窗

（1951 年 11 月 16 日）

书价八万收到，即日当转郭君，此数甚足，无加之必要。闻服事令姊病，当已痊可，足慰。论经之事，绝未反对孝弟。只反对孟子以孝弟参入政治意义，书中下辞，极有分际，足下如虚心读史，虚心考察社会实情，汉以来之以孝治天下果为何状。社会以家庭制度为本，最大多数家庭内容究是如何好。二千余年，西汉稍平静。东汉光武、明、章三帝，为日已短，后来只是夷祸，与黄巾盗。三国无几日，曹、孙何非盗也。五胡至东西魏，五百多年，有甚人气。隋、唐混一，只太宗一代耳，藩镇皆蛮横。五代又不必言。宋则开基甚小，辽、夏、金据北中国。杭州儿帝，又不久。明兴二百多年又完了。汉以来大儒始终奉夷与盗为天为帝，劝孝劝忠，足下欲尊诸儒，何不读史。不同意，幸勿复。

十一月十六日

附：刘静窗复熊十力

（1951 年 11 月 20 日）

月来服事姊病，心力交瘁，苦无对症之方，先母往年死于癌，吾姊将有后来之虞。每念及之，心乱如焚。先民之学，本孝弟，指人心，抚躬自验，理实无爽，而笃行不至，我慢时滋。日月逝矣，天地悠悠，椎心之痛，宁有已乎！乾乾夕惕，学以思过，不复有辞，奉书当复，并候康安，不一。

复刘静窗

（1951 年 11 月 24 日）

十一月廿日信才到，吾本属前函不同意，望勿复者，学问之事未易言，诤论徒乱人意。吾书明明言，孝弟当从人之性情处启发，不可牵入政治意义与名分观念。汉以来，夷与盗之帝者，皆利用儒生，演孟子之义，而有以孝治天下与移孝作忠等训，以支持帝制，奴化斯民，使中国将三千年而不振。试详玩汉以来之历史，斯民之能保其父子兄弟者能几何日，还空谈孝弟乎。伦理与政治，毕竟宜分开来讲。《尧典》地平天成之业，《舜典》明四目、达四聪，此是何等政治！孟子于此等大经纶不注

179

意，后儒宗之，所由衰也。足下纵讽老夫以我慢，亦任之而已。骂之亦可，吾不再言。在性情上说孝弟，谁能反对，若要参入政治，终说不通。

附：刘静窗复熊十力

（1951 年 11 月 27 日）

示书孝弟须在性情上说，确乎无疑。前书所辨，乃就儒家言，恐不得以仁义孝弟为迂、为狭，而少之耳。孝弟正是从人生真情流露处引发，使有依傍，斯伪而已矣，乡愿而已矣。《尧典》自克明俊德，以亲九族，乃至协和万邦，黎民于变时雍，岂非孝弟充至之著者乎？四岳举舜，亦曰克谐，以孝烝烝，尧闻而许之，让以天下。孟子言尧舜之道，孝弟而已者，非架空之论也。大同之治苟不从真性至情筑基，可谓之为有本乎？孟子循仁义、主孝弟，原是从性命源头处见得，不容拘泥世情，有所假借。至其为人，天子诸侯不得臣友，泰山岩岩，自是师道之象。春秋战国之际论功勋者，莫过于管仲、齐桓，曾不足以一视。由仁义行，非行仁义，自亲亲以至天下平，礼乐孝弟四海和谐，其意固若不必有待于兵车刑政而后见也。此义信受专制权杀，元元情遂，生机自鬯，无首之治，庶乎可儿。昔司马氏不娴斯旨，至以不能尊重君权疑孟子，温公四朝托孤，寄命之臣，其言拘拘，君臣分限，自无足怪，而不知其所致疑于孟子者，正孟子之所以千秋俎豆，万世师法，真实为人处也。二程子当时称赞温公九分为人，而不以见道许之，不有味欤？先生之见，乃与温公大异其趣，奚为亦少孟子耶？释家言阿那律头陀，观一四天下如掌中庵摩罗果；二程子亦复有以虚空一点浮云喻尧舜事业矣，然从无有以仁义孝弟为不足言者。大经大本确乎其存，乾坤不堕，人生所以为真性情者，固不可泯也。前书断断，所辨在斯，不为后世夷盗乡愿地也。二千年来，祸乱相寻、物欲胶固之局，血腥载楮，掩卷思痛，宁复有辞！然须知外国亦复如此，不是独为我病，后世夷盗乡愿相结以科举利禄牢笼学人，名以经义取士，上下相循，恬不知耻，经义之实渐亡久矣，从前读书有得之人，率鄙薄科举，不为末流之弊，不当归过于孟子。《易·坎》之象，阳陷于中，天地阴凝闭塞之际，贤者未尝不存，汉唐之治，杂霸而已，先儒从未有以三代许之者，其志不亦皎然可辨乎？且稽览史乘，吾先代受外夷凭凌之痛，每当民族大节，见危授命，义不旋踵，而我族类终赖保存。千百年下，读其书，仰其为人，唏嘘流涕至再至三，儒生不负国家，其事昭如日月，一概以奴尽之，可为平论已乎？呜呼，生死海中长夜冥濛，千百年节义之所钟、孝弟之所教，效只如此，先民之学终无验欤，所见谬欤，抑或病原在我，私情胶固，习陷甚深，难调难伏欤，椎心沉思，有所勉矣。

静为学迟，惟日孳孳，思以补过，而患未能。近幸先生教之，乃有质疑辨难之事。夫意气之争几于四绝之类，固断断不可，平心求是，或有异乎为学之道，知之为知之，其所未喻者不敢轻为唯诺以谩先生，亦犹孟氏敬王之意也。前奉书踌躇而卒有复于先生者，道在人间，不容自绝以慢长者，而怵惕情深，乃有自警之辞，先生以为讽语，闻而悚然。千里道交神游，恨无一面以自见于先生，请益无方，敬长尊贤之谊未敢有懈，辨理求是之间，先生遽以敬长之道疑之，过矣。因复一言，祈赐亮察。

致刘静窗

（1951 年 12 月 2 日）

冬寒，老人难过，吾子又来长信，实不必长，你所说者，吾早知之。孝弟之道，学校之教，自有伦理第一课。将来吾国教育，如不全用西洋

181

伦理学,自当据吾圣人之义而发挥之。社会教育,吾书中讲本俗六,以安万民处,其联兄弟一条,郑康成注将兄弟解作外亲,如内兄弟或表兄弟之类,此大错。吾乃直申己意,作同胞兄弟解,而说明兄弟之爱自父母而来。则举兄弟之爱,而孝道不待言,以此为善俗之本。吾子何不深玩,而轻议吾书乎?不驳郑者,文繁,无款印。

汉以来二三千年,皇帝以孝治天下,鼓励人民移孝作忠,如三代诰封,即本此原则而立,此为奴化人民之善策。吾在清季,犹见此习。吾国帝制久,奴性深,不可不知。《尧典》述尧之德,与孟子不可作同意去解。以亲九族,古代宗法社会,当然。此数语当就社会演变,以明治化不同,吾无暇详。

十二月二日

附：刘静窗复熊十力

(1951 年 12 月 8 日)

本月二日示书敬悉。先民之理想可承,后世之锢习宜革。昔人尝谓有《关雎》《麟趾》之意,而后可行周官制度,亦知言也。骝兄函告,苏州学习下月可结束。分派何处工作,现尚未定,并嘱奉慰。冬日北地寒凉,并祈道体珍摄,不一。

致刘静窗

(1953 年)

古代任何学派,吾人都须择要精研,然若以古典为神圣,而一味信仰,不知自用思辨,是自绝其神智也。《中庸》言自诚、自明,大乘亦曰依自不依他,先哲已有明训矣。吾平生服膺《易系传》,曰:"仰视于天,俯察于地,近取诸身,远取诸物。"以此为学问根本态度。昧乎此,而役心于古籍,未见有自悟处也。前年曾欲足下来京小住,而老来意兴不佳,聊闭户以自求闲适,今又衰于前矣。足下如来,须看秋后,得有空房否。又笔。

熊十力先生来函
(1953 年 4 月 24 日)

静窗先生,前承寄印件,知令姊逝世。人生一世间,譬如虚空华。望勿过悲。遵骡来,承馈桂元、莲子,皆吾所夙嗜,谢谢。闻年来求法猛进,固可喜。得相片,知在盛年。若效一般和尚居士之为,非独不周世用,即就智慧与学问言,吾不敢信其能离教僻而深造自得也。

漆园启　四月廿四日

附:刘静窗致熊十力
(1953 年 4 月 27 日)

示教虽寥寥数语,犹见先生为学精神,敬佩已甚。后学于前哲载籍,尚未窥门,何足云泥,但时一读书,神情愈出,见己益真,不觉有难罢之忧而已,本绝言思之地,无以为先生道也。仰跂不及,自愧何如。承嘱秋后可作京游,至时如因缘当就,固所愿也。日来气候有温暖如夏之趣，北地何如？ 至祈调摄，奉候道祺，不一。

致刘静窗

（1953 年 10 月 23 日）

来信收到，研学问，须放开眼孔，自找问题，然后可读古圣贤书，求其所未注意到处。圣人虽天纵，生在古代，何能了尽无穷理道？其真见到处，吾侪倘天纵，亦无可易之，况不才者乎？ 其注意不及处，圣人或言之有误，吾侪亦无可盲从也。吾有一事商贤者，北方冬春气候吾受不了，吾亦不想依儿子，只一晚得之儿今在沪招商船厂充一副工程师，名世菩，其人老实，才可强糊口。其母与寡嫂、妻、子食指不少，收入不过百余万。同儿住，吾怕烦，恐与儿媳处不易。吾独身生活惯，你处有可余之屋否？ 如有，可容吾否？ 沪上炭火贵否？ 你家用人可为代烧火否？ 吾须吃鱼肉一类，却亦简单，决不办多菜，吾不另用人，房子请酌议租。今非讲客气之时，客气非可久之局。吾若去京取退休费，少则月〔四〕五十万，多或五六十万，现尚未问，大约不能多。你若允吾相依，吾当办退休交涉，决南行，依贤者了此余年。吾只一身，钱虽少，然无一点嗜好，亦不吃异味，月四五十万或五六十万，不卜可过活否，望酌之见复。吾之性情无客气、无世故，遇事宁可人己分明，方可长久。若你待我以礼貌，欲相厚，今之生活情形决做不到，向后反不好支持，此老实话。

致锺泰

（1953 年 11 月 5 日）

锺山吾兄：

我自大病二十多年，九死一生后，总不在北京过冬春，此兄所知也。大前年回京，忽忽四个年头。冬春不能向学，苦不堪言。行年忽过古稀，老朽幽居斗室，亦无人接谈，后生总不喜见老人。时念吾侪旧好，存者甚稀，不胜凄怆之感。时于朔风夜半，孤枕寒窗，杂感纷乘，努力排除，仰思先圣，寸心如裂，竟不知泪之何从也。锺山吾兄，吾时思念及你，欲倾吐而不得，此情此意，吾锺山兄其知之否耶？吾本南人，虽鄂籍，而江南缘不浅。暮春三月，江南草长，杂花生树，群莺乱飞。吾爱此风光，夙有习气，熏在赖耶，梦之久矣。庾信哀思，其可已耶！卜居之托，所欲不获从心，姑且作罢。平生孤露，薄有虚声，只增惭悚，兄不忆船山句乎，"飞鸟云边随去住，清猿无事忆离群"。《新论》删本寄奉一部，兄如衰时，务先交一可靠之图书馆，以便保存，勿令散失。此书自信非寻常述作也。幸托相知，敢吐肝膈。常州唐玉虬寄其先德《荆川年谱》，有兄一序，文字甚好。但谓荆川近念菴，似不尽尔。荆川父子受白沙影响较多，念菴工夫，荆川究未用过。其言天机，不无契于龙溪，要之于阳明无甚入处。

漆园启　十一月五日

此信幸存。

附：刘静窗致熊十力

（1953 年 11 月 15 日）

奉读十日示片，向北情移，不知所极。赐寄《新论》曾读一过，简明胜前。先生婆心，可垂久远，数十年艰辛起模造样，自成家说，具眼之徒宜有应者，德不孤也。《量论》已著稿未，念念。先生清明不衰，奚足云老。但冬令寒凉，多珍摄耳。婆婆原是苦果，自难事事邕情，不然诸佛菩萨更不消头出头没，出入世间矣。复叩康安，不一。

致刘静窗

（1954 年 3 月 18 日）

吾现正写一稿，是关乎国学。此书写好，决不再写。此书，亦决求极少的文字。因恐无法印，又精力已衰，滋养无有，不独无钱，而不好买。谓肉类。药则不用已三年。你此时来，吾无谈的时间。待中秋节左右再说。吾如得请回沪，即函约你来，住几天，一同到沪也。

漆园老人　三月十八日

刘述先注： 此书指《原儒》，上卷写成于甲午（1954）在北京时。下卷写成于丙申。现有龙门书店合订本行世（1970）。

附：刘静窗复熊十力

（1954 年 3 月 26 日）

示书敬悉，静家累所困，北行实无力也。示将著述国学，至忻至慰。硕德耄年，斯所以为后生师表耳。而言下辄以老慨，似或过矣。《易》有健行不息之义释，谓依菩提心行菩萨行，经劫无厌。先生非有取于是者耶。仰怀清风，不觉渎陈，罪甚罪甚！

附：刘静窗致熊十力

（1954 年 11 月 3 日）

昨得谒教，堪慰生平。

先生拈一生字为儒学明宗旨，鱼鸟之趣跃然挺现，古贤深衷，得所遥契，至佩也。体用不二似是破无明以后事，此乃为上根说法，若不先在人欲净尽处得个消息，先生之学恐未易入也。终日坐黑漆桶中，以不二为文字谭者，更不免有毫厘千里之别矣。

佛家大乘本领，端在观空而不证，以无住、无著为生命的积极向上义，繇是而悲愿繁兴，穷劫涉有，严土熟情，众生无尽，世界无尽，烦恼尽无，行愿重重，亦复无尽。无尽，此其所以为大为难也。不深知世间，无以知二乘，不深知二乘，于大乘旨趣亦必茫然矣。

独觉于十二缘生推溯生死源头，齐根折断，乃证涅槃义事不虚。顺观成生死，逆观得涅槃，二乘取空而证，知逆之为体，而不知顺之为用，只得半边道理。大乘行者观空而不证，以不证故，乘本誓愿，顺观生死，回入世间，依菩提心，行菩萨行，生生世世，尘尘刹刹，同众生相，不同其缚，法身为本，而成报化，万德庄严，菩提圆满。此中艰辛，未易具论也。

儒者说生，即用以明体，释说无生，即体而显用，自不二法门，道理上论，宜可相互融通。而儒者经纶世用中明人类社会相互关系，令如分际，各得其所，理亦明白，然究似依分段世间设施。大乘行者于自生命向上中，舍分段取变易时，境趣大异，疑有涵容不尽者矣。则儒释两家从用处看，亦许有层次差别之异也。

先生顶门有眼，为学精详，夙所敬重，千里缘会，自幸何如，略摅卑怀，敬求明教，一二日中，当更趋谒候，请指示也。

附：刘静窗致熊十力

（1954 年 11 月 7 日）

学佛十余年，读书数百卷，自惭暗纯，略无所得，但于无生二字，少分会意，已觉受用不尽矣。一切世间波用繁兴，见得如幻如化，亦确乎无疑也。

体用不二宗旨自是了义之谭，然学者先须本末判得明白，始解有着力处，不然或有以糟粕为神化者矣。体为实相，用为权，重重施舍，重重精进，着力在用，而成就在体，此是为学头脑，亦可无疑。空宗说生灭如化，不生灭不如化，一轻一重之间，方见行道力用胜进向前，此非见之偏，而实用之妙也。体用二者行道之说，不二者究道之论，非行何以究竟，不于究竟处见得，其何以行，成则俱成，败则俱败，宜无轩轾伯仲者别于其间也。静于《坛经》能、秀二师偈句亦持如此看法。此是自家事，还须自家了，身非过来，古德方便难测，亦不敢遽论焉耳。陈于先生，不知可许否。

昔读儒书，索义难解，不敢从众贬仲尼，于人天小道，亦不敢妄推圣境，以为无上了义也，敬而不亲而已。千里缘会，晋谒座右，蒙慈垂诲，拈个生字，而儒家义趣跃然挺现。亲切之忱，如见父母，旧日疑处不觉涣然。又于平日所见如幻如化处，不啻下一确注，境趣大异于佛家无住见流行，于儒家仁义得充实，一际融镕，天衣无间，此是二圣携手同游处，而亦后学进趣菩提大王路也。末流何幸，隙见真微，忻慰之情，无有可已，尚祈先生教正之也。

先生一生研学，垂老归来，家人真趣宜有可乐，此正儒者精神践履处。况老年亦须家人照料，起居饮食乃有所安。研学虽以静处为契，先生过古稀矣，虽精神犹健，究不能比于壮年，宜不复作独居想也。至于居室问题，海上人稠，空广难觅，况于维摩丈室，则亦可以释然矣。冒渎有言，未知可否，实出至忱，仍望先生能一莞尔也。

附录

永明寿禅师《万善同归集》卷一一节，略见圆宗旨意。一滴之味，可以概余。若欲详究，华严诸译，乃至贤首、清凉、枣柏疏论具在，可以覆按。

问：诸佛如来三乘教典，惟有一味解脱法门。云何广说世界生灭缘起？拟心即失，不顺真如；动念即乖，违于法体。

答：若论一相一味，此乃三乘权教。空宗亦权教摄。约理而言，即以一切因缘而为过患。今所集者，惟显圆宗。一一缘起，皆是法界实德。不成不破，非断非常，乃至神变施为，皆法如是故；非假神力，暂得如斯。才有一法缘生，无非性起功德。《华严经》云：此华藏世界海中，无问若山若河，乃至树林尘毛等处，一一无不皆是称真如法界，具无边德。

刘述先注：此附录系依任弟抄存原稿补入。

复刘静窗[1]

（1954 年 11 月）

［体用不二似是破无明以后事。］此处大误，体用不二，法尔如是，非由意想安立。如何说是破无明以后事乎？未破无明，不得证见此事，而非本来无此事。

无住无着，由悲愿所持故。若无悲愿，即自了生无，不得无住矣。着于涅槃，不得无着矣。"由是而"三字，误不浅。

十二缘生之生死，毕竟无源头。惟孔子所言生者即源头也。佛氏生无，无明为导者。无明无始，云何说源头。无明有终，以无源故耳。有源者不竭，可得而终乎？佛家所云生死，实就众生痴妄处说。若破痴妄，生死本来空，何有源头。吾子妄自是，以为解佛法，欲开导人，奚不反而深究此事，以盛年而学和尚之无知无聊，何必。些纸所批处，如字有不清者，可带来，倘不谓然，幸勿答。吾无精力酬此等空话头。语非出胸际，足下不自知耳。

附：刘静窗复熊十力

（1954 年 11 月 10 日）

蒙示垂诲，足感婆心。兹于前书文，略再辨陈，仍祈教正。

（一）前言"体用不二，是破无明以后事"者，乃依修德立言。先生

---

[1] 此信乃熊先生于刘静窗十一月三日来信上的批复。第一段批在刘信"体用不二似是破灭明以后事"一句后。

斥言"法尔如是"者,似就性德而论。修无性不成,性非修不显。古谓不经一番寒彻骨,怎得梅花扑鼻香。圆融二字,毕竟须从壁立千仞中得来。不然,虽说得不二,终是无用之物也。

(二)示云:"悲愿正是生命。"诚然,诚然。若无悲愿,生命焉得见。但无悲愿者,似不得即斥为无生命也。《大涅槃经》明阐提不断佛性矣。前书"綮是而"三字,的是语病。蒙先生指出,敬受命矣。

(三)佛家说生死,实即指痴妄为言。十二缘生无明,即是生死本也。就此齐根折断,方见"生灭灭已寂灭为乐"之趣。自家本来面目,法尔挺然呈露,此中方便说个体用不二,恰是好处。或执"空",或"不空",乃至或以为"生",以为"无生",纵教天花乱坠,却都不干它事也。若不经此波折,勘验一回,恐无天生释迦。但于生死门中说不二,岂惟痴人面前说梦,或更不免以醍醐为毒药者矣。

静半生中多从病过,可谓业深障重,惭愧不惶者矣。奚敢自作菲薄,妄充解人哉。但胸头有一点明,腔间贮万斛泪。时自愤悱,每不容已。学有可乐,枕肱饮水中,莫非此理流行。所信者,如斯而已。别无可为先生慰也。尚祈垂照,不一。

致锺泰

(1954 年 11 月 7 日)

锺山吾兄:

玉虬兄及宰平今日能来否不可知。家居逼狭,污杂不堪,殊闷人。年过古稀,来日有限。童年受先父之教,族类之感至深,当科举时,独入绿营为一卒。虽无寸长,而未坠船山、宁人之志,则可以对羲农虞夏群圣而无惭也。欲写一自述,书名未定。未知此后有无意兴。礼乐之意，是内圣外王融成一片处。自汉唐迄清世奴儒治礼者，皆在名物制数处用功。若其义旨，正近时所诋为封建思想也。吾欲为一礼书，书名亦尚未定。创通大义。将来人类如不由礼，而可成大同太平之治者，吾敢断言不可能也。言礼而乐在。《论语》一书，可略窥圣人意思，可玩索圣人气象，其中可与六经互证者亦不少。此书向无善注，宋以来有识者并宗朱子，然朱子实欠宏通。清世有刘氏，以三世传《论语》为名，实则抄胥之技耳。天佑予不遽丧，或不至大衰，吾犹欲疏《论语》也。

十一月七日早起

注：此函录自方继孝《旧墨记——世纪学人的墨迹与往事》（北京图书馆出版社，2005 年），该书由锺斌先生提供。文字根据原信图片有所校正。玉虬，指唐玉虬。宰平，即林宰平。

复刘静窗

（1954 年 11 月 20 日）

学问之事，须去轻心。轻心去，而后可落落实实，按步就班，毋怠毋荒，一直向上去，每自找问题，自谋解决。读古书，一方要极仔细。先通文义，次析其条理，综其系统。又次，寻其言外意，然后可得他的真精神，认他的真面目。一方认识古人旨义了，却要昂头天外，返诸自己的问题，本自己的经验，参以古今各大学派之论，以相比较、推勘，勿死在古人圈套里。真理无穷尽，须自有新发现，补已往哲人所不逮，是乃古人所望于后生也。泥于古者，不可以为学。

佛教徒可恶者，尊其教于九天之上，自家高得不了。实则佛氏元来本是一个人，并非神物。其道虽高，在大地古今万国中，不过圣哲之一。不可因崇佛而抹煞一切。昔者欧翁未破宗教圈子,终欠宏通,而况其他。吾子须先开拓胸次,以平等心究观古今各大学派,自知学无基础而后可为学,否则欲速不达也。为学务在以义理悦心,勿夹杂求成之念。求成便有功利心,将妨害身心,不独学无成而已。吾子识之。此望静窗有道。

漆园　十一[1]月廿日午后

附:刘静窗复熊十力

(1954 年 11 月 22 日)

辱承书诲,自是后生为学大纲目,敬当书绅以期毋负。

为学自须高着一只眼,始不为古今四方转去。释子志在毗卢顶上行,而日用四威仪中针孔不漏,始是真修行处。至理圆融不二,必须经造次颠沛、千磨万难中来,乃见亲切。若论真实理体,我亦千佛一数,何敢便让前贤。若论修学,千里万程犹远在,则亦不能不息息间深惭痛愧,期勉寸进而已矣。惟先生悯而教之。

后学读书不足以为学也,四十年华总觉宇宙人生中有一逼切问题,在亟于求解,不然便于寝食间横梗胸头,自家安顿不得。二十年来,栖栖遑遑,只在证己而已。此中情趣如哑食苦,难为人道,偶一启齿,徒受讥诎,求之于人不可得,乃愤埋首求之于书。古今中西学派略有涉猎,多如隔靴搔痒,莫有切身之感。儒书少知敬重,但服膺以行乎日用伦常之间,于其理极精微、亦未得个入处,故难有亲切之趣也。癸未夏侍先母,病中胸怀悒郁,偶值应上人得受唐杜顺和尚《华严法界观

---

[1] 此处日期《熊十力与刘静窗论学书简》误作“十二月”。

门》一书，文少义精，卷而怀之，读至"一尘不坏而遍法界"句，不觉身心洞彻，平生疑虑，涣然冰释，涕泪纵横，亦不知其所从也。自兹十余年，辄以《般若》《华严》二经融自身心，于释迦、于龙树敬之爱之之忱，无或少间。情出于衷，盖有不容已焉者耳。

少时见得世间人生拘拘衣食为苦，思有以解之，此求学北庠时专攻经济一因也。近年自家旨趣所趋，理解所至，又是一般，斯无俟卒论矣。儒家书难读，《易》为尤甚。文献浩瀚，百家不同其说，后学不知所从，则未免望洋而兴叹矣。辅嗣得意忘言、得言忘象之说，自是至论，而初学入门处，象数一途，先自困煞，卦爻文辞，又复茫然，亦何从而有廓尔亡言之趣哉。日前千里缘会，谒见先生，拈出个生字而儒家义趣挺然现前，平生为学，得此注脚，又是一番境趣，自癸未以来所未有也，斯亦足以自幸慰矣。

病中日课、晨起静坐，次读《大般若经》及《华严经》一卷，深观此中义趣，自证于心。散步疏通，每有廓然之意。近来加读《大易》经文，每日玩一卦爻，虽若不似前隔膜，实未摸着门径也，假以年月浸润之功，或可望一隙之明也乎。尚祈垂慈指教，俾知循序探索，而有日知之效也，至祷至祷。下午略读西人科哲著述，广证众理而已，不足具论也。

周五拟如约谒候。如先生著作未暇，即不冒渎闲岔也。

致刘静窗

（1954 年 11 月 23 日）

来函那多话，必以释子自居，其实，满纸是你自己意见。是从耳目见闻而入，以为是发心而有得之辞。如不悟其非是，而居之不疑，恐万劫不能见佛。老眼无花，汝如不肯招，亦自由汝。吾不举古之大圣，即以世间学问言,程、朱、陆、王,不必是我之所赞同者。遵骝固常闻吾言。然无识者读其书,则漠视为平易,无足道。然自有识者观之,却见其字字从他胸臆流出,绝不是杂拾话头而来,绝非从外铄得来,绝非肤泛无根者。虽于他的见地不必契,而其言之本于其所自造自得,则无可否认也。若疑老夫轻足下,老夫何至不辨白黑。

足下如讲真修,尽可不读书,禅宗大德,何曾是以读书为事者乎。若有志学术,则和尚与居士之一套习气,直须脱落得干干净净,方可语思辨之功与格物穷理之事。若未能了此意,虽日与老夫谈,徒扰老夫,无益于贤者。此可转遵骝一看。

星[期]五上午可来。

附：刘静窗复熊十力
(1954 年 11 月 24 日)

示教敬悉,已遵转与骝兄矣。宗下大德,实难其人,比于俗学,奚止云泥而已哉! 怀古心钦,不足以自道也。下学上达,惟日孳孳,时久浸润,其或可乎。

附：刘静窗致熊十力[1]
(1954 年 11 月 28 日)

老氏云:"道生一,一生二,二生三,三生万物。"先生于《新

---

[1] 此函未寄出,改写后(见附一)另寄。

论》，仅说是述卦爻而未言及其义蕴。后学以为一者谓乾元也，二也者乾之变耦以自见者也，一二之交而为三，至于三，斯卦象成而万物可以睹矣，未知于先生本意有或当否？尝以为老氏乃深于《易》者也，精而不弘不足以见乾刚大用之道，则或不免着意于个体生命而为累者矣。儒者即流行见体，释者以无住为用，似无此病也，先生意云何？

先生累诚，为释氏真修者即不可以为思辨之学，复言，吾人信仰与为学须截然分开，始许进境，虽感婆心，犹有疑焉。夫思修交尽、止观双融，正古人谈体用不二者吃紧处也。知之真挚处即是信，信之诚到处即是行，果可以二乎？探生命源头学者，非如理工之士有形可取、有象可求者也，自博学明辨以至笃行，无有弗信者矣。信吾心之自诚明无可掩也，信吾心之自怛恻莫容已也。学者学于此，思者辨于此，乃至证者证于此而已，果有外者乎。不信何以存诚，非诚何以为学。自宇宙万象以至吾身心之微，无以异也。于此而歧之，学或非其所信，信或非其所行矣，不亦苦欤。世之博学名家或有为此者矣，疑非先生之所许也。如静自甘孤陋、独学无友者复敢望乎。

先生示教释迦只是万国圣哲之一，道理须平看，不宜尊之大过，复以宗教精神终是为学不得，而以勿染佛徒习气为戒，婆心诚挚之言后学何敢不敬受教也。后生蒙昧，释迦、龙树之学，实启我心，敬之爱之之忱，情出于衷，不容自已。今世为此学者，人皆轻贱之矣，我乃孳孳竭诚，抑何心哉，理之或得、行之或至者，不敢以自昧而已。以此言宗教情绪，我实有之，其敢辞责。世之缁素者流，我乃见而畏之、畏而避之者，斯或不足以言习气矣。至于释迦之为学与人，恐不止于圣哲之一而已。孔门七十子非皆不能平看道理者也，其于仲尼则以为出类拔萃、生民未有者矣，古今尊师之诚宜有同然，情出本分,非由造作,无从强以为过,以为不及也。先生姑莞尔置之,斯后学之望矣。

近来日课如常,读《易》,游心于王氏程朱之间,义理为主,训诂兼取汉唐人说,颇饶兴趣。象数暂缓,恐涉枝蔓,泛滥无当耳。伏祈垂教,不一。

附一:此函书就得公逸来书,极慰顾念老人,勿与剖黑白、辨是非,时方玩《易》之随义,乃止不寄。呜呼,世间为学之难也,因削原书,另与熊公云:"老氏云:道生一,一生二,二生三,三生万物,先生于《新论》,只说是述卦爻,而未言其义蕴。窃以为一者,谓乾元也,二也者乾之变耦以自见者也,一二交而为三,卦象成而万物睹矣,未知于先生意有或当者否。尝以为老氏深于《易》者也,志未恢闳,不足以见乾刚大用之道,则或有着意于个体生命而为累者矣,后世羽士归宗老氏,虽理实不应,亦不为无故耳。儒者即流行见体,释者以无住为用,义各有当,似皆无此病也,如何? 近来日课如常,读《易》,游心王氏程朱之间,义理为主,训诂兼取汉唐人说,颇有兴味。象数从缓,恐涉枝蔓,泛滥而无当耳。伏祈垂教,不一。"

致刘静窗

(1954 年 11 月)

"道生一"云云,余《语要》卷二,答意国教授问老子书,曾解释明白。来函大旨亦通,而未细也。生字须求其义。生,非如母生子之生,乃是发现之谓。此当细玩,否则错误甚大。"乾刚大用之道"云云,"之道"二字宜去。谓老子有个体为累,却未然。老若如此,则与俗中凡夫不异；老只是沦虚溺静，故用上欠缺耳。此问题甚大，难简言。释氏无住而生心，是其用。无住，犹言无着。就心地而说即用见体，则无住是体。无住而生其心，方可说为用耳。蛛造网，而自封于网中，佛家注经亦用之，子未见耶。

致刘静窗

（1954 年）

吾之《佛家名相通释》，你有否？如有之，可放下其他，且看此书，字字细究。_{注意。}

读中国古书与西洋书不同。西洋书理论详密，要在精究他的理论，一步一步一层一层，不可"忽"或"忘"，头脑简单的人或苦其繁赜，而不能终卷，其实他的义理或意旨，悉表于理论中，只要耐烦索解，习熟了，并不难通，因他无所谓言外之意。中国古人大著却难读，言简而义赅，不肯铺排理论，而是"书不尽言，言不尽意"，其冲旨妙义，与乎千条万绪，悉蕴于"微言"之外，有待学者由"微言"而自家深密玩索去。深密二字妙，深与密的工夫真难。

读中译印度佛典，他_{佛。}的经籍，大概是文学的体式，大部者极广博宏伟，读者虽易受感，而容易笼统玩过去，自家思解方面却不精析，实则有感，而非实解。吾子之患在是，而不自知耳。他_{佛。}的论籍，大多数是有宏密之体系，_{指其宗经的论而言。}似可说其同于西洋哲学之尚理论，但有大不同者。他的文字精简，不似西人之好繁演，他每一字都含众义，言外之意深远，要于言外会意。例如"贪心所"，他只以"染着"二字明贪之自性，你不深究而粗略作解，则丝毫无所悟也。你究吾《新论·明心下》章解贪处，细细字字玩，方悟老夫苦心。举此一例，可概其余。此纸好好存,须抄还一纸来。此等话谁识得? 你们还说不上读书,以后读了书有疑,才持书来问,空读无益。佛家释经的论,如《大智度》之类,亦是文学作品。

致刘静窗

(1954 年 12 月 1 日)

国学无论若何方面,谈说者多,出刊物者多,吾数十年来所闻所见,无不混乱者,思之只有悼痛。吾子本朴实人,然未知精力如何。学问非易事,非精力不办。如志在内学,即须专研,先从相宗下手,而后游空,先研论,而后求经。不由次序,未可真解也。子非超悟才,须困学耳。

十二月一日

与刘静窗

(1954 年)

近见现代佛学刊物,他皆可勿论。吕居士精研内典,博览而实细心,确非涉猎者比。然于考核方面,自有长处;于教理方面,似不悟本源;且欲以俗谛说真理,用意固不全非,但须见真,方可即俗诠真,否则顺俗而失真,佛命绝矣。吾子读书未能入细,犹未知下思辨之功,更难言体认,是老夫所虑也。

原编者注:吕居士指吕澂先生。

附： 刘静窗复熊十力

(1954 年 12 月 2 日)

读《大易》,多著扶阳抑阴之义,诸家注释,未明言其所以然,后学疑而思之,有理存焉。窃以阳之为言,一也,奇也,乾元也;阴也者,乾之变耦以自见其用者也,相待生焉。乾喻于实体,阴拟于虚象。体之实者,挺然而自见;象之虚者,焰然而自抑。天地本然之妙,理实如是,非意为之也。此说若是,似与空宗言生灭如化、不生灭不如化者,旨义亦通,不知有当否? 祈先生教之。近读《大易》,尚未毕上经,多玩味,无意求速,兴味盎然处亦有欲罢不能之势,拟且从事于此,将全经看完,然后再遵来教,研读大著《佛家名相通释》一书,如何? 今日有寒流,天气骤冷,先生尚能耐否? 伏祈珍摄,不一。

再启

窃以西哲为学,旨在汇合众义自成家说,故多铺排理论,亦或势有使然也。用智精密,细入毫芒,堪佩功夫。然思辨有时而穷,斧斤留痕,终无以见本然之妙者矣。古德有言,穷诸玄辨,若一毫置于太虚,竭世枢机,似一滴投于巨壑,西人殆难有会于斯意也。论本体者断断纷诤,千载而下,竟以为无本体矣。即此一端,逞智用私之不足恃者,不亦灼然可见也乎。千言万语,巨籍名篇,止于戏论而已,亦可慨也。东方大圣于宇宙生命源头,实了了证见,不同于彼,徒以意拟为悬论者。其接引人处,只是逗机随缘,令人自家会去,变动不居,本无定说,亦未尝以立言成家为事也,自亦无有理论之必要。铺排后世人根浮薄,异论群兴,不得成套学说,便不肯从教信入,释儒贤哲乃有学派分歧,以方便为门户者,然其旨要,仍在于言显无言,令人会入实体,非徒以成家立说为事者也。西人虽学派众多,千条万理,成反攻错,毕竟都是有所说法者,毫厘千里之差,亦有难为傅会强同者也。东方圣哲之学自是精义入神,然不得善巧者,鲜不流于颟顸笼统,复不能挺立为人,与西学较,反觉黯淡无光,瞠乎其后者矣。近世国人,纷纷尽弃其学而学焉,亦不为无故也,此中尚有社会、经济等等原因自当另论。夫儒释之学是一事,学失其道是一事,释迦仲尼是一事,封建迷信又是一事,沙不掩金,璞无害玉,要在善为剖辨而已。后学心思其故,睒睒之忧,每不自已,然学力未充,献曝何能,而天生渺躬,以存乎一缕待绝之间,亦有不敢不勉者矣。

先生论后学为学,乃于广博宏伟经籍中有感而非实解者,事或宜然,后学十余年中,自觉宇宙生命中有事在,栖栖遑遑,求师友而不可得,发愤埋首,拼将自家身心澈证一回,每有隙明,悲忻交至,此中怛然恻然自发心处,不谓之感不可得也。至于学犹远在,何敢轻浅自是,但深惭痛省,惟日孳孳而已,尚祈先生教之。

复刘静窗

（1954 年 12 月 4 日）

函到,即答此片。论中西学术短长,大可不必。昔者梁先生,好论此事。其实,于西学从课本所涉,已甚皮肤,且至少,于国学言深造,谈何容易。足下视梁公,颖悟与才能,相去确远在。即以读书与见闻所及言,相去之远,又不待言。彼以此终自误不浅,况足下乎。为学只有朴实做去,空空泛泛而论东说西,其无谓也。扶阳抑阴,汉以来言《易》者皆如此,盖专制之毒使然。《坤》卦曰:地道也,臣道也,云云,此汉世奴儒所窜耳。坤元与乾元并称,何抑之有。坤之德顺,顺,乾也。物从精神而运也,此无所谓抑。物与精神俱转,则物亦乾也。故《坤》曰:"行地无疆。"无疆者健也。本无异体,何所抑乎？于乾见体,即于坤见体矣。孟子曰:"形色即天性。"宗门大德曰:"一华一法界,一叶一如来。"肇公曰:"觌目皆真。"乾坤岂二乎。钞还。

与刘静窗

(1954 年 12 月 7 日)

前不多天,与你一信,约分二事。一事,请勿学梁任公一流,空空泛泛,而论中说西,要朴朴实实为学。二事,汉、宋群儒言《易经》,皆以扶阳抑阴为说,于是尊君而抑臣民,尊富豪而抑劳苦之小民,此乃今日所谓封建思想,非孔子《易经》之本义所有也。吾嘱足下将吾前信钞了寄我,昨天得到你钞寄之信,而你却无一字答我,想不赞成吾之说。足下读《易经》,若信先儒之注解,而不知抉择,将受其害。

读佛经,而存一古今中外只有佛菩萨高出九天之上,则无可求学之理。吾亦不愿再多言。

熊十力 十二月七日

汉、宋群儒,都是拥护皇帝,把孔子六经都变了,不是孔子之真面目。今日中共,只是以汉、宋群儒之说为孔子之说,而孔子受冤矣。此难怪也。自汉至今,将三千年,孔子之真相,早已被儒生变乱了,汉以来六经之注解,不可轻信。候吾之书出,方知六经确被汉人变乱。

附:刘静窗复熊十力

(1954 年 12 月 8 日)

日前奉教适有一些家庭生活之累,匆促中只遵示将原书钞还,未赞一辞,复承慈注所以,后学何敢慢先生之言也,兹补陈一二尚祈教正。

先生诚为学要朴朴实实,不宜空空泛泛论中说西,此至论也。后学敬受教矣。至于《易经》阳阴扶抑之说,后学初而疑、疑而思,终乃以体用本末之说通其意而后释然。乾曰健,坤曰顺,阳生谓之复,阴长谓之剥,似不无分别虚实之意也。后儒以人事牵强傅会者,似别是一事,不宜相乱。此等意味早成腐朽,亦或无俟于批判矣,不知先生能许此意否? 天寒,伏祈珍摄。

复刘静窗[1]

(1954 年 12 月)

体用本末,此四字,宋儒以前不多用。《大学》曰,物有本末,事有终始云云,则就修德之功而言,后文归结以修身为本是也。若克就阴阳而言,则阴阳皆用也。不能以阳为本,阴为末。克就二字要紧。约即用见体说,则阴阳皆体之呈现固已。然阴有物化之势,似反其本体之自性。真如在缠,义与此通。惟乾德刚健、纯粹、精一不失其本体之自性。真如亦名如如者,以常如其性故,亦此义。故学者用功,要在识得乾元性海,不为物蔽,于此而言立本可也。阴长者,人不率性,殉物而蔽其乾元,不谓之剥不得也。然云雾拨而青天现,乾元何尝不在。复之在人而已。后人把阴阳二名,随处泛说,胡乱不堪,早为学术界之毒,吾欲扫之耳。

---

[1] 此信乃熊先生于刘静窗十二月八日信上回批。

与郭沫若

（1954 年 12 月 15 日）

　　力出京前，曾肃函上陈毛主席，附及哲学研究所事。略云：社会所需物质与文化，同等重要。力腐儒也，平生致力于文化学术方面。顷到暮年，所注意独在此。窃幸五年之间，国基大定，世界局面随之转变，大地人类心理皆仰注于中夏。发扬学术，自不容缓。科学院尚未成立哲学研究所，似宜及时创办。文化一词，包含至广，而哲学思想是其根柢。其他学问及一切制度，无不与哲学思想有关。今之综合大学只十三所，哲学系已嫌少，教学人才更觉缺乏。科学院能早成立研究所，聚多士于其间，郭院长为之领导，俾学者潜心素业，励《大易》"极深研几"之功，守《论语》"先难后获"之训，不出十年，必有可观。力所函陈只此。行期急遽，不尽欲言。今更举数事，欲就正于先生。

　　一事。清末迄民国，五十余年来，治哲学者皆诵法西洋，实即崇尚诸帝国主义国家之学风。今当扫除污习，注重东方。而中国文化与印度文化，实为世界文化之两大系。其高深理解，确足发扬人类智慧之光。在世界文化史上，中、印二系之重大价值，实不容否认。惟印度诸大学派能脱离出世之宗教思想者，殆难多觏。玄奘法师云："九十六道，并欲超生。"<small>超生者，谓超脱生死，即出世义，见《慈恩传》。</small>盖博通之言，非臆说也。中国自远古伏羲时代，已发明辩证法。帝尧更以"天工人其代之"之高远理想，继羲皇而弘《大易》。故宗教思想，在中国始终不曾发达。佛教来华，学人参其玄理，而于其度脱轮回之教义，盖罕有笃信。庶民建寺礼佛，亦本历圣相传"崇德敬学"与"祭如在"之旨而行之。若以印度与西洋教徒坚信与僻执之迷情，求诸中国礼佛之众庶，亦将遍索而不可得其似也。中国民族思想，未尝形成宗教，实为其富于理智之特征。颇有少数知识份子，以无宗教为中国人之短，吾甚不赞同此说。其所以不赞同之故，颇不简单。如欲论之，将所涉广远。此姑不及。

然复须知，中国本无宗教，而哲学思想界却是唯心论为主流。虽上古《易》家早启首坤唯物之绪，而自春秋时代，此派学说似已无大影响。世或以老子属唯物论，然细玩其义旨，究不可以唯物论目之也。汉以后二千数百年间，以唯物之旨著书成系统者，莫如张横渠、王船山。船山博大，益超过横渠。横渠立气为一元，船山所宗，实在乎是。举证则太繁，姑从略。谓二子为唯物论，诚非无据之妄判。然有不可无辨者。横渠以"清虚一大"言天，一与大皆绝对义。清虚者，无形无象，无人格的，无作意的。则气依天，而天涵气。气与天不一不异。此虽以气为元，实亦不纯乎气。《太和篇》云"由太虚有天之名，由气化有道之名，合虚与气，有性之名"云云。揆之西洋唯物论，终不似也。然气与虚相合之本体论，究未免支离。船山救其失，乃直立气为元，而云"神者气之灵，理者气之理"，则不须别立"清虚一大"之天。而气非无灵、非无理，即此以识天矣。横渠言天，空洞之天也。虽非宗教之上帝，却是空洞的。船山即于气之灵与理而识天，是乃生生不息之天也。灵是气之灵，理是气之理，天非别于气而另为空洞之境，更非有拟人之神可名天。船山之唯气论，实涵有泛神论之意义者也。此自西洋唯物论家视之，当不承认其为同派；而自中国哲学言之，彼立气为元，不谓之唯物论不得也。近人谈横渠、船山，犹未穷其真相。余欲辨之而未暇也。

船山之论，实由阳明派下导其先。从来谈王学者，未发现及此，可见理学家之浑沌。《明儒学案》有唐荆川及其子凝庵学案。荆川与罗念庵同私淑阳明。凝庵少承家学，从阳明转手，而以气言乾元。船山是否曾闻凝庵之说，不可知。要其以气为乾元，则遥相契耳。明儒之与凝庵同见地者犹不少，黄梨洲亦其一也。凝庵之裔，今有唐玉虬，清贫好学，犹承先业。又汉世易家，莫不以阴阳二气为宇宙基源。其言杂术数，不足道。

亦复当知，中国哲学思想虽不妨分别唯心唯物二派，而格以西洋之学，则中国唯心论穷至根源处，毕竟与西洋唯心家言不似，中国唯物论穷至根源处，毕竟与西洋唯物家言殊趣。此其所以之故，甚难究了。粗略而谈，则中国人确不曾以解剖术去劈裂宇宙，不好为一往之论。惟务体察于宇宙之浑全，合神质、精神、物质，本不可分，而人或分之，故不得已而言合耳。彻始终、由终究始，始复为终。又更有始，终始递迁，相续而流。彻乎此者，不得谓后起者儵然而来。通全分、全不碍分，分不碍全。通于此者，故不执分以失全。合内外、内外，假立之名耳。遗彼是，是犹言此。彼此以相待而形耳。遗之则不滞于一方矣。上达于圆融无碍之境。故中国虽有唯心之论，要未尝以为唯独有心而无物。西洋学人，有以物质为感觉之综合。印度佛家唯识宗以物质为心之相分。中国唯心家无此类僻见也。中国虽有唯物论，如立气为元者是。然未尝以为唯独有物而无心。诸持气一元论者，大都承认气是灵妙而有理则的物事，不以气为粗浊的物事也。若以西洋唯物论之观点相衡，必鄙为混乱至极，不堪一哂。然冥探宇宙根源，果可如西洋哲学界，直将心物劈成两片，而任取其一否？一元唯心论者是取其一，一元唯物论者亦是取其一。此处姑存疑，亦何伤大雅。中国哲学史上谈到万化根源，犹云宇宙根源。从来无唯心唯物之争，决非智不及此，亦决不是偶然之事。中国人于此盖自有一种见地。其长其短，尽可任人批判，而此一大公案，要不可忽而不究。

或复有难："中国既无唯心唯物之争，今何故效法西洋，以此二名强分学派？"二名谓唯心唯物。答曰：用通行之名，而变其议，此古今学术界所屡见不一见也。中国正统学派，儒学。其解决心物问题，大要以为心物者盖本体内涵矛盾性，即由反而成和，和故统一，乃显现为不二而有分，虽分而实不二之完整形式，是谓心物万象，是谓宇宙。宇宙一词，即包含人生在内。《大易》首建乾坤，即阐明此理。《系辞传》曰："乾坤其易之缊耶。"此言深远至极，含蓄无尽。拙著《新唯识论》张翕阖义，亦犹乾坤也。故克就本体而言，则本体不即是物，亦不即是心。譬如大洋水显为众沤相。众沤相与大洋水本不二，然大洋水是浑全的，毕竟与一一沤相有分。本体不即是心，不即是物，其理可由此譬而悟。只以物成而重坠，似反其本体之自性。心则不易其本体之刚健、纯善等等德性、德用，能宰物而不随物转。是故于心可以识体，即应说心名惟。《新论》《新唯识论》省称《新论》。他处仿此。曰："惟者殊特义，非唯独义。"心了别物及改造物故，作用殊特，说心名惟，非谓惟心便无有物。此与西学惟心之惟，判然别天壤矣。

中土惟物诸家，其持论在根源处有大同者，即以气为元，而皆有泛神论之意义也。气之为物，灵妙而有理则，变化不屈。不屈一词，借用《老子》，犹言无穷竭。故自汉《易》家以来，常用气化一词。余谓此词甚妙，非深于观物者难与言。但余所谓气化之意义，与汉《易》家不必相符。自气之灵妙有则而其化不息以言，则与西洋旧唯物论师之所谓物，即同于日常经验中可睹可触的物。其精粗迥别，不止天渊之判也。自其泛神的意义以言，则与近代盛行之新唯物论，辩证唯物论。以为物先存而心后有，心作用只是物质发展之高级形式者，其间距离甚远，又不可以道里计。夫气，非顽然重浊之物，故船山以为气含灵而具众理。气含灵具理故，则当生物未出现时，心作用虽幽隐而未见，见读现。其潜因固已先在也。横渠曰："《大易》言幽明，不言有无。"其识卓矣。宇宙尚未发展至于生物层级，世或以为未有心。其实非无心也，但幽潜未见耳。《易·乾》之初爻，取潜龙之象，明万化、万物、万事，莫不由潜而之显。之者，往也，进也。其义深广无穷，非虚怀造微之士，难与达斯旨也。

中国哲学史上以气为元之论，汉以后，其势力极盛，而人莫之察。莫之察者，孔子之《易》亡，而汉《易》夺孔子之席。其所谓阴阳二气，实为宇宙论中之根本观念。但持论至粗芜,又原本术数。吾不欲道之。然自两汉迄清世,诸文家集部,谈及造化者,未能有外于汉《易》之二气也。造化一词,含义极广泛。扼要言之,即明宇宙万象所由变现之理。五行亦二气之散殊。老子之宇宙论,其于源头处,尚未大背于《易》。此意须别为文发之。其失在不由健动以体现本源,而惟存之于虚静之中。自此推之人生论、治化论,乃千差百错,弊不胜言矣。至庄子则杂于气化论,其学大驳。船山深好《庄子》,而为之注。其学不止承横渠,亦有资于庄也。

惠施曰:"泛爱万物,天地一体也。"又曰:"至大无外,谓之大一","至小无内,谓之小一"。其学当有本于《易》,容当别论。《新论》说阐是浑全的,即融摄大一之义;翕即分化而成小一。详《功能》《成物》诸章。

墨子,科学家也。其书亡失几尽。今之仅存者,是其政治思想之作,而逻辑亦有可征。《墨子》之《天志》《明鬼》诸篇,殆是悯昏暴者之狂迷不返,而欲假天与鬼,以起其敬畏耳。吾不信墨子为迷信神鬼之徒也。墨子在宇宙论方面的思想,是近于唯心,抑近于唯物,今无从断定矣。

中国自两汉以来,历时二千余年。孔子《大易》之真相,不可得而明。后儒在宇宙论上之见地,始终不出汉《易》二气五行之域。殷《易》首坤之学,晚周人有无著作,今不可征。吾敢断言者,汉《易》不独非孔子之《易》,亦决不是殷《易》。盖承袭术数家之统耳。汉以后之儒,真正有殷《易》首坤之意义者,濂溪开其端。犹未尽离术数,故曰开端。太极一名,自昔有两解,一以为道之异名,一以气言太极。周子之《图说》,当作气解。此不及详。横渠、船山之言气,确已断绝术数而纯为哲学家言。此不可不表章。

明儒虽多持以气为元之论,而其为说尚简略。要至船山上承濂溪、横渠,始粗演为理论。惜其犹未能讲求格物之术。至于政治社会方面,二君子横渠、船山。犹未能脱去汉学之桎梏,惟船山已倡革命思想耳。

儒家《大易》明心物同源，_{源谓本体。}故克就源头处说，虽心能宰物，犹不得直说为元，而况于物乎？以气为元，_{气即是物。}则是滞于现象，而昧于物之实相也。故气元之论，实非儒学本宗，当别出为惟物一派。但此云惟物之惟，亦是殊特义，而非惟独义。惟气含灵，非浊暗故，为万化源。故气殊特，而置惟言。非谓惟物，便无有心。气含灵而具理故，即有泛神的意义。故中学气元之论，不似西洋惟物论，惟独有物，而将泛神论亦排除尽净也。

中国哲学不妨以惟心、惟物分派，而惟字是殊特义、非惟独义。此万不可不辨明者。若西学惟心惟物之分，直将心物割裂，如一刀两断，不可融通，在中国哲学界中，确无是事。中国人发明辩证法最早，而毕竟归本圆融。此处大可注意。辩证法本不为偏端之执也。

哲学研究所如成立，对于中国哲学思想，自当彻底研究一番。古学还他古学，不可乱他真相。若变乱之，是使思想界长陷于浑沌。此有百害而无一利也。至于中学之为长为短，则中外学者皆可本其所见，以作批判。惟批判之业，必待中学真相大明之后，方可下手耳。余不敢自负有若何学问，不敢曰吾之所言果是中学真相，然七十年来，誓以身心奉诸先圣，确如老农挥过血汗来，故愿以其一得之愚，聊陈要略，以备研究所开办时，关于国学方面，作一参考资料而已。

研究所初办时，规模暂不必大。常任研究员暂勿求多，可设兼任研究员名义，_{他所中如无此名义，亦不妨特设。}名额可放宽。如此，可酌省工资，以便多招研究生。清季，严又陵长京师大学堂，曾与友人书，谓常思造就中西融贯之材，而苦于其愿之难酬。近膺斯任，_{谓京师大学堂堂长，即今北大校长职。}仔细思量，凡人聪明材力皆有限，欲其中西两通，恐其力纷于多途，智驰于杂博，将一无所成。近欲于国库分设二部，曰中学部,曰西学部,使之各精其业,而后谋贯通。拟请陈伯严主持中学部,而伯严始终坚拒。卒莫如之何也。

又陵此段意思甚好。愚意研究所不妨酌采,而分甲乙二部。甲部马、列学,乙部古典学。青年志趣、天资,如有宜于进修国学者,可入乙部;其擅长马、列学说者,可入甲部。年限并须长。乙部研究生,于马、列学之典册,择要兼治,而不必务博;西洋大学派,亦酌涉猎。甲部研究生,于国学典册,择要兼治,而不必务博;西洋大学派,亦酌涉猎。两部教者、学者,从第二年级起,每月聚会一二次,各述其研究之心得,彼此交换知识,虚怀讨论,无涉意气。积久,自可养成新旧淹贯之才,而马列主义中国化,渐可期矣。

更有言者,马、列诸哲所以斥破惟心论,确因西洋唯心论者徒逞空理论,不务实事求是,不与劳动众庶同忧患,托于资产阶级,以苟偷逸乐,为革命之障碍物,若不肃清之,真人道之忧也。至于孔子之学,与西洋唯心论绝不相似。万恳辟汉人之窜乱与伪托,而昭明孔学真相,为吸收马列主义之基础。自中国解放以来,社会主义、共产主义之公理,已彰著于普天之下。除美国贪毒之当权者最少数人而外,英国更是少数不待言。决无有顽抗民主之新运者。今日对中外唯心论,似宜分别去取。凡其著作,如有反人民、反革命、反科学,及存留资产阶级思想与拥护帝国主义者,仍当一律禁绝。凡唯心论派著述,若无上举诸过者,当助其流通,使万国学人释其疑虑,乐于归向新制度,岂不甚休? 唯心论派在世界知识分子中,当有相当数量也。狄慈恩说,唯心论是片面的。此言颇平允。片面的,亦自有其独到处,未可全非也。若使之去其短,则将不拘于片面矣。今日一般人闻唯心两字,便视为厌物,此未免错误。学术以有相反之派而始得发展,中外学术史可考也。

去冬初,曾接惠函,提及哲学研究所在筹备中。力本欲贡其愚忧。

因当时动念,欲写《原儒》,不知如何下笔。倘规模扩大,自顾精血已亏,恐难结局;设为短小册子,则此题目太大,如何能作到要而不繁,简而不漏? 非有张江陵一日神游九塞的本领,又难做得来也。以故,未及函陈管见。今兹回沪,适闻汤锡予病重。渠年少于我,吾南还时,彼与冯芝生送车,见其外貌强硕,不意猝尔病困。余因有感,未知住世久暂。惟生存一日,不当坠废平生志事。又自念迂庸,虚縻学廪,无以报党国,无以报领袖,无以酬人民,无以酬故旧。惟当本其素养,竭尽心力。不管所言当否,愿效荆人献璞之忱,谨布区区,尚希赐正。并恳代陈主席赐览。迂妄之谈,倘荷导师指示谬误,是所切祷。引领北望,弥觉依依。

甲午十二月十五日

与林宰平及黄艮庸

(1954 年 12 月)

回沪以来,不奈诸孙烦扰何。偶取秋逸《佛家辩证法》一文,见《现代佛学》,一九五四年一月十五日出版。匆匆一看,颇有未安。略举如左。

一,该文云:"《中边》引据《宝积经》的中道行,解说无上乘,即大乘的正行。谓之离二边。它对于原文只说一方面的,都举出相反之点,并统一了两面,而成中道。譬如第一种正行,《宝积经》原文说,不观诸法有我、人、寿命,这就是秦译《金刚经》里面的我相、人相、众生相、寿者相。《中边》发明了它中间的辩证意义,以为这是针对执着色等五蕴与我为一,或与我为异而言的。若对内色等执着为我,而视作见者、闻者、觉者、知者,这些是色等与我为一;又若看色等是另外一种常我所受用,这是色等与我为异。一异两边,都是从色等法上可以引伸出的见解，也是色等本身所含矛盾之点。如何来统一他，就要推究到这样矛盾的来源我执，从根本上去执着，自然会统一了矛盾。这还是主客观联系着而说。"以上是秋逸原文。一字未减。余有疑者，略说如左：

计色等蕴是我者，即我与蕴为一。若计有神我，以色等为我所受用者，便是以色等与我为异。"一异两边"，纯是由外小愚妄而起执着，确与色等本身无关。譬如先民不能了知地圆，而妄执地方。此与地之本身有何相关？今秋逸说："一异两边，都是从色等法上可以引伸出的见解，也是色等本身所含矛盾之点，如何来统一他"云云。吾决不能承认彼之所谓"一异两边，都是从色等法上可以引伸出"，犹之不能承认所谓方是从地球本身可以引伸出。吾不能承认外小妄执之我与色等为一为异，此两边者是色等本身所含矛盾之点，犹之不能承认方是地球本身所含矛盾之点。余以为外小所计之"一异两边"，根本是出于愚妄之邪执。只有快刀斩乱丝，斩断便了，用不着说统一矛盾，更无所谓主客联系。

五蕴只是色心二法。克就色心法上言，本来无我相，更无外道所计之神我。神我亦云常我。肉体可坏灭，而神我恒不坏灭，故说为常。此外道所执也。外道小乘或计我与色等为一，或计我与色等为异。此"一异两边"，都是迷情所起，如何说是色等法上含有此两边之矛盾？迷情又何可统一？统一之，仍是迷情耳。

主客联系，佛法中亦随在可见。如《五蕴论》便是以色心二法，即主客联系为说。四缘中，因缘为作者，余三缘为作具，见余著《佛家名相通释》。作者对作具便有主义。亦是主客联系为说。此略举二例耳。秋逸乃不就明白可征之正义处着眼，竟于迷情上说主客联系。夫迷情由于主观方面之失其贞明，贞明一词，本《易·系辞传》。贞者正也。而实无客观存在，如何得说主客联系？迷情妄执有我。譬如病目见空中华，空华本非客观存在

212

的物事。迷情所执之我，亦犹是。我既本无，而乃妄计为有，更计我与色等为一，或复计我与色等为异，则迷中又迷矣。

世间学术谈矛盾，谈联系，总是就事物上说，决没有离事物而于妄情之所执者，又迷上加迷，更说矛盾，更求统一。因明依世间极成义，可说瓶等，但决不以神我为世间极成，决不以神我之与色等为一或异，为世间极成，何可于此言矛盾、言统一？

二，该文接着上文，复说如下："更进一层研究，便明白主观的执着，并非无端而起。即认他是病目空华，也必有病、有空为其依据。所以发现矛盾的原因，从而除掉它以后，得着了对象的真实。还要加以改造，使其不再引起矛盾。这样，辩证法的运用，便不简单了。"以上是秋逸原文，字字未删。余又有疑者如左：

该文不曾辨析矛盾，只是笼统地、莫名其妙而悬想有所以发现矛盾的原因，即以为由客观的依据，引起主观的执着，才发现了矛盾。客观二字虽是我加的，而细玩该文，主观执着之所依据者，自是客观的。其下一句，却紧紧接着说"所以发现矛盾的原因，从而除掉它"云云。此种想法，根本错误。不辨析矛盾，而悬想有个所以发现矛盾的原因。此何为者？譬如寒暑相反，此即矛盾。如欲除掉之，只看这个矛盾的本身，即寒暑。其一往一来之归于冲和而得统一，即矛盾已化除。如不在寒暑这一矛盾的自身上着眼，而要悬想其所以发现的原因，再求把它除掉，势必以天文学或气象学为依据，而推求所以发现寒暑的原因。将层层推求，原因无尽，而且推到无可推处，早已离开出发点，因为推求愈深，到无可推，即把最初的矛盾问题，早已无形抛掉，转入旁的许多方面去了。还说甚么除掉矛盾的原因？

今且不欲广论，仍回到该文所谈佛家辩证法。据我所知，佛法中说矛盾，则真和妄，或清净和杂染，就是根本的矛盾。惟真统治妄，净统治染，而后妄顺其真。《楞伽经》所谓妄法，圣人亦现是也。至此，方

213

是矛盾除掉。佛家浩浩三藏，无非发明此义，而总括宗要，不过如上所说。古德云佛法无多子，是也。佛法中，本已发现人生的矛盾。群经群论说得分明。而该文乃徒为莫名其妙之谈，不知何故。凡大学派，其理论博大而奥折，直是义海汪洋。但括要言之，却不须多语，然学人必须涉其广博。该文说主观的执着，并非无端而起，取譬病目所见空华，亦有病，有空为其依据。此数语，大有病在。主观一词，当是指自心而言。在佛法中，谈到自心，须严分别。有真心，亦云真如心，亦云法性心，亦云如来藏心，禅宗则云本心。有妄识。亦云妄心；亦云虚妄分别；亦云乱识，以其杂乱故名；亦云依他心，以由缘生故名。还有多名，此不及举。参考余著《佛家名相通释》改定本。此二之辨，详在一切经论，非难知也。该文所云主观的执着，倘为妄识之目欤，则妄识自身，是与真心对立。真心本无不在，因妄识起而障蔽之，则真心不显。但真心亦未尝亡。故众生分上，总是真妄对立，俗云理欲交战是也。易言之，即妄识与真心相反，是云矛盾。不可以妄识为矛盾之因也。以妄识为矛盾之因，即矛盾是妄识所引起之果。因果判为两物矣。试问有别于妄识这一物而自为矛盾否？此于义不容成。若以主观的执着，目彼真心，则更陷于倒见。真心寂照，寂者，无昏扰故。照者，炯然大明，无障蔽故。荡然无执。执着一词，亦省言执。荡然者，无系之貌。稍闻佛法，能作反己工夫者，当可略识此中义味。是故该文所谓主观，无论目真、目妄，两皆无当。

该文说主观的执着，必有所依据而起，取空华为喻。此亦有未能精义之过。主观方面之发起缘用，虽依据客观事物而始起，不是凭空突起，缘用之缘字，见佛家唯识论。其义训兼攀援、思虑二义。心之行于事物也，即对于事物而起攀援及思虑等作用故。但事物只对于主观方面作一种所缘缘，引起主观的缘用，绝不会引起主观的执着。主观所以执着者，其问题不在主观所依据的客观事物，而在主观本身。易言之，妄识乘权而居主观之地位，以障蔽真心，则其缘虑客观事物也，乃失正确，而起执着。

复刘静窗

（1955 年 2 月 18 日）

静窗有道：

前夕，电话。昨函，收到。尊翁寿八十以上，无疾安静而终，此其福德甚厚也。虽人子之心，总愿其享寿无疆，然陶令不云乎，"人生本幻化，毕竟归空无"。贤者方治内典，自当节哀顺变。孝之道不一，得正觉者，即无忝所生。子其勉乎。

稿于今日午后五时，邮科学出版社。昨夕世菩夫妇共校，故得完工。已了一事矣。即候礼安。张老问好。

漆园老人　二月十六日灯下

前纸，本于十六日灯下写。十七日上午，因雨未邮。午后统［战］部又催赴华东医院，云另易一良医。至天将黑，方回寓。此医较好。《礼经》：年老居亲丧，饮酒食肉如故，不见吊客，恐触其哀也。以此例推，壮年体弱者，决不可毁。吾子善自宽。

十八日上午又写此

原编者注： 张老即张遵骝之父张叔雨。

附：刘静窗致熊十力

（1955 年 2 月 28 日）

静窗左右侍奉无方，痛遭先君之丧，天谴地弃之身，从兹孤露，悲悔何从，辱蒙赐书垂唁，感愧尤深。附奉先君永念乙纸，略记逝世情状，中心昏昧，言语无伦，伏祈矜鉴。遗体在海会寺，依佛制荼毗，将与先妣合葬长沙。近来精神恍惚，如处雾中。大事粗定，四肢百骸若有涣然崩析之势矣，呜呼，其可有语哉！未能趋府礼叩肃陈不一，尚祈慈照。

与刘静窗

（1955 年 3 月 3 日）

人心忌有偏着处，余着重出书事，而不暇体会吾子居哀之情，前欲烦共校，大误也。事过方知。

古之制礼，送币达情，见诸经籍，由来旧矣。却之已甚，岂吾意有未诚耶？今先德高年返真，吾子病体，义不容毁。所望察此意耳。

世菩夫妇实不能校，吾自吃一苦耳。

三月三日午写

附：刘静窗复熊十力

（1955 年 3 月 7 日）

天地悠悠，愧然垂死之身，蒙再赐片唁念，哀感难名。父母深情无可伦比，况静幼年多病，长大无成，所累者过常儿十倍，可慰者尚不及常儿百分之一，孤室独忏，悲怆中怀，盈眶万斛，潮奔浪涌，不知所止，惭咎刺心，千劫沉沦，无可赎也。先君在日，庄敬自持，无事俗情。静不肖，不足承志万一，亦不敢随逐世故，攀缘自损耳。且时当节约，岂堪妄扰亲朋家人，守礼尽哀而已，虽无当于先生之赐，先生厚情已深领矣，愿无责焉。先生当代硕儒，静不足窥见万一，他日气候和昀，先生神爽身康之际，傥得垂赐少言以旌先德，斯拜而受之矣，哀毁不祥之人未堪踵门谒叩。并祈珍摄，不一。

与刘静窗

（1955 年 4 月 4 日）

多日不得信，不悉体气好否。春节吾或游杭，一晤马先生，三四日即回家。吾子前函所说文字事，此后无谱，亦无文集，写之殊不可传，似无多此一举之必要。

四月四日午后

原编者注： 马先生指马一浮。

与林宰平

（1955 年 4 月 22 日）

宰哥：

前片只三四语，因精力不耐多写，顷欲写几句。

遭逢全世界人变之运，吾侪书生不能不于文化学术方面尽一番心力，否则此生无意义，此良心话也。如今不难于求新，而难于求旧。何以故？自汉朝以来，旧学早丧此非狂言，看吾此书后再谈。求之难，一也。

217

近人皆弃旧，非有至诚与毅力者，不肯守举世共弃的东西。老兄一生只是圣之清，诚与毅犹难言也。此云不诚者，非即虚伪之谓，勿误会。诚字上大有养也，大有积也。天与之诚，人皆有之，能清者可不蔽之、丧之，然若不加养与积之功，则孤恃于天而天固无为也。《易》曰"继善"之继，养与积之谓也。用力不倦，是人之养积也，是尽人以达天德也。曾子仁以为己任，死而后已，养与积之谓也。去年有一次大不喜兄，平生兄奉之交，不能不闻也。弟意极简单，民饴所存，宣发其优长，使后人勿鄙弃而忘其所自，老年令丧。先圣贤确有一副可贵之遗产，不独不可弃，将来人类必当取资。汉、唐以来之学人迷失宝物久矣，吾侪之责，二也。

回京四年间所出三四种小册，皆太随便，都是偶尔发兴，皆不从大体与宏纲处着力。此次确是游心千古、极目八荒而为之。文字不必多，而规模确宏远矣。

国土之大，读书识字者之众，其真正从事乎旧学者，如吾所知不过三四人，一浮、漱溟、兄与锺山，如是而已。一浮得力处在禅理，确有不磨灭者在。其《书院讲录》，非无好处，然向后难应执也。其特别之表现在诗，后人能读者几等于零也。一浮于禅理本当写一书以遗后，惜其一向不习著述文字，今无可言矣。漱溟自得处似未写出，其解放前后所出《文化》书，我于其伦理之说总不同意。自我看来，中国人之家庭思想，弊病太深太多，实伦理之说使之然也。我和他的看法不同。今春上函董公，言吾著此书之意，曾提及此。然只及此，并未多说，多说他亦不会看也。我此书之作，在《原学统》中，一方面上下数千年通论各派而会归于儒，并评汉宋而归于孔氏内圣外王之儒；一方面审定六经真伪，使后人知所从达。《原外王》中，确理出一个大规模来。使孔子之道在战国时能行开，晚周诸子皆反对孔子的好处，真怪极。或秦汉不断绝之，中国绝不是两汉以来二千数百年之坏局,是可断言。

此书果得印否,犹不便遽说。上春初起草时,所以与董公一提者,欲商印事,而未直说出。再不好函请最高,前年已陈明只一次而止。我姑尽我,敢背直谅而曲意敷衍。故今午忍失眠之苦而复此信,以解胸中之闷而尽其微忱,冀兄之垂察也。《诗》曰:"风雨如晦,鸡鸣不已。"一息尚存,当怀斯志,非必好为无谓之诤也。四月二十二日午饭前写此。倦矣。兄今夜当宿车中,明午当抵京矣。

与刘静窗

(1955 年 5 月 4 日)

四月,病一整个月。先感冒,中间肠胃,后痰与鼻涕带血。最后,上齿根肉肿,作脓而内流,犹未全好也。此房子低浅不可住。找房子太难。占一卦,万恳于南京东路找人一批带来,不必邮。

老人扶病书　五月四日

附:刘静窗复熊十力

(1955 年 5 月 5 日)

先生性爱幽闲,南北诸地,不难独居。而古稀高年,膝前侍养,宜有其人,庶几老安少怀,各得其所,亦不可不在念也。卜筮之验,不谓必无,实难其人。信口滔滔,江湖衣食之辈为多,斯可取信者寡矣。《传》有之,卜以治疑,不疑何卜。以先生之明,愿不以是为介也。方命之处,尚祈慈宥,至祷至祷。

致刘述周

（1955 年 5 月 18 日）

述周部长：

昨年曾写《原儒》一书，仅成上卷。顷方印出，却只印一百部。略送三四所综合大学图书馆各二部、马列学院图书馆二部、科学院图书馆二部、南北著名大图书馆一二处各送二部。其余则昔时从游与少数知交酌送而已。春间曾函左右，拟送一部。今邮寄，希查收。

儒学与唯心论，今日颇为知识分子所鄙弃。余本老迁，七十余年来未曾饮过东洋与西洋水，外文不能通，西洋唯心论余弗敢知。中国晚周诸子百家，其典籍丧亡几尽，稍有残书可推寻者，儒、道、墨而已。名家所存盖等于零。法家自汉以来皆称商君、申、韩。余始论定商、韩非法家正宗，惜乎正宗之书亦亡失殆尽矣。自西学东来，吾国学子类别中国哲学，亦援用唯心、唯物诸名词，其实中国唯心论确与西洋唯心之论绝不同，此意余当于《原儒》下卷发之。孔子六经与西洋唯心论毕竟不可一例视为反动思想。惟吕秦以降，将三千年所谓汉、宋群儒，当别论耳。_{此义详在《原儒》。}

毛主席领导党国，解放以来五载而成大业，全世界翻然改观。中国本有五千年之文化，固有哲学思想不容断绝。应遵毛主席批判接受之训，舍其短而发其长，以与马列主义相融通。虽有不能尽同，而关于社会政治方面只要不妨害新制度，亦仅可存异耳。因以《原儒》奉赠，便触素怀，略陈如下：

贱恙就医一节。春间停止后，已久不打针。适北郊农人售乌龟，吾用之，颇增健康。但此物以常用为佳，少用则收效亦微。近时售者久不来，据云，不可得也。吾欲另找中医以滋阴之品充养血气。否则冬后大不了耳。

复有一事恳请。如便作,是所至感;倘不便,否亦不敢固求。所请者何?春初,贵部有刘先生枉过,曾允为我另觅一住处。时吾方苦于病,愿与家人同住,可稍省费,以顾及滋养。此意似曾函先生说过。而自季春以来,深感有独住之必要。略言其故:吾家人数如以吾及工友合计,确有老小十口。而房子楼下不过前后两间,其后一间因其隔壁须作一小厨室,故后房更小。楼下如此,楼上亦然。我未回时,全家只住楼上,楼下另住一家。我昨回来,赖贵部费神交涉,楼上与我独住。楼下原住之家,因调赴大连,而吾家口乃移楼下。此房子情形也。然吾住此仍不得无苦者,老小十口以楼上下合计不过四间屋,而尚有二间更小。老幼十口之衣物等件,随处充塞。虽吾住之楼上前房不许多放东西,而出房便无转身处。且小孩乱动,又好哭叫。而且同里弄者门户互相对,如船上房舱之两相对者然。里弄孩子很多,有时闹起,直令老病夫心慌而无可奈何。此所苦者一也。

古传有之,"少成若天性,习惯成自然"。此言人生习性已成,不可易也。鱼习于水而生,易之陆地则死矣。人习于空气中而生,易而置之真空管中,当不瞬间而闷绝矣。大哉习乎? 其势已成,孰能敌乎? 余游图书之林,荡乎汪洋义海,少习而成性,迄今七十余年矣。今兹家居,屋狭人稠,如五闹市,骤违其素习。倘中年遇此境,犹当勉强克服。今也风烛余光,无可以枯残之余气,镇定嚣境。故自昨秋杪以来,忽逾半载。虽身在一室之中,而心摇摇如悬旌。一卷书不能看,一点心不能用。《原儒》下卷,若居处清净,当不数月而已成。今则浮杂靡定,屡思提笔而卒不可能。长此以往,唯奄忽待尽。如何! 如何! 且余向学也晚,用功不能不猛,故一生常在病中。著述之业,尝苦不得就。解放以来,心既安静,欲将平生苦学所获,略为写出。虽不得为大部之作,如为小册亦愈于不写。余一生研究国学,实即哲学方面。经过困难极多,非笔札可道。惟深见深信，中国之宝贝，当上求之于晚周。秦、汉以下，余实难言。六经犹当简别真伪，发扬奥义。诸子残编仅存者，亦当考其得失。倘残生不遽殒，得一安适之宅，随时写些札记，亦可为将来批判国学者作一参考。余一生用心于斯，总不无愚者千虑之一得。此时自不觉古典学术有甚用处。然今距世界解放之期已不远矣。观于亚、非会议，可见群情所向。新世界人类减除体力劳动，必将探讨各方面文化，必不遗中国古典学术也。吾侪老朽在今无他用处，只合潜心旧业。国家厚遇老儒，其意义亦当在此。余深感家居无可用心，此所苦者二也。

人到衰年，每日不堪枯坐。总须有散步之地，以和血气，以助消化，以畅心机。余居海运局宿舍在青云路北段，向北数步即横滨河污水，向南数步即西宝兴路，汽车往来如织，故无可散步。欲出游公园，必坐公共电车、汽车及人力车，而坐上每至头昏，得不偿失。又房子低而浅，非砖墙。立夏以来，每逢天晴即燥闷无可受。虽夜中尚好，然每日从上午十时至午后、日未落之前，顽躯实无可忍耐。此所苦者三也。

年来在京，承政府德意，给我以十刹海隅住宅。本为上京风景区，宅亦幽胜。然苦于三冬初春不堪向火、衣裘，故请回沪依儿子同住。而以刹海宅交还政府。但家居不合素习，却非始料所及。吾春间亦曾想向苏州觅宅，一面度暑，一面将《原儒》下卷完成。入冬仍还海运局宿舍。然据久住苏州者说，其物质配给视沪上悬殊已甚。恐老年人至其地营养有缺，不惟著书无成也。以是未能决计往苏。

今请求于贵部者，如能另觅住所，只须三间，余坐卧各一间，照料人一间。加一小厨室及厕所。但其地段须无烟筒而又不当公共电、汽车孔道。吾每日可如曾涤生饭后走数千步，足流通血气，便可安矣。若是小小平房而无楼者，必地不潮湿，贱躯怕潮湿。阳光好，空气好，即可安。倘无适当平房，则于大的楼房中择其可另成一范围者为妥。吾神经衰，有时情性不正常，避免与人家接触。其实吾心地本无甚么，亦甚不愿且不敢触犯人。此是一般人应有之情,不独我也。只恐因病或误犯耳。房租,吾力不必足任,此亦抱歉。余所请求之事,纯为自便自安。然终敢陈情者,一则恃政府恤老及厚惠迂儒之德意。二则平生困学,老来犹不忍荒弃,亦愿以此报党、报领袖、酬人民而已。今日觅房子诚难,迂陋以此事烦渎左右,惭悚惭悚。

专此,顺致

敬礼

春初枉过之刘先生、宋乐亭先生均敬候。

熊十力启

一九五五年五月十八日

致管易文

(1955 年 5 月 18 日)

易文先生:

午前谈甚快。房子事,吾之条件详与述周部长函中。兹更托者,须于吾所开条件外,更注意"大的环境"为佳。大环境好,居其间较有生趣。吾所求者未免图安,然今之年与所"欲罢不能"之工作,不安诚不可也。吾一生吃苦,董老深知。吾本孤穷,弃科举而当兵,此是事实。在北大几十年,只要二小时选科的课,从前分"选科"与"必修科",选科乃特殊之课,不必人人学之也。以此糊口。而专力于吾之所欲,旁参博究,期有真知实见处,不忍浮乱剽窃,以逐利于学校,争名于社会。此则行迹昭然可考者。吾非向公等自表蕴。孔子曰:"仁者先难而后获。"又曰:"十室之邑,必有忠信如丘者焉,不如丘之好学也。"圣人亦自道其甘苦。吾之为学,确曾吃过苦来,到老何妨一说。抗日战后生活情形大变,吾始随后生而受教授之名。不如是,则薪资不足以生活耳。

年来吾确衰矣。七十余年困学，都未写出，且渐忘却。吾冀得一好住处，使环境之美，得影响于衰年之心，或可多活几年，得写出些微心事。此则迂朽所切望于先生及述周部长者也。今早发述公一长信，先生幸取阅。觅宅一事，望托执事者幸为详酌。

《新论》不否认物之存在，此不背马列主义，而不以心为后有，则与马列主义异。《新论》谈体用，而辩证唯物论之所谓"体"，实即物质，与吾所谓"体"绝不同旨也。《新论》根据《大易》，非余之私见也。

《原儒》一书虽非大部，而非将秦、汉以来二千数百年之各派重要典册一一精究过，不易了此小册之底蕴也。详究此册，而后识孔子之真，而后知孔子之外王学与马、列完全遥契。吾每下一字皆有来历，每下一义都有根据，吾皆引经文而作释，绝不以己意附会。且六经皆一贯，非细心究之，则不肯承认吾之说也。此书商请科院印一百部，惜太少，不堪分配。先生可与述公共看。顺致

敬礼

述公均此。

熊十力

五月十八午后

复刘静窗

（1955 年 6 月 18 日）

来片收到。前几日热甚，自觉难支。小楼低浅，非衰朽伏日可堪也，奈何。觅房数月无结果，雨后欲赴杭，一晤湛翁，兼询杭可谋宅否。

钟先生亦拟往看瘤疾。吾子能同游否，往返当以三日为限。

原编者注：湛翁即马一浮先生。

致刘静窗

（1955 年 10 月 1 日）

静窗：

热天片及此次片均收到。夏天有风雨稍好，秋天真不可受，小楼如火宅，幸而过来了。八月起，用牛奶体气较好，闷坐心无寄托，仍欲写下卷，但恐写不好耳。康氏《春秋笔削大义微言考》，卷帙甚少，容易看，不费脑筋，吾嘱元亮看这书内引《左传》"天王狩河阳"传否，须在其谈大义处找，而元亮抄《公羊传》文来，不相干，告之。湛翁只是不赞成科学，老人鲜不如此，章太炎晚年亦然，他又素不喜《周官》，此亦任之可耳。倘下卷可作成，留家了此残生，亦好。若想多写书，则非回京觅宅不可，觅宅就东南城为佳。向后一年衰一年，恐不耐一年两度奔波也。汝等不知老人情境，到衰年方知行动未易耳。元亮转公纯一看，并付仲光一看，其文章昔不听吾言，吾亦再不言。

复刘静窗

（1955 年 10 月 10 日）

来片悉。下卷才起，去冬荒落至今，欲凝神写作，大不易。起个头儿，看了不洽意，又另起。秋冬此地烟筒灰大，至败老人身体，烦杂难凝神。前与你片请转遵骊、元亮看了交公纯。衰年写信难,尤其想写书,纷不得一点神,虽写数字而神便散,汝侪不了此味也。京中觅宅事家中有不赞成,谓衰年怕冷,奔波未便,北还恐不必宜,望遵、亮、纯相与酌之。查康书亮得空闲否? 此片与前片仍望即转遵也。杭吾亦不能游。

致唐至中

(1955 年 12 月 10 日)

顺寿交至中:

五六年不知汝与令慈所在,老怀时系念。昨[田]慕周片告,汝在苏州教书,他的子女在你校读书,甚慰。吾回南与儿孙同住,已过一年多了。年日高而体日衰,不出门、不见客。学老子之守静,可以怡神;效禅师之闭关,庶几寡咎。近写《原儒》下卷,颇以精力不给为苦。欲简单结束,不能多发挥也。仲光在重工部所属之设计院任美术工作。先是从白石翁学画,虾子、残荷及另二三种可以追其师。其他尚无可说也。□□亦欲谋中学图画教员而无熟人。

汝不必来信,吾亦无可多说。

漆园老人　十二月十日

致唐至中

(约 1955 年 12 月至 1956 年 4 月间)

至中:

虾子油二瓶、松糖一包收到,谢谢。吾无所致敬于令慈,深以为歉。

《新论》及《显宗记》各一部望永保之。你切勿来，宅狭，家中不便招待。吾有三戒：一、不出门，二、不会客，三、不写信。衰年求静，聊以卒岁。望汝亦闭户读书与教书。

今慈年已衰矣。开拓胸怀，遭除俗累，唯学圣人之道以自娱可也。

与唐至中并唐君毅、牟宗三

（1955 年）

从此一段须抄还我。

吾自三十五岁起，始放下事功之念，矢志为学。首先自问，弱冠革命一事无成，常在愧与悔交集之中。到三十四五之间忽然发悟，愧悔之情都由于在小己之得失上打算。易言之，愧与悔皆发于私，非发于良知也。

为学不消灭私情，不直从良知一关通过，格物穷理而不杂以主观之偏见者几希。自然物大概可以客观方法详正。人事亦物也，研究这种物理，摒去主观更难。老夫平生之学，一本于《大学》先正心、诚意、致良知，而毕竟推致良知于事事物物。良知用在事物上，则知不流于空想或幻想。不驰空，不入幻，一心在事物上用去，自然会有客观的方法出来，不会陷于错误。

吾如今年死，毅、宗有筹印吾书流通之责。此可寄彼。

五五写

与梁漱溟

（1956 年 7 月 16 日）

漱溟兄：

七月十日片顷到。静坐可使体气转强，吾信此理而未之能行。如欲行之，非决心息思虑，恐无多效力也。息思虑极不易，从佛家十信之功入主，虽制止思虑，亦无大补也。晚世治哲学人信根全伤，难言守静笃也，此意难言。余四弟于老五月二十三日病故于德安家中，年七十才过。吾未尽兄道，思之只堪一痛。哀哉人生，何处不是缺憾！吾今年甚多衰象，恐向后无多年日也。时有戚戚心怀。一生思虑工夫多，涵养全乏，唯到腊月三十日，自信谒先圣尚无亏损大节之恶耳。

住宅唯电车与汽车声不静。

附：刘静窗致熊十力

（1956 年 9 月 20 日）

乾坤一体而异名。大化流行间理事镕融，隐显逆顺，繁沤万象，勃焉众见。虽有黠者，难尽其情，体不思议，用亦不思议也。

先生书释纯粹一义有云“纯者纯一，非若物成形而有分畛，故粹者粹美，非若物之重浊，故言纯粹者，以见神之有异于物也”，《原儒》下卷第五七页。窃以神落在第二门头，未尝无分畛，未尝不重浊，物若摄归第一义谛，未尝不纯一，未尝不粹美。神与物似异，而毕竟无以异也。群生所见之神，一蠢动耳。群生所见之物，一糟粕耳。日处长夜，乐此不疲，千古圣哲之哀，有过于此者乎！

先生于究竟无分别处分别而言之，似不免随顺世情，聊有方便之论耳，是乎否乎？

秋中淫雨，湿燠无常，伏祈珍摄。

刘任先注：此处评及熊公新作《原儒》下卷。此信恐未寄出。

致刘述周

（1957 年 6 月 9 日）

天热，我因淮海寓的漆工未去完成工作，架子未拆，我不能回寓。

神经不好，曾乱写了两封信，有些话未说清。关于人民内部矛盾，我是注重在广大的农民。我前说三点：一、地区。二、职业。三、旧道德废，新的未养成。但我未能详说。今举一例。我有山西的学生常说山西农民生活甚好，绝不叫苦。而我乡的农民常有叫苦者，但合作而后叫苦不如前之甚。此是确实。然只比未合作时为好，尚觉得钱不易。我问山西何以好？据他说，或是人口不似南方之多，土地较宽。我所以想地区不同，生活有不同。对于地狭人多之区可否提倡副业救济？此望号召各省县，以情形直说出来。职业不同而生活亦有不同。如缝工业者，前闻因地方做新衣者少，也较困。近如何，我不知。这类情形都望有人鸣放，风俗和道德亦要鸣放。中国是广大农村，我也生于农村，所以注意。

关于旧学，我望大学哲系要立孔子的专课。此外酌立一二种。

今天见报载，章伯钧自认造谣反党，真可耻可恨。也真是怪事，从此，人人不受欺也。

柯先生均候。

六月九日

原编者注：此为明信片，无上下款。收信人地址写"本市、中共上海统战部"，收信人姓名写"刘部长述周"。邮戳可辨，寄戳"一九五七.七.九.十八"，收戳为"一九五七.七.十.九"。但统战部公文处理所签意见为六月二十二日。我们仍认定为一九五七年六月九日。

复锺泰

（1957 年 6 月 20 日）

锺山兄：

回家见答片，于我奉兄之片提及《庄子》事只字不提，未知兄以我为自矜欤？兄试想，《新论》之书，已出世甚久，而迄今七四快至，下半年一过即七四也。已是伊川、朱子弃世之年，两先生似只七四。而犹改作不已。脑空，心掞大，终不停功，岂自矜自是者乎？少时即感事变，念中夏文化将坠，誓以身心奉诸先圣，未尝为浮名与地位之图，一生孜孜不倦，此吾兄所亲见也。吾每为一书，必先从大处着想，不落汉宋窠臼。如《原儒》之书，若不从贬天子、退诸侯、讨大夫与三世等大义发挥，而学汉宋诸儒，尊尚孟氏之宗法思想，则孔子适足为后人所唾耳。不发挥《易传》知周万物及裁成辅相等大义，而恶言科学如马兄，则孔子有何宝贝可为后人所不弃者乎？不明《周官》之法制，孔子又何所有乎？内圣学方面，以体用不二立宗。天人、心物，一切不二，乃至各方面，皆去支离而归不二。见再印记之序。今之后生，当然不要此方之学，老人亦全无动于中，无复有一片良心肯钻肯究者，岂不怪哉！昔养疴于杭

230

时，以兄为诗文考核而兼谈义理，如陈兰父诸人而已。川中再见，而觉道貌蔼如，始悔当年未识兄也。南还之前一年，见《荆川年谱序》，名人手笔不少，皆未堪入目，唯大作确是学问家言。吾答唐君曰，只此一序是真文字也。及甲午相聚，则又觉兄散漫多矣。人生如朝露，老境无多日月，愿与兄同相磨砺也。

《庄子》之学埋没久矣，子玄《注》只谈变化，甚精，而于本体似未有所明。庄生明明曰"若有真宰，而特不得其朕耳"。《天下》篇自序"天其运乎，地其运乎"云云一大段，"孰主张是，孰纲维是"。又曰"独与天地精神往来"。又曰"有始者，有未始有夫未始有始者"云云。此类文义，全书中不可胜求。外篇许多深奥语，皆与此有关。惜今无精力覆看，不能举其辞。我以为《天化》篇必分目。首当谈体，可细考关于此方面之文，照录而为之注，使今后之人可解。梨洲诸儒学案，录文而不分目，前人本不知求条理，今可分条目，而不妨采其录文之办法，附注以便来学，亦有功先哲也。

"体"已叙述加释，再立"化机"一目。他明明说万物皆出于机，皆入于机，他之谈变化，确有一化机论。西人似无谈此者，《易》亦不曾谈此，只是阴阳合而成变，不须另说化机。庄子别说个"化机"，此处亦可玩味。他还有进化论，可在化机的尾后说及之。他说若有真宰，也与他"化机"之义有关。此意深微，他把"万物和人生"看成随大化之所为，自家无分毫自主力，鼠肝虫臂等等，皆与化机有关。这些文义内外篇皆多见，可全录。

写至此已倦。我不甚赞成庄子而却甚喜庄子。昔年曾想写一书，分《天化》《人生》《治化》三篇，今决不能，无此精力，唯望兄能成大著，功不必自我也。为你看大稿，我无此暇，若谈谈义旨，兄提出意见，我愿研讨。前人谨慎，钱绪山写《阳明年谱》，赴江西与罗洪先同住多年，而后成功。此为年谱中最好的一部大著，再无可比者，俗人自不知耳。

人生为学,念念求对古圣贤。吾无他长,此言不敢自欺欺人,确是良心话。漆工犹未赴淮海宅,已十多日不到,架子未拆,尚难回寓。写此已倦。

六月廿日傍晚

合肥□某人尚未约,字太不□□力,画一不成画一。人的性情,林生亦不悉,似难轻约。仝住不可不择也。

(信封背面附记:)

老子本义论,《原儒》下卷解"混成"处自信得其真。从前未有如此说明也。庄子,程朱以为他庄。是主张虚生气出,犹见一边耳。张子《正蒙》有时说太虚是气之本体,是程朱说所本也。而张子有明文说神生于虚。可惜他张。的理论不完密,不成统系。郭子玄《注》于此未弄清,说成自然而生。玄奘亦宗之。

与科学出版社编辑部

(1958 年 1 月 7 日)

科出社编辑部诸位先生:

前得郭院长上月函,拙著《论体用》二册(此书名当改为《体用论》),已交由贵社处理。是否可发行;如不便发行,是否可代印一百六十部或二百部:我尚未接来示。此书体用不二之根本义,吾确原本孔子之《易》,在哲学上总可备一种参考。佛法来中国将二千年,普遍深入社会,而且在东亚势力甚大。向者梁任公好言佛法,在中国与他同情者甚多。他们是以此自豪,殊不知这个自豪正是中毒而不自觉。最可痛者,佛化的人生观、宇宙观是如何一回事,二千年来的高僧、名居士,茫然莫之究。这不是我老狂。如笑骂我老狂,不印吾书,我亦何说? 如谓愚者千虑容有一得,幸为存此册。

敬礼

熊十力　一月七日午后

注: 此函录自雅昌拍卖网 https://auction.artron.net/paimai-art00573311604/。同处所附科学出版社回信云:"大著《体用论》一稿拟以龙门书局名义代印二百部奉赠。"按,科学出版社前身即龙门书局(后改称龙门联合书局),《体用论》1958 年 4 月用龙门联合书局名义,以熊先生私人文书封用拙之抄本影印。郭院长,即郭沫若。

与刘静窗

(1958 年 1 月 22 日)

你的脑代子,在你身中是一个独立的小体,他专司接受一切感觉与发动思唯作用,你能否认他的独立性乎? 照你驳斥孟子大体小体之说,则旁人不可说你有脑代子。你身是一大体,何可分开说小体乎?

所以知有大体者,以其发现万物与吾人必非幻化,故知有本体耳。如无小体,那有大体可说?

孟子以凡愚只知有小体而自私自迷,不能悟到大体,故悲悯之而说"从其小体为小人,从其大体为大人"。他一副悲怀,而汝乃说他不通,我心痛矣。余以衰年无可与语,汝智慧不异于人,而果于自负,轻于疑占圣贤,不自知过。冤哉,此非佛心,乃细人之衷也。吾行将就木,不忍不言,倘不自觉,勿再枉过,无伤老怀。

附：刘静窗致熊十力

（1958 年 1 月 24 日）

　　释儒两家高悬智炬，探生命之源奥，扶天地之神奇。观化则同，取义迥别。读两家书，虽敌体相对，而穷理尽变，弥满虚空，豁然大通，法喜之忱不由自已。然当决断之际，一许了义，一必不了，两美难兼，一爱须舍，智困思穷，未许可言。释者若是，"是"谓究竟了义。以下准此。成圣为痴。儒者若是，成佛为私。此私此痴，意思深深，难为不知者道。依字浅解，则谤佛与圣，必堕泥犁。义同冰炭，路绝危峰。为学至此，千圣出世，不能相救。自若未彻，亦断断不肯践人故迹，负己性灵也。成就慧身，不由他悟，是决定语，唯有刊落声华，观物证己，尽兹形寿，不厌不倦，其有廓然解惑之日也乎。至于世间学说诤论，此彼相较，竟如群萤望日，大明掩辉，不足喻也。

　　孤雁横空，苍茫四顾，谁为师友。怛恻之忱，时一长啸，书奉子真先生，微吐自情，言教不及，哂存可耳。

复刘静窗

（1958 年 1 月 25 日）

刘先生：

　　今晨接到大札二纸，末嘱"哂存"，哂之一字，自是客气，嘱为珍存，自是先生雅意。余年已望八，平生未尝遇见当代名贤与长老以此见惠，何幸得此于先生。

　　关于佛学，余思自汉以来，将二千年高僧名居士，对于佛家的宇宙观、人生观究是如何一回事,曾未有作何正确认定者,余始断言其为观空与无生之论,无生即是反人生。以此获骂于内院及僧徒,而不之怪。此事已二十余年,自吾甲午回沪,先生时亦说此类话,然话头是话头,真解究是真解,吾不敢知先生之所解,是与老夫之意同耶否耶。

关于《易》,先生向尊佛而卑儒。吾时与先生谈《易》,先生亦自负通《易》。然《易》乾为坤之主,易言之,心为物之主,乾阳为心,坤阴为物,古来定义,不自余始。《坤》卦曰:"先迷后得主。"先迷者,阴先阳,即物先心也。此先字非时间义,乃主之谓也。物先心,即物为主,以役使心。《老子》"五色令人目盲",乃至"驰骋田猎,令人心发狂",此即物为主而迷乱之谓,是先迷之义也。后得主者,后非时间义,乃物随心转之谓。视思明,五色随昭明之心而转,则色无不善,是物得承于主宰,而免于迷乱以逞也,故曰后得主。此主即是乾阳,即是本心。

先生乃以"心为物主"是跛行。孔夫子尚为先生所鄙,但不知先生对于《乾》《坤》二卦之字句曾通否。先生妙哉,先生自许通《般若》《华严》。《般若》六百卷归本智慧,智慧是物耶心耶?《华严》明明曰"三界唯心,万物唯识",唯之一字作何解,先生通否? 岂不比《易经》更跛乎? 此是去年秋事,翌。时日未久,吾对先生发气,是一副天良,真诚相为。侮圣者众矣,吾毫不怪其人,不呕气,而独于先生动气,请你反求一毫良知自问,此是于尔薄乎、厚乎? 尔去秋无一毫认过之意,绝不对老夫表示你的过失,老夫亦知之明,而尤不拒你之来往者,当孤孤之境,你肯来,来亦可时慰孤耳,何必多所厚望,此老实话也。去秋之事未久,今又来得大奇。孟子说"从其小体为小人,从其大体为大人",此菩萨悲心语也。佛说真如名为法身,法身明明是大体,佛说众生,众生明明是许许多多的小体。佛千言万语,不外要众生莫从小体而从大体,但其方法从观空入,即空"我""法"二相。儒之方法从率性入,《中庸》首章,《易》穷理尽性至命之总标纲要也。孔孟曰克己,曰无意必固我,曰形色即天性,曰践形。践形与观空截然不同路,孰痴孰明,唯有道眼者辨。尔妄驳孟子,实则大体、小体佛法亦同,所不同者,其观化实不同耳。以为观化同,实未解吾书,亦未听清余平日之说话也。汝驳孟子,便断绝入道之门,断绝智慧根芽,吾甚悲且忿,忿还是悲之极。汝初信不自认过,此信更欲以孔子为痴,"谁为师友"一言,尤无知可怪。汝以为吾对汝,有以师自居之意乎? 吾非肉眼,不若是痴,求徒必其可传道传业者,汝尚不知心为物主,尚不知从大体与从小体之分涂,智慧不过如此,吾求为若之师,何所为乎? 因相处忽忽四年,感情自生,故痛责欲汝自知过耳。今吾无望矣。吾写此信,望勿答,答亦不收,亦请勿再来。

一月二十五日午后

与刘静窗

(1958 年 1 月 26 日)

你前来时,见吾面色不好,吾心脏病发已久,尽失眠,易怒。孟子之言确甚好,从小体,即堕我执,万恶之根也。从大体,即去小己之执,与佛氏得法身不异。但亦有大异者,当别论。众生迷即流转,悟即证法身,与孟子言不无相通处。我怒即言之起火,汝身体不好,勿乱呕气,知吾老性,可泰然也。书可印二百部保存,想汝亦快。

复刘静窗

(1958 年 1 月 28 日)

静窗:

今早,得一函、一片,似是同时发,不知何如此也。足下前后信,始终无半字悔意,不见有分毫反省之忱,此亦学儒、学佛之人也？吾之遇人,太不合意,则欲绝之。佛临入寂时,曰有缘者来。此缘,非私缘,乃有悔迷求悟之诚,始是法缘也。无此缘,而相与世故应酬,佛不为也。吾虽不肖,要自有希乎圣学,焉敢世故。吾此次大怒,则以汝此次之大迷,与去秋不知心为主者,是一个病根。须知主乎身之心,即是道心,非人心也。会通佛法言之,即如来藏心。非随物而转之识也。道心亦相当于如来藏心。是通天地万物为一体。易言之,道心即从大体也。佛说如来藏,即是证法身。人心,即是佛门所谓识,是从小己之私,随物而迷执,亡失大体者也。吾去年并未大责汝,犹客气,而汝以无知傲慢,吾终不言,则是视汝若街头行动之众庶耳。吾问良心不安,故大怒责。汝若始终无知傲慢,则吾之情尽于此一番信而已矣。

无始时来众生,从小体,为小人而已矣。古今极少数圣贤,无他特别,从大体为大人而已矣。汝疑孟子分别小体、大体是误,何如是其迷！汝明明是一个小体,岂是凭空妄分别的？大体者,因为有万物与吾人无量数的小体,不是互不相涉,不是互不相通,所以知有大体。若无小体,那有大体可说？草木鸟兽不知有体,其道心未发现故也。人类中,最大多数众庶亦难悟得大体,其道心虽有乍露时,而若明若昧,不得揭然常存故也。圣贤则道心常惺惺,常从大体。易言之,即于小体而识大体,非毁灭小体别求大体也。此理平常。如吾此时,向汝进苦言,余何所求于尔？吾不忍汝之迷于斯道也,吾不忍汝失其所以为人也。吾若从小体,则当对汝用世故周旋,招汝之侮辱,何所谓耶？吾虽不肖,而此一念,即是从大体也。此念扩充得开,位天地,育万物,行所无事。扩充不得,终是凡夫耳。况未有此一念者乎,得不下流乎？

中夏圣贤之学与西学判天壤者,即圣学是从大体之学,而西洋哲学虽谈宇宙论,亦只是各弄一套空理论,与自家履践处无丝毫关系。

从大体之意义，西洋学人根本梦想不到。吾国后生，习于西学，亦早丧失固有精神，无可与言矣。儒学是从大体，其异于佛法者何？儒学的然体用不二，即通天地万物皆吾一体。《乾》曰"与天地合其德，与日月合其明，与四时合其序，与鬼神合其吉凶"，此是从大体到"实际理地"，不可鬼混读过。下一句最少人解得。鬼神，阴阳也。阴阳变化即成万物，物类不齐而吉凶生，圣人吉凶与民同患。此理甚深，吾只好略说如此。汝若自许悟得，决不是吾意也，幸终身参之。

克治小体之私，即是破萨迦那见，身见之译名。即是不从小体，只不从小体，便从大体了。佛氏破我、我所执，即是不从小体。小体之执亡，便可悟入法身，法身即大体也。我、我所执，摄人、法二我尽。后来大乘分别法门太繁琐，名相繁而实义丧，非具慧眼不辨短长。佛证法身，亦即是从大体，其异于儒学者何？佛法，出世法也，其法身大体。是不生灭，是无为，是寂灭。彼佛氏。照见五蕴皆空，那有天地万物之相存乎？

儒佛宇宙观根本不同，故二家之学虽都是从大体，而彼此之所谓大体确不是一样。

老与庄不同儒之体用不二。《原儒》已言之，汝若轻心，忽略过去，吾亦听之而已。老氏抱一，即从大体也，而将"一"推出去，若高出于万物之上然。故体用不一也。庄子独与天地精神往来，亦是从大体，然其天地精神亦超物外，非体用不二。以上意义难为人言，呜呼，呜呼！

西洋之学科学为主，发展小体到极大极高，无有已至。因为自恃小体之知能可以征服大自然，操纵大自然，改造大自然。知能即是权力。小体有此无限的权力，纵横于宇宙中，此西洋自希腊而后，到近四百余年来小体发展之运会也。后来世运当复如何，老夫弗知之矣。此信，汝看后，千万要急急还吾，不可损失，吾将欲整理。

印书事，人皆曰不可能。葛初信，某君阅之，以为推却，吾亦不知如何,后知不然。

一月廿八日午后[1]

原编者注:葛,指郭沫若。书,乃指《体用论》,1958 年 4 月影印二百部保存。

致刘静窗

(1958 年 2 月 2 日)

二程本天之说,盖宗主古代盖天说,此天即以气为体,《原儒》说得明明白白,汝竟未看,何耶? 伊川《易传》,朱子《近思录》首引之,明言以形气言,谓之天。《易纬》之中,有七十子传授之言,有古术数家遗言,不简择而一概宗之,《太易》《原儒》已驳。则混乱不可救药。《原儒》言《易》,明明宗孔子,老、庄皆以神气生于太虚,《原儒》亦言之。老、庄思想杂驳,横渠、船山犹承其流。道家与宋、明儒皆非孔子之《易》也。余言《易》直宗孔子,道与宋、明与吾何干?

二月二日

太初、太始、太素若专从"坤化成物"一方面说,甚可采。《原儒》融之。

太初、太始、太素明是坤化成物之序,非体也。

---

[1] 刘静窗于信后有两条附记:一,"去圣时遥,孤困从学。苍茫四顾,问津者稀。先生此函婆心为人,有如拔地雷声,深中膝理,病畅难云。因地前修,亲近善知识,为法勤苦,追怀泫感。未流何幸,得此钳锤,用资策警,可深念哉! 庐陵刘静窗附记一九五八年一月廿九日"。二,"大乘观空而不证,生佛同体,未尝舍众生也。十身顿证,圆明具德,未尝泯相用也。法身主寂之义终与儒者迥然异趣,所当辨耳"。

239

与刘静窗

（1958 年 2 月 9 日）

昨问你前来函，谈到《论语》说"未知生，焉知死"，你下评云"相用犹迷"，是何意。你竟置吾之问而不措意。吾说汝轻视学问，犹不省，此真怪事。

印书事，顷得来函，欲照相石印，至早须半年后出书，仍在洽商中。因石印局太少，而其积件在先者太多，亦须论先后如排队然。此犹是特作商量也。两三日内能来为我写五六页字否？至盼。

二月九日午后

致蒙文通

（1958 年 4 月 21 日）

八九年未通音问，想犹相忆也。我今衰矣，住世能久否，不可知。昨有一书，平生吃苦所究之一大问题在其中，有此而《新论》可废，当寄你一部。川省图书馆与川大图书馆拟各寄一部。此乃请于公家，承惠印二百部保存。烦告两馆，望为妥存是幸。

四月二十一日于沪

原编者注： 此函未系年。据蒙文通先生的哲嗣蒙默教授说，此为寄《体用论》时来函。该书写于先一年，印成于一九五八年四月。而第二年四月《明心篇》已印成了，然此函未提。故可判为一九五八年。

致刘静窗

（1958 年 5 月 20 日）

来诗，改注，又加注，恐老夫不会么？见教甚厚，略读一过，恐正未曾读，大约等于一翻页子耳。《易经》且未读到"先迷后得主"，此无几日事，忽圣人如此，况《体用论》乎？以后吾勿所言。镶牙事烦人。

五月二十日午前

与林宰平

（1958 年 6 月 25 日）

来信收到。《原儒》上卷至多不过四五本，但因出版的上卷加了《序》与《记》，确重要。且有改正几字，亦稍添两小段。韩君不善细字，写不了，须封君。待我现稿完成后，方可找封君了此事，恐须年终再说。现稿内容即《体用论》之末章，而另立名，因不便与《体用论》合装。

现书，急欲成。都说我今年难度过，故急写此书，且写完再看。心当如何说？泛说一下，则东方古学除了心，实无根。如科学的哲学，自是唯物，心之原即是物，古学断其根矣。智慧与道德之源，修养之功，一切一切无往不动摇。东方古哲虽同是明心之学，而体现上见好否，则中国儒道已不同，印度之佛对宇宙人生之原，根本不同吾儒。梁先生厚责吾，吾始终不能服也。朝朝暮暮情尘之责，吾初确未注意，某校一交好来见之，吾乃注意，曾一函艮庸。此事在校时，已有疑者，北还后，亦闻蜚语，自问良知，不曾缠蔽真性以堕恶道也。缠字之义，真是

241

要紧,佛意正在生死关头,此中不简单。儒家知气。亦是生死关。吾现稿只在存心二字上用心,深谈则人更不理。学之晦明,时有不安,吾侪做一日和尚撞一日钟,不舍吾养诚积诚之功而已。南行,看来不必能太早,因稿难完。所差本不多,而字字费心力,在今之年,不易也。朱子《四书集注》自谓其字字经秤量,不多不少。昔年少不了斯事,老而后知之焉。

兄之书未写,亦是憾事。钟山,我昔看得平常,后知其于宋、明学有实在工夫,不可以一般士类看之。

此信看了付渊庭交漱溟兄及艮庸、亚三看。

漆园

原编者注:此函除提到梁漱溟先生,韩君指韩元恺,封君指封用拙,渊庭姓李,艮庸姓黄,亚三姓陈。

与梁漱溟

(1958 年 6 月 25 日)

漱兄:

来信六月二十一日。顷到,即复。你说明了我的误会,即不再谈。今午后二时多,曾答宰平兄一片,嘱转你。邮后,你信才到。

今首要答你的,我喜用西洋旧学宇宙论、本体论等论调来谈东方古人身心性命切实受用之学,你自声明不赞成。这不止你不赞成,欧阳师、一浮向来也不赞成。我所以独喜用者,你们都不了解我的深心。在古哲现有的书中,确实没有宇宙论的理论。孔门亡失了千万数的经传,是否有宇宙论,今无从考,也许有而亡掉。

今日著书不是有所为，我现身未获名，这句话我还要声明，当初不无求名之意，三十五岁以后，专克治此一念，才得切实为学，确去了名心，此不自欺欺天之言。我在三十五以前，虽有聪明，而俗念未去。死后之名用不着且不说，我们这种学问与著作根本难传。你始终以为道在天地，书可传者必传。我相信非道弘人，愈见道的书愈难传。但知识技能之书则不在难传之列。若古时，如惠子、墨子之书犹不传了，何止孔门千万数乎？

我的作书，确是要以哲学的方式建立一套宇宙论。这个建立起来，然后好谈身心性命切实工夫。我这个意思，我想你一定认为不必要，一浮从前也认为不必要，但也不反对我之所为。你有好多主观太重之病，不察一切事情。我一向感觉中国学校的占势力者，都不承认国学是学问。身心性命这些名词他讨厌，再无可引他作此工夫。我确是病心在此，所以专心闭户，想建立一套理论，这衷的苦况无可求旁人了解。西洋人从小起就受科学教育，科学基础有了，各派的哲学理论多得很。我相信，我如生在西洋，或少时喝了洋水，我有科学上的许多材料，哲学上有许多问题和理论，我敢断言，我出入百家，一定要本诸优厚的凭藉，而发出万丈的光芒。可惜我一无所藉，又当科学发展到今日，空论不可持，宇宙论当然难建立。我的脑瓜子用得太苦，太耗亏，人有些病态，显然明著。结果我在宇宙论上发挥体用不二，自信可以俟百世而不惑，惜不能运用科学的材料。《体用论》后面已说过，希望来贤，有继此业者。这个成立了，方可讲身心性命。古人早提出天人两字，须知天字的义蕴就是宇宙论所要发挥的。人道继天，天不讲明，人道也无从说。今日与宰平片中提到心断其源，智慧道德，一切一切皆无根。习斋《四存》，吾注重一存，曰存此心。这个不存，古学全崩矣。你或者不同此看法，一浮却也注意及此。义理有分际，本体论、宇宙论，这些名词我认为分得好。但西人的讲法，往往把宇宙人生划分了，那就不对。然如柏格森的讲生命，并未划分，可惜他未识得真的生命。

《大易》乾坤之义，确是宇宙人生融成一体而谈，我是拿这些来讲宇宙论。你忽视成物事是错误。成物后面成立乾为精一，统御乎物，层层是为存此而说，煞费苦心，你完全忽视，我所以动气。佛法确实要改造，我们只可把它还一个地位，完不是人道之贞常。我还他一个抗造化的地位，其源出于大悲心，你要大著眼孔来看。从宇宙体用上说，本无不善，然而翕方成物，确有固闭与下坠之势，人生罪过于此起。圣人说天道鼓万物而不与圣人同忧，老氏天地之叹，义深远矣。《坤》卦曰：先迷失道，后得主而有常。坤，物化的方面也，物不受阳即心。的统御，即迷而失贞正之道。物从心，即为后，则得阳刚之大明与仁的心乾称大明，又曰健为仁。为其主宰，故有以全其贞常之性也。这样谈心物，从宇宙论的观点说是如此。言《易》者，动辄说相反相成，如何相形？须是阳主乎阴，宇宙即是始于大明。从人生论的观点来说，更不待言。所以我说《大易》是以宇宙人生融成一体而谈，此不同西学者也。

你把《体用论》看成无用物，所以我忍不住气。此与宰平兄一看，亚三、艮庸、渊庭同看。渊庭信写明六月十三日，而昨天中午六月二十四。后才收到，何以如是迟？译稿事，昨傍晚即以一片寄华东师大教务处，问各出版社或其它组织，须要渊庭所愿译的稿子否。我想他总会找一下，看他如何答。我现在拼命写稿子，少暇。前各旧稿好好保存，待此书成，再函你寄来。

六月二十五日快要傍晚

与梁漱溟、林宰平

（1958 年 6 月）

……人之相知，贵相知心，唯古哲人，心之精微，常历亿劫，不可得一相通。船山王子有云："前百岁而后千春,谁知我者? 抱丹心而临午夜,自用照然。"余每三复其言,聊以自壮。汝若有灵,勿以老夫为念。呜呼! 往而不返者,化之无滞;来而莫穷者,道之至足。汝与古圣贤、与天地万物,皆乘化以逍遥,体道而无尽。余形骸从变久矣,守小体而失大体,余虽寡昧,未至于斯。心事万千,欲言不得……

漱、宰兄:

详吾点圈处,方了悟人生所学。

末段加圆点处,体用不二之蕴与死生之理尽于此矣。渊明"从浪大化中,不喜亦不惧"云云,未免流浪而不见体。龙树归依实相,犹是体用为二,无著亦然。化无滞原是道之至足,道之至足,故乃化而无滞。即用识体,即体见用,体道无尽,乘化逍遥,本来无二。老氏乘化而不能体道,则流浪生命而已,岂真得乘化奚? 从来文人,好言乘化,是可哀也。

今日答宰平兄片中,曾说佛经说真性在缠,是生死关者。有一杂记,称龙树说见性人虽误犯大过,不坠恶道。后学或反对之,有说不可反对,是在乎其见性了。若真性在缠,即无见性之几,命终使不知飘流何所。见性,朱子重涵养,然若缺乏省察,恐诸多染种更不好也。故省察要并重。

答黄焯

（1958 年 7 月 12 日）

耀先先生:

老五月二十三日信,今早起老五月二十六,阳七月十二。收到,可谓快矣。你的病,免车水,想病不轻,望开拓胸次,并加营养,病不足患也。

你昔送我所著《诗》的一本书，我虽匆匆看过，然犹忆其精审，确是有价值的著作。但在今日，便非时代所需要，将来如有作考核工夫者，犹用得着，但未卜何年耳。停课，工资减否？生活不至影响否？令郎有几，均长大否？各能自力生活否？便中见告。虽我闻之无益，然知其情况，心下免得一种悬揣耳。古学有可通之后世者，能温故知新亦大佳。古学或不合于今，而其理有不因异时异地而或易者，此乃人道之贞常，则不可随俗而失其守也。吾无妥人照料，以致日常生活太苦，时有归欤之志。勉强完成一二小稿，当遂谒圣九霄之愿耳。

博平先生均此。

漆园　七月十二日午后

与林宰平、梁漱溟

（1958 年 7 月 22 日）

宰、漱两兄：

今天来客谈及五行家言。五行家之术行于晚周时代，荀卿有非命之论。我向遇人好试之，不甚信，而信相法。然解放前三年，遇一罗易为吾作批，向未相知，而几乎都合得上。他批我丙申、戊戌两年都险，戊戌难过去。所黏者即其桌子中之文也，我剪这笺字下来，我要留其单子。丙申即前年，这年秋后，忽然全身骨松散，大动脉突出寸多，脑空，心胸痛，腰树不起，不能吃，冬腊甚危。今年戊戌，发愿写作，如作成，虽过不去也心安。热天我常五更起写，尚可支，不知秋后如何。此即《体用论》未作之章，《明心》。今不便合订，只好另立名，作单行的小册。现立名《心学要略》。宰哥看此名目可揣其内容，此书名可否？或叫《心论》，或叫《心学》，或叫《心学要略》，三名孰妥？宰哥可为另取一名否？望快以片

246

告。拟为三章，第一章已成五十页，尚未完，每页字数同《体用论》。我不想多写，于人太苦。年已到衰，耗脑血殊苦人。且起来买东西吃，很难得。鸡已从去年起戒杀生，决不开禁。牛肉吃不得，羊肉太不好，鸭也太不好，皆皮骨也。所说鸭是宰了的，活的也不买。白耳之类均不可用，太不好也，直无滋养可言。鸡蛋尚可买，而血管硬化，每天只可吃一个，两个便不宜。牛奶不好，未定购。用起心来，甚苦，拼命干。

我欲存心、存孔。颜习斋《四存》，我且管二存。远西哲家根据科学知识而用分析之术弄出一套理论，各有所长，但终不能穷高极深，不能穷神知化。我所以常恨少年时未得出洋，我所差的是科学。若得出洋，我自信要开一道光明。漱兄讨厌西方旧哲的理论，我觉得不应这般见地。理论如果是应理的，应，犹合也。万古常新。如佛典的老话"不应道理"，这种理论是可厌。要注意理论的内容。我虽老，犹时或忽然来一个快语。但是这个快，还要根据它再向各方面去证实，才得演成一个可靠的理论。如果自矜快语，而不多方面去证考事实，那一点快语不独没有证实，而且不能六通四辟去。做哲学的人，要时时有快语才行，否则陈陈相因，不会见理道。更可恶者，乱七糟八扯话头来。古人也多用旧说，章实斋于此多所考。但旧说经他用来，却成为他的新物事。

渊庭译稿，我替刘君与此人要履历，或有一点接洽。他不轻诺寡信，渊庭久不答，今已罢论。

七月二十二日午后

与刘静窗

（1958 年 10 月 15 日）

吾不奈此天气何？八月到今，总令老年人精神不得舒畅，文字写不来。牙颇难过，我亦难动，因书未成，无兴趣出门，你近如何？如不适，以"不愁病"三字为药。愁病，病更深也。照见五蕴皆空，病魔无安足处，何有于愁？

你不必来，候吾书成，片告。

漆老　十月十五日午后

复刘静窗

（1959年1月2日）

来函今早收到。令先德传今年总当写几句，却须天气晴爽，意兴稍佳，方可提笔。五八年确是感觉精力衰竭，提振不起，尤其昨秋末及冬来，更涣散无法凝得起。四祖前世见三祖，三祖谓其老衰，不能学道。此虽神话，然人到衰时，精力确难振起来。

与梁漱溟、林宰平

（1959年1月）

漱、宰两兄：

粤人算命术，似是十年以前事。他说我今年难过去，我曾秋中函告你二人。漱兄不答，宰兄不信。其实今年大衰如昨，而不畅意处往往有之，所云今年，指旧历历而言。想写信而无精神写，日来得宰兄信，本不欲答，而衷心感念，又不能自已，故乱写于此。

自度体气虑几之动不可久长，唯愿两三年内：一、写《易乾坤疏》，此著极重要，难笔谈。虽意思曾见于已印过之书，而更总括于《乾坤疏》，本源甚明。二、写一自述。三、《名相通释》要改作一书，书名亦另提。四、《语要》删存。区区此数者，能完成再去，吾亦少憾，但未可必也。今年特别怕冷，因年老而营养太缺乏，羊肉每不可购得，食品多难得，而佣人太无办法。儿处屋狭小，多不宁，无可为计。前说欲写者，若在前、去两年间，犹自信可写成，今则不然。又复须知，虽写成，亦不能作即存之想。须各抄五六部，此笔抄写费和纸费亦不轻。从丙申十月起，实行加资，而前年几乎未注意，为乡里亲属与若干故旧所耗。今年旧历。对乡里亲属并未助什么。一因乡中无生产力者不甚少，而其家无助，我的亲属如常助之，亦不合情理，因此今年即减少其助；二因今下半年公社有饭吃，亦可快意，但衣食日用，目前犹未能遽有办法耳。此据乡人来信，然大体上已有饭吃矣。此言乡里减麻烦，但儿子之家今年大麻烦，出差赴东北五次，有两次都历时二月，其余的日子亦不短。下半年，舍亲妹夫均年过七十，来此小住，船费及住吾儿处之伙食费，不能叫二老太苦，亦皆吾担负。大概明春还有二月余才回去。吾亦月月用得空空，抄书费亦无着，向后存蓄很难说。写书难，抄书费也难。

吾侪为学，深穷宇宙根源、人生真性，唯当归宗《大易》。在"生生""大有"处识清本命，《大戴礼》有本命语。不能舍"生生""大有"者，而以寂灭之乡为立命之地也。此中有千言万语，无从多着笔墨。体用不二体会得真切时，便知宗教从修养"神我"入手，自未免错误耳。"神我"之为物，不是实体上所有的。先儒说鬼者，多释为知气，亦名为精爽。黄梨洲在《宋元学案》中有一段话说得好，是否在《朱子学案》中，已记不清。彼之意：圣贤之精爽决不散失作无，死而化为万气，以至消灭，庸凡之流亦难有精爽存在。儿时过庭承训，亦如此说。盖先父于清明祭墓时，教戒余：人宜以精诚凝聚先人精爽，所谓祭如在者，此时绝不是故意为之，乃精诚之至，唯一心信其临之在上，非有心疑其不在而故意想其如在也,以呜示不肖。忘失先训,年邻八十,陷于不孝,忘背吾先。今写至此,不觉依如。

君子之立言,自当从其可知者而说;其不可知者,最好存而不论。但尽人道、立人极,扩天地万物一体之盛,何至忍忘其先乎? 尽位育参赞之责,何至亏损其精爽乎? 不已者生生,无尽者志愿,何可自视百年内外将如烟消云散,一无所有乎? 知气之论,儒家存于祭典之礼说中,而不以之入于哲学理论,此为卓见。或谓信知气者,亦是迷信,此亦不然。自信生命无断绝,愿无穷尽,此人生之正信。若夫宗教徒计较因果,为未来世培植福田计,此乃凡愚之昏贪,乃真迷信耳! 佛书谈愿力是好,其哲学理论若作反人生看,其空观除尽一切贪、嗔、痴,是大智慧;若不如此看,则以世法衡之,确无足取。我始终如此说。

宰兄之书,本以整理出为好。兄自度精力可用,即勉成之;不堪用,宜养静以存神,多阅书似不必。兄之诗应当作,清幽之思致,纯洁之性行,皆于诗中表现得分明。比之孟浩然,吾兄似远过之矣。太白尊敬浩然,而不甚尊杜公,独惜今无太白能识北云耳。儒之知气,佛之赖耶,不能起信,亦当存而不论。宰兄一生德行无纤毫损所从来,此足为宰兄欣慰。

致王致中

（约 1959 年 5 月 17 日）

王部长:

接贵部公缄,程益庭登户册事承垂注,派出所业已照办。感荷,感荷。

兹复有一事。一,我已衰年,神经衰弱之病至今五十余年,与日俱增。头部、颈部、背脊、腰部这一带很难言。如（一）遇气候太恶劣，及（二）房子闭塞，或（三）不适意的事来刺激一下，或（四）写作过度而不休息，或（五）多人场中呆坐，或（六）营养缺乏，则头脑至腰部一带便闷疼，甚至欲裂。顷刻之间，性情发生变态，语言一切胡乱。此等情形，非同病者不能知也。宋朝的哲人朱子，其文集中有《告来宾》的一小文，说他腰部不能用带子。古代汉衣冠，礼服须束带。《论语》云："束带立于朝。"是也。士人见宾客，亦必有礼服。若不束带而见客，即是不敬。故朱子说明其故，请来宾原谅。我们少年时，看朱子此文深以为怪，不了解他是甚么缘故。后来我得了神经衰弱过度的病，不能多穿衣，卧不能多盖，不能多垫，乃知朱子不能束带是神经衰弱之病也。古时没有这个病的名词，而古书中却有"弱不胜衣"的一句老话。这种病大概是用脑不休者所常有。但病有轻重不同，用脑而有节制，以时休息则病轻；我平生是急性人，不肯休，故特别重。

大前年十一月十一日，我曾找邮电局医生张同志检查一次。据他说，主动脉突出是血管硬化严重，好在血压不高。肺门右影增深是不健康之象。主动脉突出，心脏亦有病，故常失眠。兹将其检查单子附上，请一阅。按：随信附诊断书："五六年十一月十一日，荧光检查：主动脉突出，肺门影增深，血压一二〇/八〇。"

前年及去年我也不再检查，我总感觉心脏时有不好，这个味道说不出。失眠时太多，稍为用心便不堪。

我年年还在写作。大前年出了一部书，前年又由科学院交龙门书局印了一部书，印二百部保存。去年又由科学院交龙门印了一部书，亦是保存。现在我还要继续写作，但不敢再求急，缓缓写。

由于我的病状及工作，我请王部长对于我的营养想一办法。此一事也。

二，此次入京，在会期中有一夕，沈德纯同志到我处，有前北大哲系卒业的萧唐刚者在吾室。萧自向沈同志求，将他调到上海方面，于医学院内教拉丁文。他便好接近我，好研究中国哲学。德纯已允转请王部长介绍，嘱其开一简单履历。过了两天，萧唐刚又来新侨〔饭店〕见我。我问他的履历寄沈先生否？他说已寄了，但甚简略，有些事未提及，将来须再提。我问他，你未提到的事是否重要？如是重要的事，须先提出才好。他说："曾经逮捕一次，后查明即释放出来。这事尚未提出，也想将来再补述。因为就业要写一自传，候那时补述。"我听了此话，也未甚留意，以为就业时补述也可。他走后，我的长女说："萧君此事须先以详情写出交沈同志。沈先生审查后，再酌量其情节，确无不妥，才可向王部长作有力的说项。王部长也好负责介绍。否则先不弄清楚，后来发现有不妥的情形，则接受的方面那能不问及王部长？"我答吾女云："萧君既由公家逮捕而释放，当然无有反动的情形，还要慎重什么？"吾女说："老人完全不了解人情和世事，释放的情形当然不一样。有的人本无反动而被人诬陷或嫌疑而实无罪者，这样的情形经查明而释放，当然是明明白白的端正人，党和政府决不会对他多心。有的人不能说是全无反动的意图，但不是主动的和积极的反动分子，党和政府以宽大为怀，对这种人不欲废弃他，也可以放出，与他一个自己改造的路径。萧君如是属于前者，则可介绍；如是属于后者，则当请德纯先生详细查明其被逮捕的情形，与其释放后在学校的表现。倘释放不是前一种，而释放后的表现确甚好，似乎还可成全他。若释放后亦无好表现，则我父亲不宜令其接近也。"以上是吾女的话。

我出京之前，曾函德纯先生请其调查萧君的情形。但行时仓卒，不曾详说。老年人精力短，详写一信不容易，故迟至今日乃得写此。

萧唐刚原是辅仁大学的学生，解放前转学到北大的哲学系。我名义上是北大的教授，历年甚久，而实际上不上课，因病重之故。解放后我回京，萧来见我。我闻北大的几位教授说，萧的拉丁文甚好，又肯用心，英文好，对西洋中世的哲学有研究。辅大是教会学校，我平生不喜欢教会。萧来见我，我问他："你为么来见我？"他说，他曾研究西洋中世的哲学，现在想研究中国古代的哲学。吾教之曰："西洋中世哲学大概以神学为根底。这个神字在西洋说来就是上帝或天帝。中国神字的意义不是上帝或天帝，亦不是幽灵，而是以接触外物、了解外物、处理外物的心灵作用叫做神。这个神不是离开身子或客观世界之外而独在的东西。所以说，这个神不是上帝，也不是鬼物。你若以西洋中世的神学作根据附会中国的哲学，那便混乱不得了也。"他听我此话，未曾反对，还肯静心去体会，所以我颇喜之。他被逮在我出〔京〕之后。宗教闭塞人的理智，阻遏世界的进步。此次京开会，陈铭枢还来我处问佛学。我说：你应当一心学马列主义，不当夹杂佛教的思想。如肯参考古学，以留心孔子的六经为好。孔子之道与马列相通者甚多，可惜今之后生全不研究，讥评的学生也不算少。然前进的人则把古哲一概说为小资产阶级的思想，把他一笔勾消。我在京时，这种学生来，我就要大骂他一顿。因此他们也不再来。须知，大学派的创造者必是天才，必有远见，虽不能不受其时代的影响，而不能说他全无远见，不可妄疑他无有一点可以适用于后世之处。听说苏联年来极力讲明旧学。我们何可把旧学一概废绝？我所以不肯参加会场，不独身体不能忍受，而实不能不爱惜衰年残余的精力，多写一点东西。

吾国过去学界的名人，年到三十岁后便绝不长进。康有为三十岁后便停滞了，四十岁后便一天退化一天。章太炎三十岁后也是一天退化一天，居在上海长年和放荡的党人笑谈度日。他两位是自甘暴弃、不肯努力的代表。其余的人更不必说。我确不敢且不忍闲旷时日，无有一日荒吾之所学。可惜我今之年已衰，太孤太闷，无有少年及中年人能和我谈所学者，这个苦比任何种苦为最大。人情莫苦于无告，而老衰之人，一生所学无可告语，其苦更甚。

萧唐刚，总望德纯先生直函萧，令其写一详细自传，对于逮捕及释放的情形请其详述，对其现在的某中学，责其直写出。必派妥人至该中学，详问其近年表现好否？如果其人不可靠，不可信，则不可令其到上海来。我虽孤闷，亦不愿接近此流。若人尚可望改造，则向上海医学院介绍他教拉丁文，而以余闲就我处研究国学，亦足慰我之望。但此确要查明，切不可随便弄到我身边。此信一页及三页。请王部长收阅后邮寄北京沈德纯先生。德纯先生看后，仍邮还王部长。我写的很详细。详查在乎德纯先生。

我候天晴，决定回淮海中路二〇六八号。厨房事，我想当面开导邻人，如可和平解决为极好。倘无可婉劝，我再函请处理。我想或可和平了事。

敬礼

熊十力

五月十七日午后

原编者注：沈德纯为董必武秘书，湖北人，原在中共湖北省委统战部工作。

复陈亚三

（1959 年 7 月 2 日）

六月二十七片才到，即复。梁先生大便通利否？人老则此事至重要，不可忽也。东还匆匆，《两易》欲写下册，总凝不起精神来，无缘达出思理。去年确未至是，秋后还是决计回家，免得日常琐事_{如打扫等。}劳人。仰乾先生，德人也。《明心篇》候开头一段稿子可结，当寄他一本。若一点也未写动，即全无兴味，针尖小的事情也厌作。此种味道，梁先生或不能梦想，漆老朽何乃如斯？吾平生运思与写作，都是如鸡伏卵，一毫无间歇，吃亏在是，乐亦在是。学问之道难言，孔子终日不食、终夜不寝以思，岂有间歇之一瞬乎？吾自度衰象难可长久，人生本幻化，毕竟归空无。

人生老病，好好捍卫延年，自是常情。如觉身子朽了，任他迁化，无复系恋，又谁曰不宜乎？

梁先生、艮庸、伯棠同看，马先生一阅。

复刘静窗

（1960 年 3 月 9 日）

来片阅悉。令叔八十四寿高矣，吾子过悲，又追怀令先德。释尊以证真与度生为孝，群经不载其有类似中国历史孝子哀毁之文。孔子以修己行道为孝，此外则忌日必哀，临祭视如在，平常亦无过哀之事，《论语》《礼记》可考也。死生本常理，造化自然。人道以理节情，亦顺大造之自然耳。医院房子皆满，须与人共房，吾神经要空气，又咳嗽，因阴雨日久，夜必咳痰，于人不便，故不住院也。吾曾亲见其无空房，故一往即返。天气苦人者，咳与痰，又常思食，不可购。哈尔滨如你来，可垫款酌购若干来，但多亦不必，因潮湿了，又加咳痰，反有害也，如何保存，似无好器具。

三月九日晨

刘任先注："哈尔滨"乃指淮海路"哈尔滨食品店"。

与刘静窗

（1960 年 3 月 16 日）

日来咳和痰渐好转，唯膝头未强固，背脊好转，而未甚强。每午饭后到西宝兴路稍走若干步，唯灰多与风凉，不无患耳。前谈先仲兄小处无往不吝，而大节可怪，其分家也，独取奇丑之田与屋，而以极好者分与诸弟弟，及提作公田，彼自退让，毫不自以为美举，行之若无其事然，此乃事实，非有半字之饰。前谈支蔓，忘及此。

又吾侄之逝者，其境亦可伤，兹不及谈。哈尔滨［食品店］生产已复否？前购之品，亦可用，目前犹省一点。

三月十六日午后于青云寓

附：熊先生祭侄子远文

往而不返者化之无滞，来而莫穷者道之至足，汝与古圣贤、与天地万物，皆乘化以逍遥，体道而无尽。

与刘静窗

（1961 年 2 月 14 日）

衰年血气亏残尽，斗室横床已活埋。人生小己何堪执，于小见大迁不迁。小者，小己。大者，孟轲所云大体，谓吾人与天地万物通为一体也。小己有迁谢，实乃在大体中，时时灭故生新耳，若于小己而见大体，虽迁，犹不迁也。生生不住悟真常，宇宙那有寂灭界？

交春后，又发下血之疾，宣红色，有云或是痔疾，宣红当是外痔，而人亦困甚。

二月十四日于青云寓

复刘静窗

（1961 年 3 月 1 日）

来函收到。你的病，勿轻视，勿重视。重视，即为病魔所制，危矣。轻视，将忽于保养，更危矣。保养之道，学人以省思虑，宽以居之，优哉游哉为根本。今后，望吾子极少看书为上。此意候面谈。吾书相识都说不会印，纸张太缺，本如此，无用之学，不急之务，又不待言。今接京科出社函，已决定影印，现已进行照相、制版。不久即可出书。唯因纸的问题，只能印一百本云，我函请加二十本，不知允否？此乃至幸。

三月一日于青云寓

原编者注：此片末所说为《乾坤衍》印行事。"科出社"即科学出版社。

与刘静窗

（1961 年 3 月 26 日）

今春气候奇坏，吾不能受。湿冷，令四肢难支，意趣消磨尽，无奈何。百千亿劫习、种，纷杂现起，如浮云变幻，伏之不得，照之无踪。

吾子之病，宜以长期摒书册，省思虑。观物、返身之际，伏除一向杂驳闻见。不思量时，也未尝无思。惟是脱然神会，会，犹解也。直得其真。死读经书或世间名家论，终与真理不相关。

欲晤谈，膝头软，不堪动。又怕冷。夜半寒风入户，被单絮破，凄凉无限，清眼望尼山。

与刘静窗

（1961 年 7 月 28 日）

吾昨夜半鸡未鸣时，起而小便，见两足膝头以下皆形如枯骨，此死象也。吾今年焦苦多端，体日衰，决不可久于世也。细物匿书，似有毁弃之意。近有信，说照寄了，并有邮局挂号收据交来。盖上峰究问过，否则此书不能存也，此告遵骝。离用求体，将如佛教以诸行为幻化，而别觅不生不灭的体，其功在归寂，其趣入，即寂灭之体耳。此其过失，万万千千，兹不及论。《大易》乾元用九，坤元用六。用九者，用其纯阳，以统坤。用六者，用其纯阴以顺承阳。万物禀乾为性命，乾者，体之显也。万物禀坤以成形，故曰坤化成物。坤成物，便失其用之本然，而乖其体矣。人生在用九。用九者，用乎乾以统阴也。处缠云云，坤不承乾，故至此。吾书不是空泛。

致葛正慧

（1961 年）

附赠《乾坤衍》，实不得已而自费影印。老而不死，力成此书，决不自覆其说。白沙子有句"君子恒处睽",即我□书之心也。

原编者注:葛正慧,当时服务于上海图书馆。此函转引自蔡尚思主编《十家论易》之《熊十力论易经》(实即《乾坤衍》),岳麓书社,1993年3月第一版,第677页注二,注者为陈宁宁。末句□,原为"非"字,疑误植。

与刘静窗

(1961年9月18日)

静窗有道:

任先当今之世宜专精科学,否则无以立身。科学要时有新发现,不容停止,停便退化,其细密至不易也。国学凭空说,如何说耶? 吾书给他一部,望其看了,依书发问。

九月十八日

致刘静窗

(1961年9月20日)

刘静窗先生收阅并示任先。

静窗有道:

来函云,此书言浅,而意义深远云云。你向我说及此者,不一次,吾未答,而吾子不自知其错也。古今书籍岂有言浅而意义深远者乎? 断无此事。言浅者,其意义断未有不浅者也。古人见理到广大深远时，而又有深入显出的本领。此本解，即佛氏所云解无碍，法无碍，义无碍，辞无碍也。阳明云见得到时，横说、竖说，皆是，亦与四无碍相合。不解者，见其显出，则若浅。其实，与浅人之浅语，则相去不止九天九地之隔矣。深入显出，不是浅，若见为浅，则完全不得吾旨也，可奈何。

"触类而通"句下长注，字字是含盖乾坤、包罗万象，此处是老人特殊本领。古人到此者，亦少也。因为以极少之言，而要包括无量无边义，所以难。吾前为唐女生说，而并未说出吾意，因彼无根基，吾无从发吾意，机不投也。万变万化、万物万事，何以谓其成于理乎？《诗》曰："有物有则。"则者理则，科学所云规律、轨范或公律、法则等等名词，皆理则之别称也。任何事物、任何变化，不是无规律的，不是理无则的。任先学科学，应于此有悟也。"理万殊故，析之必有其类"，此语是哲学与科学不异的。对于宇宙现象的万变万化，亦云万事万物。必用分析法以研究之。事物万殊，析之则有类。譬如，无量无边的物，可总析为有机物和无机物两大类。无机物，又向下分之，则其分类千差万别，愈细愈密。有机物，又向下分之，亦复千差万别。愈细愈密。研究无机物的，如物理学、化学等等，其分类之繁密，不可胜穷也。研究有机物的，如动物、植物、种种分科的细密，又可胜言乎。科学根据实验而行分析，其分科也，即于宇宙万象，而各画定一个领域，犹云范围。作精细的研究，所以精确至极。注意。哲学则不能如此，只是总观宇宙万象，而析别宇宙的各部分，体会其大略而已。故哲学虽用分析法，而不能如科学之细密也。"类不紊乱，会之乃得其元"不紊乱，故知有元。无元，何得不紊乱。云云。此语乃归到哲学至极处，亦即是哲学的归宿处，亦即是哲学的本分处。老实说，哲学者，穷元之学也，深穷宇宙人生之根源也。不是空想一个根源，来说明宇宙人生；而是从万象万化、万事万物，随处体会，累积测验，而综合之，才见到万物各各自身皆有其内在的共同的根源，不是凭空幻现也。吾气短促，不堪多写，望好好用深心去读吾书，随处体会道理。吾将理旧稿影印，无余力多写。

九月廿日

致刘任先

（1961 年 9 月 26 日）

　　九月二十二日与令尊并示你之信，想收到。从万化万物皆成于理说起，这里是融会西学与中学合说。西学谈理，大概只就物言。而中学则《诗经》"有物有则"之语，则者法则，亦犹理也。亦合于西学。但晚周小康之儒，不向此方面发挥，故《礼记》中《乐记》言天理，只就心上而言。如孝慈忠信等等德用，皆心中固有之理。明道遂有"天理二字，确由自家体认得来"，阳明遂有"心即理也"之说。宋、明儒皆祖此，而科学无由兴，以不求客观的方法故。这里有很多辨难，我须别说。可惜我怕难久活了，生机完了。尔将书圈一过，交吾一看，不知尔知要处否？然老人念尔生今世，须勿荒科学。

　　会之乃得其元，下云理者，一本而万殊，万殊而仍一也，此等处须深玩。

九月廿六日午后

与刘静窗

（1961 年 10 月 7 日）

　　如不作学术研究，只随便说做人的道理，或反诸自心有所悟得之处，或观于天地万物有所体会之处，皆可随机与人便谈。古人之

261

语录即如此。若作学术研究,则不只如此而已。其读书的方法、其用功的步骤,皆须长年循序渐进,虽上圣有广长舌,无法向未问津人开口也。

六一年十月七日

与刘静窗

（1961 年 10 月 16 日）

任先大约快行矣。吾精力确不行,你当可想而知。写字难,说话难,去冬以前,尚未至此境也。欲清理一稿,付封君写。封君九月来,至今吾不能查阅半个字,如此言不实,非人类也。衰而可怜,乃至此,滋生之物未易得。

你前信叫他看《新论》文言本及《通释》,何乃如是? 太炎清末治唯识多年,而名词多未通晓,况其义旨乎? 奈何责任先。此非急遽可为也。佛家不论何宗,其名词太繁。凡学须有基,基不是突然培得起。青年在今日,治科学不易,要天天求新的发现,无中立之境,止乎旧而不能新,即落伍。任先卒业,犹是始业将动步耳,其精力难言至健,而可纷乎?《乾坤衍》一月中或抽暇看三四行,作为若有若无之功可耳。

复刘静窗

（1961 年 11 月 23 日）

十七日一片收到。紫珠草溶液买到否? 此药在冷天吃了,仍咳且痰,近乃知之,也不怪他,当然无可御寒也。前者天气暖,吾甚好。昨至今大冷，吾仍不得了，有生之苦，无佳趣。回家亦麻烦。你病况究如何？老人时时未忘怀，八年来，唯吾子终始相亲，慰孤老，相依为命，吾何能忘你乎？任先有信回否？衰年孤境，不如一了，看上天怎样。病中笔。

十一月廿三日

与友人

（约 1960 年代初）

　　五九年以前，吾能写作，绝无孤苦之感，及连年疾厄，孤身面壁，生趣渐消，不得无苦矣。年日增，病日深，常玩死味。人到死时，热如烈火，光焰升腾如太阳之生命，忽尔烟消云散。三千大千世界，_{用佛经语。}一切都空。学问、事功，都无所有。任何创造如梦幻泡影，如露亦如电。_{以上《大般若经》偈语。}此大雄所为唱空教以自靖也。然吾终不宗佛氏，而皈依于孔子者何？

　　《论语》记孔子答子路问死之言曰："未知生，焉知死。"此六字含藏无量义。孔子作《易》，阐明万物同禀一元之乾德以为生命，_{言万物即摄天地在内。他处仿此。}故称乾曰大生，称坤曰广生。_{见《易大传》。}然乾实主动以导坤，则坤之广生犹是乾之力也。乾德刚健，遍运乎天地万物，混成一体，是谓大体，生生不息也。万物同禀一元之坤德以成形体。_{无机物之形体，乃至人之肉体，通称形体。乃至者，中间多略而不举故。此依佛书句法。}形既成，便是千差万别的无量独立体。如吾人即以其肉体坚执为自己，傲然独立，而与一己以外之一切物对峙，实则肉体只是小体。执小体为己，是乃小己耳。若乃万物共同禀受刚健性之大生洪流为其各各自身内部潜在的生命力者，_{其字，指万物。}是为大体，_{即以万物共同禀受之大生洪流为大体。}亦称大己。_{以大体为己，故是大己。}此乃永久周行，_{周遍大}

263

字,充实流行,曰周行。**无有停滞,无有中断,无有穷尽。如上三种"无有",以明大生流行之妙。**万物皆同禀受大生之流,为其共有之大生命。大生,谓乾也。就其为万物之大生命而言,亦称大己。**无有停滞者,大生之流于一瞬间,前流顿起顿灭,复有新流继前而起。初一瞬间如是,次一瞬间乃至无量瞬间莫不如是。生命总是瞬瞬去陈而创新。**瞬瞬连言之者,通无量的瞬而说故。**此理,远取诸物,近取诸身,不难体会。大生之机,恒猛而迅,其德至健,故无停滞。无有中断者,生命之流,前不至后,**前瞬乍起之流即灭于前瞬,故未尝至后。**后定续前。**后瞬之流恰于前流方灭之际,紧接前瞬而续生。前瞬后瞬之中间未有空隙,故恒相续流而无中断。断者断灭,读若旦。**无有穷尽者,大生之流恒是瞬瞬新新而起,决定无有最后灭尽归于空无的末日。**综前所说,吾人若能于小体、小己而悟入大生,即已认识大体大己。到此境地,哪有死之一事可说? 死者,乃愚夫不悟自家本与万物同禀受大生,不悟自家本与万物通为一体,不悟自家本与万物同以大体为大己。愚夫迷乱,竟谬执小己为独立体,而从大己中分裂出来。由此见有小己之死,遂不得不以死为可悲可怖之大苦。子路问死,乃愚夫之情耳。孔子直呵之曰:"未知生,焉知死。"子路不复再问,诚钝根也。惜哉!

有问:"小体与大体有辨乎? 无辨乎?"答曰:虽有辨,而事实上不可分之为二。譬如汝之一身是称一体,汝之五官、百体,是众多支体混成为汝之一身者。小体犹众多支体也,大体犹一身也。支体以外,非别有一身。小体以外,非别有大体。

写至此,吾疲倦。姑止于斯。

吾欲重游北碚,不果行。

敬礼

熊十力 二月二十三日

原编者注:此据熊先生原稿整理,作者注明为第二页,未见第一

页。可能是写给在北碚的友人的。此件文笔有力，字写得有笔有划，思路、文句不乱。但此件并未寄出。

致唐至中并转唐君毅、牟宗三

（1962 年 5 月 29 日）

至中吾侄看后，并转

义、宗有道：

吾年垂八十，今正[月]故乡族戚子弟为吾祝八十。虽稍未满，然祝寿不取满数也。

《新唯识论》吾已废之。如外间有印行者，千万嘱其毁版，不可再印。《佛词通释》纵无暇增益，亦须稍为审定。如吾不及审定，便当作废。《语要》决须作废，切不可流行。昔年随笔，未曾经意，不堪传后。《读经示要》亦非传世之作。老夫七十六七以至八十，真下过血汗工夫。义精仁熟，在此十余年中，惜乎近四年衰得可怜，吾难久矣。《原儒》《体用论》《明心篇》、未完。《乾坤衍》及现写之书[即《存斋随笔》]，虽写得急遽，年老，怕写不出，所以急写。不必尽吾之能事，而大体极是。《乾坤衍》体系备矣。犹当至少写一二部发挥内圣、外王之渊海。惜乎吾年至此，吾力竭矣，脑袋犹未闭塞，而笔下不能达出，说理之文，发于兴趣，兴趣生于精力，惜乎吾精力已衰矣。学问之事难言，非至诚向道，恻悱满怀，时时在在不忘仰观俯察，远取诸物，近取诸身，六通四辟，小大精粗，其运无乎不在者，难乎言成学也。非字一气贯至此。平生少从游之士，老而又孤。海隅嚣市，暮境冲寞，长年面壁，无与言者。海上九年中，独有一刘生[指刘静窗]时来问佛法，年才五十，今春忽死去。吾乃真苦矣，当从赤松子游耳。书不尽言，言不尽意,姑止。

漆园

今寄中侜转义、宗《乾坤衍》二部。《原儒》,吾手中无有,似乎去冬曾付中侜《原儒》一部转毅、宗。如已转,彼应筹付梓行。唯校对千万小心。一字一句,不可错落或模糊不清。十多年前,托毅、宗校印《语要续集》,《香港》印一小册,而字句错落与不清者,几乎有十分之八。此非小失,宜戒也。

印书事极大,不可掉以轻心。为当世后时看书之人与对真理均当负责。事无大小,必尽诚心。数十寒暑,身与浮名都无意味,惟诚之不可朽也。君子竞竞于此焉。老夫不得不苦口也。

《体用论》一部,勘误表未尽。候吾现稿能成,当补添再寄。《明心篇上》,亦须流通,勘误表现未及办。曾涤生印船山书,设一局,所招致任事之人皆学成名家,一毫不敢苟者,其慎重如是。作人为学,当以浮泛为痛戒。

六二年五月二十九日写

附言:一至二页尾可钞一稿还来。

致唐至中转唐君毅、牟宗三

(1962 年 6 月 5 日)

六二、六月五日、[端]午节前一日午后,又写告至中侜妥转义、宗:

今包好《乾坤衍》二部、《体用论》只一部。吾手边今则一部也无,望小心保存。

《乾坤衍》今后亦不可再得,印得少。熟人拿去,亦是随便作玩意儿,抹桌子,并不看。去年惟任叔永[鸿隽]先生病中看,颇喜此书,惜乎不久而彼归道山矣。张真如先生亦赞同此书。马、梁两先生大约均不看。马先生病目。梁与马均信佛,尤信轮回。此就交游说,此外莫不厌之。

吾外表常现红,浮阳之象,自觉无一毫气力,不可久于世。又八十衰年,无家属照料于旁,此为最不了之事,苦况难言。

吾望毅、宗于吾《原儒》《体用论》《乾坤衍》《明心篇》上下篇未作。要好筹印,以就香港筹印为好。如另排板[版],须小心校对。不论吾生或死,望有以对我。如影印较省便,但仍须校对。错字或不清楚处,印局可再修补。吾之《体用论》影印时,吾校改字不少,皆可修补。此望负责。

吾今现写之书,非系统的作法。欲为若干篇杂集之类,名曰《存斋随笔》。现第一篇谈佛学,快成。次篇及三,欲为《体用论》及《乾坤衍》提示大要,便于读者之了解。此外将或为大小不定的随笔,吾所重视的内圣外王二方的精义。恐吾愿难达,吾难久也。圣灵能祐斯文,以祐不肖乎? 吾往年一鼓作气来写书,并不甚念汝侪。今衰甚,念尔辈,若难忘。

[端]午节前一日

致张清和

(1962 年 6 月 14 日)

清和贤妹先生:

大作长寿秘诀,吾已看过。有两点意思可告于你。

一,我觉得你于日常生活中,常能振作精神与上帝和基督相感格。

不管他人信神与否，你是笃信不疑。如此实践，真不愧为教士。你遇重伤之险难，又遭医院无知以石膏层层重缚，壮年人也可弄死。你年已老，而一心仰赖神，忘其困苦，遂得不死而复康强，此是有信仰的好处。我虽不信神而亦愿保持一种严肃与洁净、不怕困厄的精神，随时振作自我。天不怕，地不怕，只怕我不自强。天不信，地不信，只信我能自强，便战胜千磨万难。孔子曰："君子求诸己。"我就是学孔子。你以为何如？

二，我觉得你书中对于人情的好坏与社会之有正规与否，你一向肯留心体察。书中望人为善去恶之诚意，流露于字里行间。世人如果照你的话来做人，当然皆可长寿。汉河间献王对汉武帝曰："为善最乐。"人生不作坏事，胸中无险诈，那有不乐？人之一生常在至乐中，那有不长寿？我赞成你的长寿秘诀。

请你决定查照我五月二十三日的航信，前惠寄的营养物四种，千万停寄。我还是照我原行的老办法较合宜，我感谢你的厚意。你写《岳王词》，秀而劲，也见你的爱国精诚。你有暇可来信与我。我年衰，病自然常有，不能多写信。

十力拜上

六二年六月十四日

答王星贤

（1962 年 7 月 15 日）

我们这里甚安好，请放心。唯年来气候反常，今岁三春至孟夏，冷得反常，最近热得反常，老人受不了。报载全世界气候反常，气象学家不能言其故。

你前问中国政治思想之书，我觉得确无有。孔子六经广大，可惜小儒改窜了。伪"五经"之治理，是汉、唐、开明时代。宋、明创业者之所祖述，但历史只有零碎的记载，而不演为理论，此可憾也。六国以后儒生，无眼光，无思想，只玩考据把戏，此风甚厉。

七月十五日

勉刘任先、刘震先兄弟

（1962 年 8 月 9 日）

古之圣贤，其平居念念总是忧乐并存。一般人皆以为忧则不乐，乐则不忧。凡夫确如是，圣贤则不然。夫忧则不乐者，其忧乃私忧也。乐则不忧者，其乐亦迷乱之乐，非真乐也。何谓迷乱之乐，如贪利之徒，以夺人之利为乐。实则此等人千方百计以谋利，利之未得，则常有忧。利之已得，则又忧其利之或失，而且忧其未得更大的利。此等人神志昏迷，终身图利而死。此所谓利，不专指金钱而言，一切对人、对社会，而欲占便宜，惟求己之有大益者，皆利也。世人鲜不如此，吾举此一例，可概其余。凡夫得利之时，其心暂乐一会。但其私欲太大，终不满足，转瞬又多忧而不乐矣。圣人惟尽其作人之正道，绝不图私利，如读书，求有成就，以其实学而任国家之事务，工资可以维持生活，不须起私欲，格外求利。不能任事，而教学于学校中，亦足生活，不当更向他途谋活动。如此，则一生之中，无一刻不乐也。既乐矣，而同时有忧者，何耶？如吾已衰年，亲恩无法报答，此吾忧也。又复当知，圣贤之心视全人类若同胞，天下人未得其所者众矣，吾不能忘怀于人类之在苦难中者，吾不得无忧也。圣贤终身有乐，终身有忧。

六二年八月九日写与任先、震先。

漆老

再勉刘任先、刘震先兄弟
（1962 年 8 月 11 日）

古《传》曰："天下熙熙皆为利来，为读若卫，下同。天下攘攘皆为利往。"此所谓利，不是单就钱言，一切贪名、贪货、贪势、贪权、贪地位、贪种种方便、求种种机缘，皆谋利也。利之一字包含极宽广，天下人其熙熙攘攘，无非为利而已。汝辈细思之，一切人孰不如是乎？人生不过数十寒暑，梦梦然，为利而生，为利而死，有何意义？有何价值？少年当有高尚之志，超出于流俗之外，以开拓胸怀，扩大眼光，努力学问，即物穷理。学尽，方可为群众尽力，不负此生。前写一纸，与此合看。

吾衰矣，久否难知。望汝等好学，但须爱护身体。

与董必武
（1963 年 3 月 29 日）

必老吾兄大鉴：

此次来京之意，一方面是久未赴会，须一来；另一方面，确因去冬赫鲁晓夫之事，弟有感于怀，欲乘大会之便，向兄与一二相知陈说吾之所感。如吾所见有错，便当改正；所见如有是处，不妨为刍荛之献。弟平生本不问世事，近来衰病，年到八十关头，来日无多，唯苍生大事所关，不当置之度外，求于命终时，无愧良心而已。去冬，赫鲁晓夫召回其专家，群情惶惑。后闻其对待阿国，殆不视为独立之邦。又闻其对我国援朝，竟索武器等费。又闻其与印度尼赫鲁相结合。又见报载其派女婿赴美国，吾不知其内容。吾觉赫鲁晓夫所为者，不是社会主义国家的作法，吾不得无戒心。去年十月或十一月间，沪统战部有高秀屏同志女。来淮寓视吾病，便谈及赫鲁焚史大林尸等事，问我有无意见。余曰：焚尸之事，太不人道，且赫鲁所承藉者，本是史大林之基本。第二次大战，史氏破此大难关，维持社会主义，岂曰无功？今赫鲁晓夫焚史之尸，是自毁其所承藉之基本也。余答高同志只此数语，亦无暇深论。

余觉得赫鲁晓夫毁史大林尸，是毁社会主义。其对我国与对阿国等之作风，都不是社会主义的行径，吾何忍不关心？吾欲来京之意，确于去冬决定。不意去十月，会期延缓，及辗至今春三月。余觉贱恙春天不好行动。冬冷，犹可多用一点衣被；春天，多衣被则阳气发动之际于我不利，少衣少被则不耐春寒，亦于我不利。吾颇有不北来之意，然吾去冬动念甚切，忽然欲打消此念，即是自利之私意。吾于动身之前，曾函政协秘书处，直说此意。总之，赫鲁之事吾不得无戒心，颇欲以吾所见，质之于吾兄，亦曾奉一小笺于沫若先生。他于二十七日午前枉过，吾以此意略告之。他说赫鲁之事不必是苏联人民之共同意思，中国人民对苏联人民当然不必因赫鲁一人而多生疑虑。我国始终支持阿国及诸受帝国主义国家之毒者，绝不因为赫鲁而变更态度。至我国对苏联及任何国家，一向以诚信与大公之道，此是一贯政策。我说：真正社会主义，不是短期可以达到。我们的国家，今日当注重厚养民生，充实国力。闻青年学生多病，体气不强，此不可忽。他也甚赞成。我现在对赫鲁之事已放心了，我已明了中央政策。候兄日内稍好，当谋一面。会毕，急欲回沪。

弟力　三月二十九日午后写

致唐至中

（1964 年 4 月 10 日）

至中侄：

四月二日信，吾于四月四日收到。令先慈去世后，后辈与青年哀敬之忱，诚为稀有，足以见其平生积德、积学感人者深。老曰"死而不亡者寿"，于此可征。吾侄不宜过哀也。形骸必朽，此乃自然之理。太空诸天体虽大，吾敢断其必有毁时，况人生七尺之躯乎？庄生视生死为一条，彼本信有造物者，其说曰："万物皆出于机，皆入于机。"机者，化机也。化机必有操之者。操者谁？所谓造物者也。此"者"字是"主"字之代词。庄生视万物或人之生死皆出于机，皆入于机，故曰"一条"。由庄之论，万物或人全无自己，只听化机之所为。故曰："以我为鼠肝，以我为虫臂"云云。如彼所云，人生不异空无，何有生与死之异乎？《乾坤衍》发明乾道大生之义。大生之力普遍斡运乎天地万物中，即是天地万物同一大生命。孟子所谓"大体"者此也。死之一字，唯在个别的形骸上说。识得大体的大生命，则无死可说矣。侄可深参。可与毅、宗、兆[1] 等一看。

侄常想令先慈形容、声音，便心痛难忍。吾望满月后，不妨来吾处小住。只吾饮食颇淡薄耳。吾唯注重买针药。肉类太耗费，不能不节省也。□家有乱吃、乱耗之，非吾力所能制。儿子昏柔，其病犹未能脱险。纵今年不死，终亦不可久也。宗见其单薄之状。今殆如陶诗云："形骸久已化。"吾所未能忘怀者，不知小孩群共四个。前路如何耳。挽

---

[1] 毅、宗、兆分别指唐君毅、牟宗三、程兆熊。

令慈之联："好学好思。"用《论语》子曰："吾尝终日不食、终夜不寝，以思。"又曰："十室之邑必有忠信，不如丘之好学也。"后结处"导来英"之"导"字有深望焉。

四月四日收到令嫂寄来一合五瓶肝精针药。恰恰要缺，得此可不缺矣。常常由令嫂费神，老怀不胜抱歉。听说由港付关税，沪上不再收，较廉。不由港付而此间收，较重。此次一合五瓶，关税三元六角，另手续六角四分。由港付较轻之言，系公纯所说，究不知现时关税有变更否？

吾今又比去年衰甚，不能写文字，不写无以度日。孤老独居，无亲照料，年行过八十，可知孤苦也。家况极不堪累，吾平生亦不念家，今同在一市区，见闻所及，难遣俗情矣。

六四［年］四月十日午后

致董必武等

（1964 年 12 月 29 日）

董老看后，请代陈毛主席赐阅：

力自六〇年老历正月初中煤气闷绝一次，初受毒时，感官五脏及全身关节都如烈火燃烧，其疼痛甚于刀剖。脑部之烧和疼尤甚，咀之失去感觉。至失感觉时，当天初亮时。家中有人开吾房门而入，因前日患感冒。觉有煤气，即急将窗户都打开喊我，我尤未醒。急扶我坐床上，灌淹白菜水，我才转活。旋找医生处说燃烧之象，当是血球和细胞受伤破裂之故。自此至今，前后共五年，力的神经衰弱病一天狠一天，一年狠一年。这两三年中，脑神经和眼神经最怕强烈的电光，不独怕其热度，更怕刺激力之猛。开幕之日，力到会场更畏电灯，头部和腹均难受，故不便再入会场。周总理之《政府工作报告》，力未能赴会场亲听，只好在住室内细心研究，反复数番，唯觉得伟著广大深远，精细正确，不独是我国革命和建设之金典，而实乃全世界人类反资、反帝、反殖民，消灭三大毒物，趋进于共产主义社会之慧日也。力于此伟著中系十二月二十一日印本。有一处云"人类的历史就是一个不断地由必然王国向自由王国发展的历史，这个历史永远不会完结"云云，这段文义，力觉得有甚深与宏富无尽的含蓄。但初看一二次，却于"必然王国"尚未得确解，反复多次，始认为是指客观存在的"大自然"而言。自然界的一切事物都变动不居，易言之，他们都是瞬瞬舍其旧而新生，永无终止。但自然界诸事物的变动本非有意地给人以福利而始变，变动二字简称变。而人之生也恒依赖于自然物之变有利于己，乃得遂其生。己字设为人之自谓。又复当知，自然物之变动本非有意地予人以灾害而始变，但自然物时有非常之激变，致令多数人遭受祸殃，此等事例不可胜举。唯有不可不知者，自然物变动不居，无论其为利于人或为害于人，而凡物之变动皆有规律，断未有紊乱无则之动也。民智未开之群，不能认清自然物之规律，则于自然物之利于人者，信为必然，而一意依靠自然，不信人生有自力，可以自由、自持。其于自然物之害于人者，更信为必然，而更怖畏自然的威势，不知人生本有无限的自力。即无自由与存在的自然界，一切事物的变动、为利为害，都是必然性，是为必然王国。人生于其间，绝于自力可用也。若夫人智大开，能认清自然界万物变动的规律，而确然掌握之，则于其有利于人者，足以利用之、制造之，俾自然物之性能扩充盛大，其为利弘当无穷。物之变有害于人者，若能认清其规律，便可操纵之、改造之、征服之，则其利于人者，往往非算数可计。人智日进无疆，科学的知识技能开发，自然界之宝藏日益广拓，人能发展其自力而持主动权，遂改易必然王国而创造为自由王国。人道之伟大在是。力之浅见，作此解释，不知误否。

昨曾请教于董老，董老曾言，吾人对于自然规律所能认识到者尚有限。力答云：如狂风暴雨，一般人皆视为不可避免的祸灾。实则狂风暴雨不是偶然忽变。其变也，非无规律。董老曰：如于气象有预测的深细、精殚的识力，则可以预防狂风骤雨之将至，而不受其拔大木、倾崇楼、死伤多数生命之殃。力信董老之说甚是。

虽至此，力患头昏，而读周总理此次伟著，启发我对于阶级斗争一至广至大的问题，自愧昔年无真了解，往往以为解放初土改与镇压地主富农及土豪劣绅等，阶级已消灭了。商业的公私合营，都市的富豪不能再有垄断的势力，不能以厚利为其子孙之私有。富豪阶级并非有消灭，吾侪昔年不自知其错误，今读周总理此书，乃知阶级不易消灭。地主以至土豪劣绅、奸商等等，其子孙潜藏于社会上各种机构中者，莫不包藏祸心。而且阶级斗争的问题太广大，不独国内有之，国际间强吞弱，而弱者互相团结以灭强暴，正是阶级斗争。我们应当新思远虑，对于阶级斗争不能松懈，直到共产主义社会实现，才无阶级斗争。我若不读周总理之伟著，将长在糊涂中过活。此次参加大会真是幸事，人生对于世事万不可糊涂也。糊涂是失去人的良心，即不成为人也。五年来神经衰弱加甚，血气日衰，头脑不堪用，此是恨事。

敬请主席崇安并敬谢周总理伟著之盛德。

敬谢董老尊兄之启迪，希望保养身体。我近五年来深识体衰难于求进为限。

熊十力　启

致锺泰

（1964 年 7 月 29 日）

大著诚不朽之作，庄子之学，如后来有人研究，必不能忽视此书也。吾精力久衰，又值此酷热，尚未能看完。然睹梧桐一叶落，已知天下之秋，尝一脔之肉，可知一鼎之味，不必遍览而后下断辞也。但我之于庄，所见不必与兄全同。若在六〇年以前，精力尚可用，当以详函相商，而今衰矣，不堪提笔也。东北之行，何日登海轮？老交殊少，吾兄复远游，孤苦不可为怀。

与或人

（约 1960 年代中）

我从旧历十月一日到沪青云路一六七弄九一号小儿世菩及儿媳万玉娇处。新族眷属日多妇、孙为多□口可考。到户，未有交游。余平生受生父之教，勤治佛学及孔子《易》学。有一时，友人国务院副总理兼外交部长原任沪市长职暂存。陈副总理因公来沪，谓老人家中房子太低且狭，老小人丁过多，非著书之地，要我赴苏州。结果苏州房子太少，难找。市办公厅主任管易文同志改就淮海中路的附屋，两大一小，房子坐西北角，向东南角，坐和向都不正，凡通方隅之理者，此种房子必前多斜阳，后面亦然，住之不安。余住此疾患不少，亦无处可移。近几年，余年已高，头昏，常倒地。早已回儿子宅，头昏亦常倒。余亦听其自然。生必有死，畏死者（或）[惑]也。

宰平兄逝世，忽忽多年。余在沪寂寞，闻宰兄恶耗，不胜悲苦。多年未曾北上省视贤嫂，非敢忘也。吾之身体仅几条枯骨，脏腑无一点血气，胃再□及大肠都不能接食物。提笔记不起字的笔书，真不能久也。

农历元月五日

原编者注：此据熊先生原稿整理，但只剩此两页，一注第三页，一

注第四页，无前二页。或者这是写给林宰平先生遗属的，亦未可知。林先生于 1960 年病逝。从原件看，作者已无笔力，字写得更差，思路、文句都不流畅。此件并未寄出。

附　录

鸠摩罗什赠慧远偈略释

原编者按：汤用彤先生之《汉魏两晋南北朝佛教史》（初版为一九三八年，商务印书馆长沙印行）之第十章《鸠摩罗什及其门下》曾录有熊十力为什公赠慧远偈所作的解释。汤先生说："什公著作多佚，口义罕传。但即就其赠慧远偈一章言之，亦已理趣幽邃，境界极高，颇可见其造诣之深。黄冈熊十力先生曾为偈作略释。兹录于下。"以下，偈子作正文排，释语作副文排，释语为熊先生所作。

既已舍染乐，心得善摄不。

"染乐"谓贪欲等。"摄"谓心不外驰。"不"读"否"，发问词，下准知。言既已舍离贪欲等染法，令不现起，此心遂得善自凝摄，不复向外驰求散乱否耶？盖贪欲等习气潜存，虽暂被折伏，若止观力稍一松懈，则犹有乘机窃发之虞。止观者，此心恒时凝敛而不散乱名"止",恒时简择一切法而不迷谬,名"观"。即止即观,乃就一心之相用而分别言之耳。

若得不驰散,深入实相不。

　　如止观工夫绵密无间,常能折伏贪欲等,令不现行,即此心已得不驰散,可谓已入实相否耶?入者证入实相,犹云本体,亦谓真如,克就吾人而言,即本心是也。虽止观力深而心不驰散,然染习根株,犹复未尽,但加行无间(加工而行,名曰加行),即未离能、所取相(凡位未得证智,则心起必有所取相。以有所取故必有能取相,能、所相依而有故),如何可说证实相耶?故发问以疑之,使其自知功修尚浅,如远行方备资粮,而距此欲至之地尚迢遥不可期也。

毕竟空相中,其心无所乐。

　　毕竟空者,一切取相皆空,故能取相亦空,能、所取相皆空,故空相亦空。都无一切相,故冥然离系,寂灭现前(灭者灭诸杂染。寂者寂静不取于相),是名毕竟空相。至此则心无所乐,方是真乐。若有所乐者,即未能泯一切相,未得离系,故非真乐也。此正显示涅槃心体(涅槃即实相之异名)。若功修尚浅,如何便得臻此?前问深入实相否,正欲其因疑而求进至此也。

若悦禅智慧,是泆性无照。虚诳等无实,亦非停心处。

　　悦禅即有所乐,犹有所取相,故智慧未泯能取相也。性者体义,法性犹云诸法本体,即斥指本心而目之也。无照者,非如木石顽然无有照用,以即体之照,虽复朗然遍照,而无照相可得,故云无照。若有照之心,但是虚妄分别相,故云虚诳等无实也。若认此虚妄分别之心以为本心,即是认贼作子,乃自害也。故云亦非停心处。停,犹止也,言心不可止于虚诳无实之域也。此中申明毕竟空相,而归极于照,而无照则智慧相亦不可得。若有智慧相可得,则心非智慧也,直是虚诳无实之妄识而已。其开示心要如此真切。肇公《般若无知论》与此可相印证。

仁者所得法,幸愿示其要。

此示谦怀,以求远公之自反也。详玩什师此偈,盖以资粮、加行二位之间,而拟远公之所诣。其视远公亦可谓甚高,而所以诱而进之者复至厚。余尝谓什师非经师一流,盖实有以自得者。惜其自悲折翮而无造述。此偈仅存,至可宝贵。若引教详释,则不胜其繁,又初学困于名相,益难索解,故为粗略释之云尔。

哲学与史学

(悼张荫麟先生)

吾国古之治哲学者,必精史学。宣圣开千古哲学之宗,而亦千古史家之大祖。司马谈父子,本史家,而论六家旨要,则又深于哲学矣。夫哲学者,究天人之故,穷造化之原,而以不忘经世者为是。印度佛家哲学思想,虽高深玄妙,而卒归于宗教,以出世为薪向。故印度人于历史特缺乏。民族式微,有以也。吾国先哲,于史学,哲学,尝兼治而赅备之。究玄而基于综事。穷理而可以致用，探微而察于群变，极玄而体之人伦，广大而不遗斯世。环球立国之古，族类之蕃衍，文化之高尚，无逾于我皇汉者，学术之所系，岂不重欤。张荫麟先生，史学家也，亦哲学家也。其宏博之思，蕴诸中而尚未及阐发者，吾固无从深悉。然其为学，规模宏远，不守一家言，则时贤之所夙推而共誉也。荫麟方在盛年，神解卓特，胸怀冲旷。与人无城府，而一相见以心。使天假之年，纵其所至，则其融哲史两方面，而特辟一境地，恢前业而开方来，非荫麟其谁属乎？惜哉，其数遽止于此也。今之言哲学者，或忽视史学。业史者，或诋哲学以玄虚。二者皆病。昔明季诸子，无不兼精哲史两方面者。吾因荫麟先生之殁，而深有嘅乎其规模或遂莫有继之者也。故略书吾意，以质诸当世。

（原载《思想与时代》1943年1月1日第十八期）

孔子内圣外王之学

　　孔子之学，庄周称为内圣外王。内圣之学是如何？外王之学是如何？庄周却未加以申说。六经、《四子》，广大悉备，天道、人事、物理，无不赅括其中。宋代永嘉派之学者，叶水心氏，常谓平生博涉六经，苦不得其旨要。叶氏此种感想，恐是从来留心圣学的人所同有者，并不止他一人。司马谈是西汉的一位大学者，他就说儒者劳而无功，博而寡要。可见汉世经师虽多，却还没有得着孔子的要领。吾老矣，就平生甘苦所尝，欲本守约之道，以提出我对于孔子的要领之体认所到。我相信孔子内圣之学，只是一个仁字为根本；外王之学，只是一个均字为根本。什么叫做仁，用俗话来说，仁就是良心。吾人日常起心动念，不容有一毫私意私欲；如有一毫邪念，便自愧耻，不敢对人说出。而自尊自爱的人，更要把邪念克伏他，不肯见之行事。这时的心，就是良心，就是仁。反乎此者，便谓之没有良心，便是不仁。吾人内自省察，良心上，是视人犹己的。自己有饭吃，见人无饭吃，却不忍。自己有衣服，见人无衣，却不忍。这种不忍的心，便是良心，便是仁。所以程子说："仁者浑然与物同体。"王阳明先生说："仁者以天地万物为一体。"良心上确是如此。可惜一般人不能把他的良心扩充去；而常以私意私欲，来阻碍他的良心，以至成乎禽兽，全无人生的意义与价值，此真是可痛心的事。愿大家细玩《论语》，要了解求仁之旨。

均者均平。孔子外王之学，用时下的名词来说，就是他对于政治的社会的理想。须知，自有人类以来，政治和社会的问题，纠纷复杂，祸患无穷，总是与日俱增，随时演变。吾人欲求得邃古以来，政治社会，各方面无穷的困难问题所由发生，总不外三字，不均平而已。人类从有生以来，没有一天尝过均平的生活；所以随时随地总在发生问题。孔子有见于此，便以均平一大原则，来随时解决政治社会上的一切纠纷问题。《论语》说："不患寡而患不均。"一部《周礼》，其规划，大无不包，细无不入，却是根据均平的原则。《大学》言理财，归之平天下，而复示以絜矩之道。理财必归之平天下者，因为经济问题，是要全世界人类共守均平的原则来解决，而后全人类有幸福。否则此一国家，要行侵略政策，而以彼一国家为鱼肉，其结果，必至兵连祸结，互相残毁而后已。所以，经济，必通天下即全世界。而计其盈虚有无，以互求其均平，而不容一国独行侵略。圣心深远，为万世苍生计，如此其切也。絜矩者，恕道；恕者，推己及人；我所不欲，勿施于人，是之谓恕。今世列强，若能本吾夫子之恕道而行之，则世界经济，自无不均之患，而人类自毁之祸，可以弭息。至于国内之政，官吏守恕以养廉，人民本恕以济国，则区区倭寇，何足为吾忧。是在吾上下皆能实行夫子之道而已矣。

（原载《孔学广播讲演集》第一辑，孔学会编，成都孔学会，1943 年
8 月 27 日出版。此文为第六讲，于是年 5 月 11 日广播）

研穷孔学宜注重《易》《春秋》《周礼》三经

芸樵先生大鉴：

承属为季刊作文，力一向极少在杂志中发表文字，因精力短促，苦
无此等余兴；然公宣扬圣学之苦心，则下怀所极感佩，而不容无一言。

曾闻西人某氏有云："最伟大的思想家，必是传统的思想。"吾觉此
语极有义蕴，在说者的意思究是如何，吾不深悉，而吾之感触，则以为
传统的思想，必有左列之各条件：

一，此等思想，必非限于某一部门的知识，而是对于宇宙人生诸大
问题，特有解悟，因此能启示人类以超脱尘凡，至高无上，圆满无缺的
理想生活。亦云精神生活。

二，此等思想，必非限于一时一地，或对某种流弊为矫枉过正之倡
导；而其所发明之道理，确是通古今中外而不可易的。儒者所谓中庸，老
氏所云"常道"，庄子云"参万岁而一成纯"，佛说"万法皆如"，皆义蕴深广，非浅智所
测也。

三，此等思想，有大思想家创之于前，亦必时有大思想家继之于
后，前后互相印证，虽或不能无小出入，如见仁见智见浅见深之殊，但
其根本精神，恒相一致。

如上略说三项，是传统的思想所由成立。

孔学在人类思想史中是传统的思想，此不待言；顾自欧化输入，国
人方急于知识技能之摹仿，乃舍孔学而不求；于是己立立人，己达达人

之学，日益沦丧，人将不成为人，虽有智识技能，而得相生相养以遂其信欤？抗战以来，朝野渐注意孔学，此固剥复之几，独惜自清季以来，士大夫相习以空文呼号，而潜心深研学术者甚少，躬行实践，更无望矣！国难至今，吾人宜知自反也。

凡对于大学派之研究，必选择其重要典籍，奉为宗主。如佛家大乘，空宗则标举《大般若》经，及《中》《百》《大智度》等论为依据；有宗则以六经十一论为依据。其在吾儒，至宣圣以六籍授三千七十之徒；逮魏晋玄家沟通儒、道，始以《大易》《老》《庄》号曰三玄；有宋诸师承魏晋以降玄佛合流之后，始提振儒风，特宗孔、孟，于是定《四子》书为依据。凡所崇依，各由其时代之提倡者，自为选定，亦各因其时代之需要，而有深意存焉。居今之时而言孔学，将绍宋、明诸师《四子》之遗规乎？抑通举六经乎？吾以为六经、《四子》并是根本，无一可忽，但所为选择者，示有宗旨，庶几治群经或群书皆归宿于是；易言之，皆不离此宗旨。吾平生所以自修而教学者，常以三经为本，曰《大易》，曰《春秋》，曰《周礼》。今略撮三经旨要，分述如后，明吾所以宗之之意。

（甲）《大易》

一曰《易》之为书，穷神知化，东方哲学皆谈本体，印度佛家阐明空寂之一方面，甚深微妙，穷于赞扬；中国《大易》阐明神化之一方面，甚深微妙，穷于赞扬。拙著《新唯识论》融佛之空以入《易》之神，语本体较详明。明变易与不易之义，参看《新论》。要归万物，各正性命，详《易·渐》卦。尽天地古今谈哲学者不能外此。

二曰刚健不息，与变动不居之义，发挥宇宙人生之蕴，至矣尽矣。

三曰《易》言之者仁也，仁统万德生生不息之本体也；此不易者也。若只窥见变动而不悟仁体，则人类终古无所庇矣。

（乙）《春秋》

一曰六经以《易》《春秋》为要，孔子所亲制作也。庄生以内圣外王之学称孔子，《易》明内圣而外王赅焉，《春秋》明外王而内圣赅焉。二书制作极特别，皆义在于言外。

二曰《春秋》以元统天，与《易》云"大哉乾元乃统天"同旨，足证二书为孔氏一家之学。

三曰《春秋》本元以明始化，立三世义，明政制，经济，乃至道德等等，皆随世演进。《易》立《随》卦，明随时之义，立《鼎》《革》二卦，明随时革故取新之义。此与《春秋》相为表里。

四曰《春秋》内其国而外诸夏，以明国家思想；内诸夏而外夷狄，以明民族思想。终乃遣除国家民族之封畛而进至大同太平。其进以渐而不相抵触。《易》卦有《家人》与《同人》，亦皆此旨也。《易》又立《比》卦，伊川《传》曰："万物莫不互相比而生。"此互助论之始，异乎达尔文之言物竞矣，太平思想之根据，亦在是也。《春秋》罪强暴之侵略行为，故孟子曰：《春秋》无义战。凡战皆斥为不义。而于弱小不能抗御强暴者，则罪之尤不稍宽；如书梁亡，罪梁人之自亡也；书郑弃其师，罪郑人不知整军经武也。略举二例，可概其余。夫弱小不奋发，则强暴无缘抑制，世界何由进于太平；此国家民族思想所由不与大同太平理想抵触也。

五曰《春秋》明世运，文质递变，而救文之弊，不可以过质，船山王子善发斯旨。

六曰《春秋》于世运未进及太平时，姑奖霸统。夫王道者，纯仁之道也，言仁即赅义礼等。非举世相率以仁，固无由太平。若霸者之所为，已不纯乎仁矣，而奖之何邪？霸不纯乎仁，而犹异乎强吞巨噬，残毁万物，绝无信义，悍然以横蛮为务，而毫无忌惮者也。吾战国时秦，及今之希特勒与倭奴，皆人而同化乎兽；乃霸者之所必诛，故五伯之迹息，而秦始逞；近者英人方欲敛其伯权以倾于保守，而希特勒乃横行，幸邱相起而振之，又得美人与苏联之助也。故霸者托乎正谊，犹以文明与人道相声张，其制驭弱小之术，虽非仁道，而较以兽道，犹有几分宽大意思。且弱小如有力图强，则其可得之自由亦较多，非若以兽道待人者，唯横噬之为快也。故《春秋》大桓、文之功而狄秦穆，其恶秦也深矣。《书》终《秦誓》，非夫子删定之旧，盖后来秦人所加也。夫霸者立约以与天下共守者有二焉：一曰不许灭国；如齐桓复邢，对卫，楚庄下宋而不取，皆其著者。终五伯之世，弱小依霸主以存，非甚无道或自处乏术者，固不至见灭于人也。霸统衰而后弱小悉并于强大，次强又并于最强矣。二曰列国交相利；《墨子》书中主张交相利，亦《春秋》之旨。如葵（邱）[丘]之会，无曲防，兴水利，筑堤防，不能以邻国为壑。毋遏籴，即是各国的经济，一以均平与互惠为主。霸者所以维持天下之大道，犹未背于仁术；但如朱子所谓不免有许多破绽处，故异乎太平之治耳；然去兽道已远矣。夫人之异于禽兽者几希，若有枭桀之材，挟其野心起而操纵群众，则争端开而人相食之祸剧矣。霸以力假仁，犹足以抑兽道，故未可过斥也；陈同父不肯抑霸，可谓知《春秋》者也。孟子能言《春秋》，而未免鄙霸，异乎通变之学，非吾夫子本旨也，宋以后儒者之迂阔思想，孟子启之也。吾国在今日莫急于图霸，霸且不能，欲勿为人鱼肉得乎？

（丙）《周礼》

一曰《周礼》一书，以职官为经，事义为纬，其于治理，直是穷天极地，无所不包通；但有同于《易》《春秋》者，亦是义在言外。其表面只有若干条文，并不铺陈理论，而条文中却蕴藏无限的理论。

二曰《周礼》首言建国，其国家的意义，只欲其成为一文化团体；对内无阶级，对外不成国界，非如今世列强，直是以国家为其斗争的工具。至其所谓辨方正位，是斟酌地理与民性的关系，而为其团体生活之宜，以划分领域，故不容人侵略。

三曰《周礼》政治是多元主义，各种职掌或业务，无小无大，都平列起来，欲令平均发达，不是一种最高权力断制一切。

四曰《周礼》是主张治起于下，此义昔儒已多见到。

五曰《周礼》主张经济组织，一以平均为原则，与《论语》言患不均及《大学》以理财归之平天下同一意思。

六曰《周礼》主张德治与礼治，其余普遍的人民，都要训育以德与礼，非若西人偏讲法治。明儒方正学常欲本其意以见法行事，以为太平可期。

七曰《周礼》的思想，是为《春秋》由升平进太平的思想，故《周礼》与《春秋》相通。

八曰《周礼》颇有刘歆窜乱的地方，汉武所谓渎乱不经之言，时亦有之。方正学曾论及。但其大规模甚好，决非刘歆所能伪造。

吾表章三经，非谓他经可废。盖以三经为主，而群经及诸子皆可与之疏通证明，平生积此意久而未发，写此不获畅意，如今匆匆公布之季刊，世不乏宏达，将有匡我者，是所幸也。

（原载 1943 年 8 月《孔学》杂志创刊号。该刊由重庆孔学会主编。芸樵先生指该刊常务理事何芸樵，字常川）

与人论执中

吾近正写一关于读经之文字，非短期可结局。老来精力无多，殊少暇趣。吾以为，中和、中庸，本一义而异其名耳。大文有云：尧授舜，允执其中。舜亦以命禹。汤执中。盖圣人南面而治天下，一出于中正，而无所偏倚焉尔。原其初义，第言其宅心至公，无所偏私。详大文之意似有当，而或未究其真也。夫云宅心至公，此公，为即心耶？为在物耶？此公若在物，则是向事物两端之间求之也。向外找中，将以何为标准？如所云燕、越之中，可以尺度求也。而一切事物多属无形，不必如燕、越之有地段也。无形之事物，亦不能用有形之尺度，以计其距离也。然则凭何尺度以求中欤？故和外找中，不通之论也。若所云公者，即此心耶？则吾平生主张明体之学，固远有端绪。非吾之私见，而尧、舜以来传授心法固如是也。心体自是至公，自无偏私。其于事物之至，自不会持一端之见，如俗所云，知其一不知其二，或厚于己而薄于人也。人我两端也，彼此两端也，同异两端也，是非两端也。凡失其本心者，于两端之中，尝执其一而遗其一。知有我而不知有人，则执我而遗人矣。拘于此则不见彼，是执此而遗彼也。党同而伐异，是执同而遗异也。是其所是，非其所非，则执是而遗非也。天下皆两端也，而人则恒执其一端而莫或执两，此人情之通患也。《中庸》称舜，"执其两端，用其中于民"，此舜之所以为舜也。天下皆两端而吾双执之，则吾不堕两端之中，而游于两端之外矣。游于两端之外，则至公之心体，恒超然遍照，是之谓中和。无偏端之碍，故云和。无所偏倚，故云中。中即和也，和亦中也，有二事乎？中庸之中，即中和之中，其以庸言之者，庸常也。不随物迁，故言常。此义深远。或以庸训用，作"用中"解者，失其旨矣。中庸、中和，俱是形容一事，元无别体。中也者，本心也，本心无待也。无待，故无所不覆载。天下皆两端，私意起，则执一端，而有对碍；未能无待而无不覆载也。克治私意，执两而超于其外，故无待之体显，而能用其大中以覆载天下之民也。用之云者，取诸己所固有而用之也。《中庸》曰："执其两端，用其中于民。"盖显执两，则能自用其中。不执两，则私意为碍而中体已放失，不得而用也。细玩文义，此中明明不在事物两端之间，而吾子引此文，乃曰：孔子之后，儒者言中道，必有以为在事物两端之中者，已与舜、汤之执中异趣；此乃误解经义，又多为前儒恍惚之谈所误。此义迷离千载，非独吾子今日也。夫向事物两端之间求中，事物不必如燕、越地上之有形也。有形之尺度，又不得而量之也。当知事物之中，实即吾内在之中，用于事事物物，而今事事物物莫不得其中也。天地闭，日月食，万物皆暗。私意守其一端，本心丧，内在之中亡，则万事万物皆失其体，非训诂可释，此义非空洞理论可持，反身实体之，而后可得也。《中庸》言诚，从天命之体性上立脚。荀子以气质为性，详《新唯识论》附录。其言养心荒訾于诚。《不苟》篇则其所谓伪者是也，由外铄也。此与《中庸》言诚，奚止异以天渊？而吾不子谓《中庸》有取于荀卿，是以紫乱朱，郑声乱雅乐，恶莠乱嘉禾也。余义不获一一详论，唯质者察之。

（原载 1944 年 8 月《三民主义半月刊》第五卷第三期）

论汉学

向者梁任公祷颂清儒董理之绩，拟诸欧洲"文艺复兴"，余意未足相拟。欧人文艺复兴时代，自有一段真精神。申言之，即其接受前哲思想，确能以之激发其内在之生活力，而有沛然不能御，与欣欣向荣之机。否则，能有善道乎？清儒为学之动机，无非言名言利，乐受豢养而已。江藩《汉学师承记》，首列无耻之阎若璩，若璩以康熙元年游燕京，投降臣龚鼎孳，为之延誉，后雍正甚宠之。一代衣钵之传，实在乎是。龚自珍辈，稍能见及当时社会情形。然自珍本浮华名士，虽不无聪明，而学甚肤浅，以荒淫自了，绝无立己之道，无与民同患之诚，岂能改造宇宙乎？清末维新人士，喜标榜自珍，所以有今日之局也，哀哉！汉儒严守信条，如孝弟方田等。躬行朴实。清儒自戴震昌言崇欲，以天理为桎梏，其说至今弥盛，而贪污淫侈，自私自利，诈□猜险，委靡卑贱之风，弥漫全国，人不成人，其效亦可□矣。清儒流毒最甚者，莫如排击高深学问一事。夫天理广大，无所不赅，而言其根极，必归之心性。生之源，化之本也。自汉以后，此意久绝，宋学确能续此血脉，何忍轻毁？心性之学，所以明天人之故，究造化之源，彰道德之广崇，而治乱之条贯者也。此种高深学术，云何可毁？人生如果完全缺乏此等学术之涵养，则其生活无有根源，而一切向外追求之私，芒然纷然，莫知所止，人生永无合理□生活，不亦悲乎？清儒反对高深学术，而徒以考据之琐碎知识是尚，将何以维系其身心，何以充实其生活？民质不良，至清世而已极。士习于浮浅，无深远之虑；逞于侥幸，无坚卓之志；安于自私，无公正之抱；偷取浮名，无久大之业；苟图嚣动，无建树之计；轻易流转，无固执之操。苏联革命，二十年而已大强，吾国自清末以来，只见腐败势力之逐层崩溃，而实难言革命。人才衰敝，竟至如斯！盖士之所学，唯是琐碎无用之考据，人皆终其生而无玩心高明之□，学则卑琐，志则卑琐，人则卑琐，习于是者，且三百年，其不足以应付现代潮流而措置裕如，固其势也。此等风会，于今犹烈。国内各大学之学院，及文科研究所，本当为高深思想之发生地，而今则大都以无聊之考据为事。士之狃于俗尚，而无独立创辟之智与勇，非三百年来汉学积习锢之者深欤？夫汉学家大多数与朝贵为缘，内而王公达官，外而督抚大吏，皆汉学家之所依附，宋、明在野讲学之风，至清而绝矣。故思想不得开拓，而以无用取容。儒学精神，至此剥丧殆尽，而可与欧洲"文艺复兴"时代相比拟耶？凡考古之学，在学术界中，本应有一种人为之，然万不可谓此种工作，便是学术，且掊击一切高深学术，而欲率天下后世聪明才智之士，共趋于此一途，锢生人之智慧，陷族类于衰微，三百年汉学之毒，罪浮于吕政，而至今犹不悟，岂不痛哉？呜呼！学绝道废，人心死，人气尽，人理亡，国以不振，族类式微，皆清代汉学家之罪也。

　　附识　清初阎若璩、胡渭之徒，首被宠眷。士人无耻者，知清廷意向所在，始相率俯首就范，不敢运其耳目心思之力于所当用之地,久之习非成是,则且以其业为时主之所奖,王公疆帅牧令之所共尚,乃忘其为一技之长,竟以学术自负,而上托汉氏,标帜汉学,天下之蔽聪塞明,百同出于此一途者三百年。今当吸收西洋科学之际,而固有哲学思想,正须研讨发挥,以识古人之大体,见中外之异同,求当世之急务,勉言行之相愿,示人生以归趣,学者之所应致力者何限? 而上庠文科,教者学者,乃多以琐碎而无关大义之考据为务,岂不惜哉? 今之大学教育,科学方面,成绩究如何,吾不敢知,若文科,除考据工夫而外,其未曾注意研实学,养真才,则众目共睹,非余敢妄诬也。清代汉学之污习不除,而欲实学兴,真才出,断无是事,此余之所忧也。

(原载 1945 年 9 月 15 日《中国文化》第一期)

为青年申两大义——公诚与自由

玉清先生常要我为《三民主义半月刊》写几句话,我衰矣,心许之,而久未践约。兹值新岁,强写数行。念青年为国家民族新生命所寄,谨以公诚与自由两大义,为我所希望的青年奉告。

公诚二字,实是一义,而从两方面形容之。公者不自私;诚者不作伪。凡自私者,必作伪以欺人;习于欺人者,久之必自欺其良知。古所谓习非成是者,即此之谓。人至于自欺其良知,以非为是,甘蹈大恶而不辞,此其人,已为顽冥无知之鸟兽,无理性可言,无人生的意义与价值可言,岂非可哀可痛之极耶!《诗》曰:夙兴夜寐,无忝尔所生。古人兢兢于生活之不可苟,夙夜之间,念念求所以免于忝辱者;其自克之严,自强之勇,乃如此。人道之尊,于此可见。衰世之人,争权势,趋名利,逞嗜欲,习贪淫,一切自私自利,以害其群之事,苟得肆志,即无所不为,此乃人道废绝,天地间极忝辱之事。稽之历史,如典午之世,及宋、明季世,皆是如此。有心人尝考其世,未尝不痛心疾首,而叹福乱之有自也。吾人当此世界大变乱时代,欲求自存自立,不可徒讲空理论,不可驰务浮泛驳杂的智识,当在内心生活上痛下一番工夫。革命必先革心,是先总理遗训。总裁提倡中国哲学思想,尤其注意于此。青年其可忽诸!公诚二字,是吾先哲骨髓所在,六经诸子,总不外此大义。青年为学,急须认识此骨髓,而精思力践,不可徒托空言。明儒有云:将自家身心,放在天地万物公共的地方,庶几不愧为人。大哉斯言!吾人念念不可忘失此意,否则堕入鸟兽群中去也。

吾人为青年告者:一曰:个人的主张与利益,若与团体冲突时,应该牺牲个人,而顾全团体,否则非公诚之道。二曰:个人所属之团体,其主张与利益,若与国家或社会有极大冲突时,应该顾全国家与社会,而不当以维护本团体之故,遂妨害国家与社会之安全。如其不然,则非公诚之道,自不待言。上述二项,虽是恒言,而吾国人多半缺乏此种涵养;青年不可不于此注意。公诚的道理,若在哲学上讲,便极广大精微,然吾却不愿空谈道理,愿青年加意在事为上训练。道理是要实践的,空谈何益。吾尤有不容已于言者,国家与民族思想,吾国人向来薄弱,在此列强肆行兼并时代,吾青年不可轻信世界主义,须将国族两字,念兹在兹,一言一动,不敢忘吾国吾族。青年学成之后,参预国政,生心动念,必以国家民族之利益为主,而不忍有丝毫违叛。世界主义,固吾人所薪向,然必吾国吾族足以自立自强,不受他国他族之侵凌,又必全世界各弱小民族皆有自立而抵御强权之一日,其时方可谋世界主义之实行。今何时代乎?距世界主义实现之期,或尚隔亿兆京垓年岁,吾人断不可自毁也。思想错误,必陷危亡,以吾国往事征之,如两汉时代,吾国大统一,四夷皆慕义来王,其时声教广远,稽之汉史,实足惊叹。于是学者起而以太平大同言《春秋》,俨然有天下一家之概。生心害政,延诸胡于内地,视若同气,遂成典午之惨祸。二千年来,仅李唐、朱明两代,短期自立,其余则无日不在夷虏蹂躏之中。呜呼惨矣!《春秋》本有太平大同义,然必由国家思想、民族思想,以渐开化夷、狄,使其进于文明礼让,而后乃归趣太平。此义深远,兹不及发。惜乎汉儒之不悟也。愿吾青年,勿忘国族,念念以此植根于心,庶吾种类不陷危亡矣。夫于一己之外,而必爱护其国与族者,此公诚之道也。鸟兽则仅知护其四体,而不知其他,人道不然也。

次谈自由。夫自由者,人道之极则也。不自由,毋宁死,以其失去人生之意义故也。自由真义,吾先哲发挥最好。曰:我不欲人之加诸我也,吾亦欲无加诸人。故自由者,一己与人之同游于正义之中,任何团体,与任何个人,不得以非义加诸我,我亦不可以非义加诸任何个人或团体也。青年而果知爱自由乎,则念虑之微,言行之著,必时自检点,如有不合于义,必痛自悔改,有大过失,必勿掩讳,而喜受人之攻击,如此洗心涤虑,方可谈自由。若夫以一己而侵他人之自由,以一团体而侵他团体之自由,乃至极端之国家主义者,不惜以国家之权力而完全剥削人民之自由,如德之希特勒,倭之军阀,皆假国家威权,以逞其野心,驱其国人于死地,几率全人类以趋于自毁,此皆揆之正义而不合,故世界爱自由之人类,不得不奋起而与之争也。吾人为自由而生,不可一息失去自由。吾人尊重一己之自由,同时尊重他人之自由。唐人诗有云:东风无限潇湘意,欲采琼花不自由。如此爱自然而不忍伤物之意,乃真是自由意思;若不如是,则乃野蛮之极,非自由也。吾爱自由,吾思自由,青年盍兴处来!

以上所言,皆老实话,平平无奇,然正以其老实故,为人之所易忽,故提出相警云尔。

（原载《三民主义半月刊》第九卷第五期,1946 年 7 月 1 日）

与友论新唯识论

《新论》语体本,比文言本,精密得多。此话极重要。科学总是各部门的知识。今人言综合各科学之原理,以求得哲学上普遍之根本原理。此其说非无似处,而实不通哲学。哲学是智慧的学问,非仅在知识上用功,可悟一贯之理。佛家必得根本智,而后起后得智。后得智,即辨物析理的知识,乃依根本智而起者。此亦有资乎经验,故云后得。兹不暇详论。吾前儒主张先得一本,而后可达万殊。此澈底语也。盖哲学之究极诣,在识一本。而此一本,不是在万殊方面,用支离破碎工夫,可以会通一本也。科学成功,却是要致力于支离破碎,此四字,吾先哲之所病,而科学正要如此,但哲学必不可只如此。下一只字者,哲学在知识方面,也须用过支离破碎工夫,但不可只是如此而已,必另有工夫在。若只如此,必不可识万化根源。化源者,即所谓一本是也。此处不是各种知识贯穿得到的,正须反求自得。儒之体认,佛之内证,皆凡今人所诮为神秘,而是确实证会之境。所以于科学外,必有建本立极之形而上学,才是哲学之极诣。哲学若不足语于建本立极,纵能依据一种或几种科学知识出发,以组成一套理论,一个系统,要其所为,等于科学之附庸,不足当哲学也。哲学如依据一种科学,以解释宇宙,总不免以管窥天。如近人好据物理学中之相对论与量子论而言宇宙为如何如何,谓其无似处固不得,然谓作如是观者,果已得宇宙之蕴,毋乃太戏论乎? 又如生物哲学,视宇宙为一生机体,谓其无似处亦不得,然格以东方哲人之义,则犹见其尚未识生命之源。其不免戏论,则与根据物理学而解析宇宙者又同也。大凡哲学家多是以一只眼,去窥宇宙。无法避免戏论。

孔子于《易》言:"天下之动,贞夫一者也。"此言变动不居的宇宙,而有个至一的理，为万物所资始。故万变而莫非贞正也。老子言"天得一以清，天者，无量星云或星球也。清者，言天之德。无垢曰清。一者，绝对义。天何由成，盖得至一的理，以成其清，而始名为天。**地得一以宁**"云云，宁者，言地之德，地德安宁，故万物生其中。地何由成？亦得至一的理，以成其宁，而始名为地。故知天地，用至万有皆一理之所为。**亦本《易》义。孟子言："夫道，一而已矣。"《记》言："通其一，万事毕。"**于万化，而知其皆一理之流行。于万物，而知其皆一理之散者。会之有宗，统之有元，故通一，而万事毕也。**佛氏推万法之原，亦云一真法界。**一义见上。真者，至实无妄义，法界，犹云万物本体。从来圣哲，皆由修养工夫纯熟，常使神明昭彻，而不累于形气，即宇宙真体，默喻诸当躬，不待外求。**虑亡词丧，斯为证会。**吾人真性，即是宇宙真体，本来无二。一真呈露，炯然自喻。非假思虑，故云虑亡。此际不可以言词表示，故云词丧。须知，思虑起时，便由能虑，现似所虑相，斯时已是虚妄分别，而真体几离失矣。几之为言，显非果离失，然一涉思虑，又不得不谓之离失也。言词所以表物。真体无相，故非言词可表。**真体无形无象，无内无外，此是证会所及，非知识所行境。学极于证，而后戏论息。**

　　哲学不当反知，而毕竟当超知。超知者，证会也。知识推度事物，不能应真，虚妄分别故。知识对于宇宙万象，只是一种图摹。决不与实体相应。故云虚妄。知识总是有封畛的，不能冥契大全。**至于证，则与真理为一。易言之，证，即真体呈露，炯然自识也。**

　　《新论》建本立极，而谈本体。学不究体。自宇宙论言之，万化无源，万物无本。只认现前变动不居的物事为实有，而不究其原，是犹孩童临洋岸，只认众沤为实有，而不悟一一沤，皆以大海水为其本源。儿童无知不足怪，而成年人设如此，则可悲矣。《新论》浩博，学者或不易理会。《语要》卷一，有答某君难《新论》篇后附识，谈体用不二义，举大海水与众沤喻，详为分疏。《语要》卷三后，有曹慕樊、王准两记，其涉及体用义者，皆足发明《新论》。所宜详究。

学不究体,自人生论言之,无有归宿。区区有限之形,沧海一粟。迷离颠倒,成何意义? 若能见体,即于有限,而自识无限。官天地,府万物,富有日新,自性元无亏欠。本来无待,如何不乐?

学不究体,道德无内在根源,将只在己与人,或与物的关系上,去讲道德规律,是由立法也,是外铄也。无本之学,如何站得住? 悲夫,人失其性也久矣。性即本体,以其在人言之则曰性。残酷自毁,何怪其然?

学不究体,治化无基,功利杀夺,何有止期? 若真了天地万物本吾一体者,科学知能,皆可用之以自求多福。

学不究体,知识论上,无有知源。本体在人,亦云性智,纯净圆明,而备万理,是为一切知识之源。详《新论·明宗》章。且真极弗显,真极,犹云本体。证量不成。证量者,即本体或性智之自明自了。一极如如,炯然自识,而无外驰。佛家所谓正智缘真如,名为证量,应如是解。非可以智为能缘,如为所缘,判之为二也。二之,便是有对,是妄相。非真体呈露,何成证量? 故知证量,依本体建立。若本体不立,证量无由成。宋人词曰:"众里寻他千百度,回头蓦见那人正在灯火阑珊处。"学者无穷思辨,无限知见,皆灯火也,皆向众里寻他千百度也。"回头蓦见"云云,正是性智炯然自识。真理何待外求? 知见熄时,此理已显也。此言理智思辨,终必归于证量,至为剀切。学不知所止,学必至于证,方是《大学》所谓知止。理不究其极,阳明所谓无头的学问,可胜慨哉!

《新论》明体用不二,此是千古正法眼藏。一真法界,是体之名。变动不居,是谓之用。哲学家谈本体与现象,多欠圆融。现象一词,即依用上而立名。《新论》以大海水,喻体;众沤,喻用。即体而言,用在体。才说体,便知体必成用。譬如说大海水,即此现作众沤者是,不可离众沤而别求大海水。体必成用,不可离用觅体,义亦犹是。即用而言,体在用。才说用,便知用由体现。譬如说众沤,即是一一沤,各各揽全大海水为其体,不可只认一一沤为实物,而否认一一沤各各元是大海水也。

用由体现，不可执用，而昧其本体，义亦犹是。妙哉，妙哉！

佛氏谈本体，只是空寂，不涉生化。只是无为，不许说无为而无不为。只是不生灭，不许言生。譬如，于大海水，只见为渊深渟蓄，而不悟其生动活跃，全现作无量沤。此未免滞寂之见。其于生灭法，佛氏所谓生灭法，即指变动不居的万有而目之也。相当《新论》所谓用。亦不许说由真如现为如此。譬如不许说众沤，由大海水现为之。理何可通？详核佛氏根本大义，却是体用条然各别。譬如将将大海水与众沤，离而二之，极不应理。此盖出世法之根本错误。《新论》语体本，辨析严明。《功能》两章，最不容忽。

西洋哲学，《新论》可摄通处自不少。如数理派哲学，以事素说明宇宙。其说似妙，而实未见本源。《新论》明功能显用，功能，即本体之名。功能显用，譬如大海水，显为众沤。沤，喻用。大海水，喻功能。有翕闢二极，顿起顿灭，刹那不住。即此翕闢二极，名之为用。二极者，非如南北二极有分段之隔也，但言其有内在的矛盾，以相反相成而已。详上卷《转变》章。自翕极而言。翕势，刹那顿现，而不暂住。以此明物质宇宙，本无实物。与事素说，略可和会。即在其无实物的意义上，可和会。而有根本殊趣者，与翕俱起，爰有闢极。转翕而不随翕转。即翕从闢，毕竟不二，而可说唯闢。闢势无在无不在，无二无别，绝待，故云无二。不可分割，故云无别。清净而非迷暗，所谓神之盛也。是名宇宙大生命，亦即物物各具之生命。譬如月印万川，万川各具之月，实是一月。所谓一为无量，无量为一是也。据此，则翕势顿现，可略摄事素说。而与翕俱起者则有闢。又翕终从闢，反而相成，故乃于翕闢毕竟不二，而见为本体之流行。克就流行言，则新新而不用其故。真真实实，活活跃跃，非断亦非常。刹刹不守其故，故非断。刹刹新新而生，故非常。以上参玩《新论》。神哉神哉！此非谈事素者所与知也。事素说者，不了体用，不识生命。但于翕之方面，刹那势速顿现，则与事素说，有少分相似。势速一词，借用佛典。有势猛起，曰势速。此势速刹那顿起，于事素亦稍似。即从其无实物的意义上，有稍似。**然不了体用**，于翕义稍似，非真了翕，且不知有辟，故未了用。又复不知本体之显为翕辟，是不悟万化真源。总而言之，不了体用。**不识生命**，若了翕辟即是本体之流行，若了翕辟反以相成，而毕竟不二，即于此识生命。谈事素者，未堪语此。斯义深微，焉得解人而与之言！则不足语于第一义。第一义一词，借用佛典。穷澈宇宙本源，方是第一义。宇宙人生，不是虚浮无根柢。学不证体，终成戏论。

至于生命论派之学者，大概体验夫所谓意志追求或生之冲动处。此盖在与形骸俱始之习气上，有所理会，遂直以习气暴流，认为生命。佛家说众生以势如暴流之赖耶识为主公。赖耶即一团习气也。西哲如叔本华、柏格森等，持说之根底，不能外此。殊不知，必于空寂中，识得生生不息之健，方是生命本然。而哲学家罕能见及此也。总之，言事素者，明物质宇宙非实在，《新论》可摄彼义。至于不达宇宙实相，则非进而求之《新论》不可也。生命论者，其所见，足与《新论》相发明者自不少。然未能超形与习，以窥生命之本然。习依形起，亦形之流类也。人生成为具有形气之物，则欲爱发而习气生。种种追求与冲动，其机甚隐，而力甚大。此缘形与习而潜伏之几，阴蓄之力，殆成为吾人之天性，吾人如不能超脱于此杂染物之外，而欲自识生命之真，殆为事实所不可能者。无明所盲，借用佛典语。无明，谓迷暗习气。此能令人成盲。**覆蔽自性，常陷颠倒。可哀孰甚！**佛说众生无始时来，在颠倒中。由其不见自性，而心为形役，故颠倒也。《新论》融会佛老以归于儒。明本体空寂，而涵万理，备万善，具生生不息之健。空者，无形无象，无分畛，无限量，无作意，故名空。非空无之谓。寂者，无昏扰，无滞碍，无迷暗，清净炤明，故名寂。涵万理，备万善，本来如是，非妄臆其然也。万化，无非实理之流行。万物，无非真善之灿著。孟子道性善，非从形与习上着眼，乃造微之谈也。具生生不息之健，《大易》扼重在此。二氏未免耽空溺寂，儒者盖预堤其敝。虽然，不见空寂，而谈生生，其能不囿于形与习，而悟清净炤明之性体乎！若只理会到生之冲动，与盲目追求云云，则已迷其本来生生之健，而无以宰乎形，转其习，因有物化之患矣。《新论·功能》两章，学者宜玩。生命论者，未能探源至此，则夫子呵子路以未知生，岂止为子路下当头棒耶？

　　牟生宗三，俊才也。前来函，谈怀特海哲学，甚有理趣。吾置之案头，拟作答，因循未果，忽忽失去。极怅惘。忆彼有云，西洋哲学，总是一个知的系统。知读智。自闻余谈儒，而后知儒家哲学，自尧、舜迄孔、孟，下逮宋、明，由其说以究其义，始终是一个仁的系统。《系传》曰："智者见之谓之智，仁者见之谓之仁。"由中西学术观之，岂不然欤！余以为儒家根本大典，首推《易》。《易》之为书，名数为经，质力为纬，非智之事欤！阳为力，而阴为质。质力非二元，但力有其凝之方面，即名为质。此中质力，只约科学上的说法。《易》本含摄多方面的道理。若依玄学言，则阳为闢，而阴为翕。其意义极深远。科学上质力的意义，只可总摄于翕的方面。当别为论。汉人言《易》，曰乾为仁，坤元亦是乾元。然则遍六十四卦，皆乾为之主宰，即无往而非仁之流行也。据此，则《易》之为书，以仁为骨子，而智运于其间。后儒若宋、明语录，则求仁道功殊切，而尚智之用未宏。《论语》记者，似只注重孔子言仁，与实践的方面。非是孔子之道有偏，只记者有偏注耳。汉以来经师，仁智俱失。宋、明儒却知求仁。《新论》救后儒之弊，尊性智，而未尝遗量智。量智，即理智之异名。性智是体，量智是用。量智推度，其效能有限。以其不得有证量也。存养性智，是孟子所谓立大本之道。陆、王有见乎此。然未免轻知识，则遗量智矣。孟子尊思为心官。心者，言乎性智也。思者，言乎量智也。遗量智，则废心之官。后儒思辨之用未宏。此《新论》所戒也。归乎证量，而始终尚思辨。证量者，性智之自明自了。思辨，则量智也。学不至于证，则思辨可以习于支离，而迷其本。学唯求证，而不务思辨，则后儒高言体认，而终缺乏圣人智周万物，道济天下之大用，无可为后儒讳也。余拟于《新论》外，更作《量论》，与《新论》相辅而行。老当衰乱，竟未得执笔。性智，即仁体也。证量，即由不违仁，而后得此也。仁体放失，便无自觉可言。

此言自觉，即自明自了。其意义极深远，与常途习用者不同。思辨，即性智之发用，周通乎万事万物，万理昭著。如人体无麻木枯废，血气不运之患。则仁智虽可分言，而毕竟一体也。《新论》准《大易》而作。形式不同，而义蕴自相和会。

《新论》立翕辟成变义。翕，即凝以成物，而诈现互相观待的宇宙万象。辟，则遍运乎一切翕或一切物之中，而包含乎一一物，故辟乃无定在而无所不在，无二无别，夐然绝待。翕辟，皆恒转之所为，恒转，即本体之名。详《新论》。翕辟，喻如众沤。恒转，喻如大海水。但从翕之方面言，则似将物化，而失其本性。本性，谓恒转。从辟之方面言，则是不改易其本性，本性同上。常转翕从己，而终不可物化者。己者，设为辟之自谓。于此，而见翕辟毕竟不二。翕随辟转，只是一辟，故不二。亦即于此，而识恒转。于翕辟不二，而知此即恒转，譬如，于众沤，而知其即是大海水也。本来无实物，而诈现物相。毕竟非有相，非无相。恒转本无形，而不能不现为翕辟，翕，即现似物相，故知毕竟非无相。辟，亦无形也，终不失恒转本性。而翕终随辟，则翕虽诈现物相，要非实在，故知毕竟非有相。神哉神哉！非有，非无，穷于称赞，而叹其神也。

就辟之运乎一一翕，或一一物之中以言，便是一为无量。辟是一，已如前说。其运乎一一物之中，即本至一，而分化成多。譬如月印万川，即本一月，而为无量月。

就辟之至一而不可分，一一物各得其全以言，便是无量为一。辟是全整的一。故就其在甲物言，则甲物得其全。就其在乙物言，乙物亦得其全。乃至无理物，皆然。譬如万川之月，元是一月。

就万物各具辟之全以言，则万物平等一味。《大易》"群龙无首"，龙者阳物，喻物之各具辟，以成其为物也。无首者，物皆平等，性分各足故。庄生"泰山非大，秋毫非小"，皆此义也。若推此义以言治化，则当不毁自由，任物各畅其性。各畅者，以并育不相害为原则，逾乎此，则是暴乱，非自由义。此不暇详。

就一一物各具之闢，即是万物统体的闢以言。则自甲物言之，曰"天地万物皆吾一体"，自乙物言之，亦曰"天地万物皆吾一体"，乃至无量物，皆然，理实如是，非由意想谓之然。是故《论语》言仁者"己欲立而立人，己欲达而达人"，人己非异体故。《中庸》言"成己""成物"，物我无二本。故同体之爱，发不容已。孔氏求仁，佛氏发大悲心，皆从本体滚发出来。用李延平语。虽在凡夫，私欲蔽其本明，本明，谓本体。然遇缘触发，毕竟不容全蔽。如孟子言今人乍见孺子入井，皆有怵惕恻隐，即其征也。本此以言治化，《春秋》"太平"，《礼运》"大同"，岂云空想？人患不见己性耳。己性本与万物同体。

《新论》原心于沕穆，沕穆，无形貌，推原心之本体，本无形也。动而闢也。动者，流行义，本体流行，而有其显为闢之方面，即名为心。闢，则至无而有。至无，谓无形也。闢不失其本体之自性，故无形。然无形而已，要非空无之谓。故又云有。至无而有，故是浑一而无封畛也。无形，故无封畛。原物于沕穆，推原物之本体，则非物别有本也。固与心同一本体，同一沕穆无形者也。动而翕也。动义同上。本体流行，而有其翕之方面，即名为物。翕则不形而形，本体无作意，非欲自成为形物也，故云不形。然其显为翕之势，刹那势速顿现，虽无实质，而似有形焉。如当前桌子，只是刹那势速顿现，宛尔成形。是其动以不得已，闢之流行，不可无资具故也。唯然，翕便现似各个，千差万别，宛然世界无量。世界，约说以二。曰器世界，即自然界是。曰有情世界，即于自然界中，特举众生而目之。然复须知，翕成形，则只如其现似之形而已。若其周运，与包含，且主宰乎翕者，则所谓闢是也。心物问题，古今聚讼；学者各任知见构画，云何应理？《新论》以翕闢言之。初时，良由恍悟。后来随处体认，确信此理无疑。余年十八，读《易·系传》至"闢户之谓乾"，"阖户之谓坤"，神解脱然，顿悟虚灵开发者，谓之闢，亦谓之心。聚凝阖敛者，谓之翕，亦谓之物。心无内外。心是虚灵开发，无定在而无不在。本无形也，何内外可分。物者，心之所运用，所了别，亦非离心外在。当时颇见大意，只条理未

301

析，意义不深耳。

谈哲学，如不能融思辨以入体认，则其于宇宙人生，亦不得融成一片，此中义趣渊微，难为不知者道也。体认极于证量，体认一词，前儒或泛用之。然语其极，即是证量。《新论》下卷《附录》中，有答谢君书及此。非克己或断障至尽，则性智不显，不得有体认也。性智，即本体之名。见《新论·明宗》章。体认，即本体之炯然自识。故惟本体呈露，方得有体认也。儒者言克己，佛氏言断障，障之与己，名异而实同，但佛家于此，发挥详尽，儒者却不深析之。己不克尽，障不断尽，则本体受蔽而不显。如何得有体认？思辨，本性智之发用，然己私与障染未尽，体认未得，则思辨易失其贞明之本然，思辨，是性智的发用，则贞明是其本然也，元无迷乱。但人之生也，形气限之，而己私以起，障染以生，则蔽其本体，而贞明以失，如云雾起，而蔽太阳。而有相缚之患。相缚一词，本之大乘相宗，意义极深远。相者相状。为相所缚，曰相缚。人生不能离开实用，故理智常受实用方面的杂染，每取着境相，易言之，思辨之行，恒构画成相，此相既成，还以锢缚自心，而不得脱然默契实理。故云相缚。如哲学家解释宇宙，其实，只是分析概念，此等概念，在哲学家思辨的心中，无往不是相缚。故非克己断障尽净，性智显而体认得，则思辨之行，终不能遣相缚，而至于思泉纷涌，而不取思相，辨锋锐利，而不着辨相，真与实理亲冥为一。故非克己，至此为句。所谓不能融思辨以入体认者此也。向欲于《量论》中详此意，惜未及作。不能融思辨以入体认，则其于宇宙人生不得融一者，为其思辨心中所构画之宇宙，只是相缚，直将人生本来，与宇宙同体之真，无端隔截故也。既自系于相缚，便不能有孟子所谓万物皆备于我，及上下与天地同流之实际理地。譬如手足一旦受缚极重，便与全体血脉不相通贯，而成隔截之祸。又如蛛造网，蚕作茧，而自缚其中，遂与向所生焉息焉周通无碍之大自然隔截。此其可悲已甚！故谓宇宙人生不能融成一片也。

《新论》根本精神，在由思辨，趣入体认。亦云证量，或证会。即从智入，而极于仁守。仁即本体。佛老于虚寂显体，《新论》则于虚寂而有生生不息之健处，认识体。生生，仁也。故说仁即本体。此是儒家一脉相承。仁守，即体认之候。若私意私欲蔽其本体，即无体认可言。思辨，则智之事也。此或为偏尚知的系统者所不得契，然理贞一是。学有正鹄，不可徇俗而丧吾所持也。自《新论》文言、语体两本问世以来，十余年间，辄欲以一得之愚，与当世明哲商所向。天下之大，岂无与我同怀者乎？然而所期适得其反。汪大绅自序曰："学既成而日孤也。"余谓不孤，不足以为学，可无伤也。

（原载 1947 年 10 月《学原》第一卷第六期。原文系《与黎邵西教授书》，又见 1947 年湖北版《十力丛书》之《印行十力丛书记》）

谈百家争鸣

我对于"百家争鸣"的号召，确是喜而不寐，本不能不说几句。但我从昨秋开始写《原儒》下册，因家居烦扰，白天无可用心，不得不起五更。人生七十已过，便是衰境，不免损神伤气，今移新居，园林甚好，而老年受损，不易恢复，入夏以来，头常作痛。昨天，刘公纯谓，对此大问题，不可不一谈。只好略提几点意见：

自清季以迄民国，治哲学者可以说一致崇尚西洋；不免轻视本国的学术。虽则留学界人士亦谈国学，而核其实际，大概以中国的瓶子装西洋的酒。至于中国瓶子有土产的酒否，似乎不甚过问。

就严又陵举证：又陵初回国，上皇帝万言书，大张达尔文物竞之论，便他不向群众倡导，而向皇帝说，但是他的大错误。我那时虽年轻无知，却不对又陵起希望。我于光绪二十八年，便投入武昌凯字营当一小兵。是时科举未废，我决不参加科举，相信皇帝不推倒，中国人无可图存。又陵对于国学独尊老子，其实他对于老子并不深研，只是以斯宾塞尔氏的思想来说老子而已。又陵在清末负重名，当时优秀知识分子，鲜不受其影响。虽参加同盟会者，亦多受斯氏之毒。斯氏之言曰："群俗可移，期之以渐。"此等渐进思想，实流于萎靡与凝滞，而难言革故取新，斯氏之学本与老子不同，而其归于不革命，则斯氏与老子所共同也。

又陵号为博通，而其言老子尚以西洋学人相缘附，其他更不问可知。吾于此不及深谈，唯念数典忘祖，昔人所耻，今新运创开，自当改正从前错误；哲学界宜注重中国固有精神遗产与东方先哲学术思想之研究，外学长处不可不竭力吸收，国学有长，亦未可忽而不究，此吾所欲言者也。

"百家争鸣"必须有共同遵守之原则，学术思想万不可如韩非之所主张，曰："利出一孔，思想囿于一孔。"纵收暂时之利，而遗害将无穷。毛主席"百花齐放，百家争鸣"之号召，宏识远谟，利及万世矣！然争鸣要不可无共守之原则，原则云何？余以为不论发挥旧学或自创新说，其对于社会主义的制度可以纠缺点，补益其所未逮，但不可根本与之违反。

吾忆民国初兴，学校与社会名流之思想言论，皆疑国民程度太低，难行共和，无往不是皇帝时代的思想，绝与新制度不相应。今后治旧学者，当批判接受，万不可将旧学原封不动，陈陈相因；倘不辨得失，蹈常守故，争鸣于现代，未知其可也。但有辨者：若批评旧学，只以地主或小资产阶级等名词为主意，而任意取古人书中一段话胡乱骂他一顿，以为是据马列主义作批判，吾恐马、列诸哲有知，亦必不愿如此也。惟望今之学者，对旧学分别作切实研究，旧学短处，尽量提出，旧学长处，尽量发挥，温故知新，其利于行者益大也。短长互见，则舍短而取长：如老子反对统治者剥削之害，是其长也；而其为道也用弱而"不敢为天下先"为贵，是其短也。举此一例，可概其余。

故批判接受，是旧学争鸣之先决条件。吾人对旧学不可乱它本真，须切实研究它，才可批判接受；能批判接受，自然不会违反社会主义的制度。且旧学中亦有真理可以贡献于社会主义者，如儒家主张"天下为公"，以至天下一家，群龙无首之盛。道家期于万物不亏其性。此中有千言万语说不尽的义蕴，若作陈言忽视之，是可惜耳。

我所谓不违反社会主义制度一语，涵义甚宽，制度一词，也许用得狭，仓卒间我不能详酌。回忆清末民初时代，我们以不投降军阀为节操，以能吃苦为高尚，以尽心、知性、知天之学为究竟，此略举一二端，未能详说也。其实真正儒学精神，须消灭军阀，才见节操；若只不降军阀，则消极而已。至所谓吃苦者，必合群力群策，以开物成务，若只自甘吃苦，虽如原宪之高，何可成己成物乎？

今兹天下之人，对于社会主义皆有真知真认，将过去思想不适于新时代者，一切改正，庶乎春秋太平之基定矣。故旧学在争鸣时代，必学者先有精明之批判而后可。尤有言者，中国哲学在宇宙论中有体用之辨，余在《原儒》下卷已发其义。此是先圣贤独辟之虑，不妨揭出，以俟将来有所考焉。

（原载《哲学研究》1956年第三期）

唐世佛学旧派反对玄奘之暗潮

余本非有意专论此一问题，因与人偶谈及此，随笔写出，否则恐又搁置。

夏历丁酉仲冬识于上海寓舍

《开元释教录》等云：有那提者，本中印度人，挟大小经、论合一千五百余部，以永徽六年达京师。奘法师当途翻译，不蒙引致，无由自敷。显庆间，勅往昆仑国，采异药。所赍诸经，并为玄奘取去。意欲翻度，莫有依凭，以梵语翻为华语，曰度。惟译《八曼陀》等经。龙朔三年，那提归返，复遣往采药。投界北冥，乃三遇毒。再充南役，那提曾往南海。崎岖数万里，频历瘴氛，委命、遭命云云谓以穷厄殒其生命也。又曰：访诸大夏行人，大夏，指北天竺诸国，唐世中、印颇多商人往来。云那提三藏，乃龙树门人也，所解无相，与奘硕反，硕反，言大相反也。梵僧云，大师隐后，斯人第一云云。大师指龙树。隐后谓龙树没世之后，那提为第一人也。又称：那提著有《大乘集义论》，可有四十余卷，将事译之，被遣遂阙云云。言那提被玄奘排斥，其书未能译出，遂阙废也。《智昇录》所载，全同彼文。

民国初期，吾乡月霞法师自江南还武昌。余偕乡人晤霞师。是时章太炎以相宗之学倡导一世。同人中有好阅《高僧传》一类古籍者，颇以那提事盛诋奘，并疑相宗不必学。霞师谓：以此疑相宗则不可。至若奘师是否摈斥那提，厄之至死，霞师云：无可考定。余亦疑信参半。后来详审《开元》诸录之辞，颇觉其种种虚造，逢露奸诈。盖当时旧派反对奘师新译，借那提之事，以造作谣言，诬陷奘师，群情如风波，转相传播，而奘师遂受千古不白之冤。

今考诸《录》中诬陷之辞：（一）以那提为龙树菩萨之第一门人，其来中华有大小经论一千五百余部，为奘师所摈，不得翻出，文化上之重大损失，奘师无所逃罪。（二）那提自著之《大乘集义论》可有四十余卷，被奘摈之，遂致阙失，此罪亦不轻。（三）《录》中历叙那提受尽艰苦，委命遭命，属辞隐约，实坐罪于奘师之摈斥，置那提于死地。

奘师受此奇冤，从来无人辨正。此就奘师言，固无伤日月之明；而后人考古，要不可不慎也。余推考此案，那提当有此人。其来华，携带经论，自属事所应有，然是否有一千五百余部，当是疑问。衰年、险道，

运载大量书册，谈何容易。那提奉勅采药北冥，必由那提往来宫庭，自
称龙树弟子，长寿七百年，皇帝惊异，故令采异药耳。岂玄奘能讼皇帝
勅使那提乎？《录》称"那提游行南国，备受恭敬"云云，是亦不曾苦厄。
死生自然之理，奈何仇及奘师。那提不蒙奘师引致，余亦肯定其必然。
奘师译业自有计划，自负责任，非可酬应外宾，云何妄诬奘师摈斥。余
审核《开元录》等种种虚辞，自露奸诈。今条举于后：

一，《录》称：博访大夏行人云："那提三藏，乃龙树门人也。"又曰：
"大师隐后，斯人第一。"殊不知龙树第一门人，只有提婆菩萨造《百论》
等，与龙树《中论》相为羽翼。此乃稍闻佛法者所共知，何曾有流亡东
土之那提，足以继承龙树为第一人乎？此其无知妄说，作伪自败，本不
足一辩。至云博访大夏行人云云，显然无据。唐时，中、印道上行人皆
商人耳，商人何以明了北天竺最高学术界之传授情形乎？彼以博访
中、印道上行人为那提是龙树第一门人之确证，如此胡说诳语，而唐世
名僧竟据之以入传记，绝不考索，此非别有用心，何至出此？

二，龙树菩萨兴于南天竺，约当佛灭后六百年间。灭者寂灭，佛氏逝
世，不言死而言灭，亦云入寂。有说龙树出世，在佛灭后七百年者，此不足据。《楞伽
经》，佛有悬记：我灭之后六百年，有大菩萨曰龙树云云，当以《经》文为据。悬记犹预言
也。佛氏之生年卒年，近人考辨甚详，余精力衰，颇畏烦，不及检阅。学
者如欲详之，可询诸佛会巨赞法师。大概从佛灭后六百年起，计算至玄奘时
代，盖七百年矣。奘师在杰迦国大庵罗林中，曾见有号为七百岁之老
人，称是龙树弟子，印人所传之年数，当可信据。古代印人崇信神怪，
老人自称龙树弟子，已七百岁，人亦从而信之。那提盖仿效杰迦国老
人，欲以风动中夏。其奉勅采药于北冥，犹不若大庵罗林中老人安居
足乐，此亦不幸也。那提如真是龙树弟子，寿七百岁，道高学博，为龙
树菩萨后第一人，而天竺人竟听其犯苦难以游东土，似不近情理。且
奘师留学天竺，何至不闻其名，不敬其人；虽不约之共译业，断未有不

遇之以礼也。依理而推，那提决不是龙树弟子，此事既伪造，其他不待言。

三，《录》称："奘师取那提所赍诸经，意欲翻度，莫有依凭。"此真鬼魅语耳。奘师在天竺时，五天名德，五天犹云五印度。共称之以大乘天。那提如果携来大小诸经，而谓奘师不能精通可乎！今不敢曰奘师不能精通，乃胡乱其词曰莫有依凭，殊不知有经即是依凭，更于经以外找何依凭乎！此等鬼魅语本不足辩，而唐以之入《释教录》，且以那提与玄奘同卷，故意诬辱奘师，丧心病狂，一至此极，是可痛也。余由此断定那提决不曾带来一千五百余部经典，奘师亦决无向那提取经之事，如其有之，则若辈何须作鬼魅语，谓奘师欲翻度而无依凭乎！玩其语，可知那提定无多数经籍也，随身挟带数部，容可能耳。

四，《录》称："那提所著《大乘集义论》可有四十余卷，将事译之，被遣，遂阙。"《录》中叙那提事，从其来华，以至于死，本末无遗。《录》所据底稿之作者，当与那提关系至密切，其曰可有四十余卷，却不敢直言四十余卷，可见那提不必有此书。那提或有采集众说之意，决未成书，可有二字甚含糊，作伪者其情内亏，不得有肯定之辞也。且其下文明言被遣遂阙，则无有《集义论》译本，叙中已叙得明明白白。而唐《艺文志》竟有那提《大乘集义论》四十卷之目，殆由修志时采访者不慎，妄据僧人邪说而轻录之耳。旧派过分宣扬那提，所以加重奘师摈斥之罪耳。然伪说自相矛盾，反令人不信那提，吾意那提当亦是有道行之老僧，惜为旧派所利用，渲染得太不堪耳。

五，《录》称："那提无相之解，与奘硕反。"据此则以那提为绍述龙树观空之学，观空一词，见《大般若经》等。奘师则盛弘无著明有之论，故云那提解无相，与奘硕反。其为此言，盖谓奘师怀宗派主义以摈斥那提，遏绝般若。龙树之学，以《大般若经》为宗主，《中论》从此出。此乃旧派横诬奘师，完全违反事实，后人不可受其欺诳也。夫奘师之学，虽承无著菩萨

308

而张大有，《易》有"大有"卦名，今借用其词。龙树谈空，无著继起救空宗末流沉空之失，乃说万法皆实有以救之，世称其学为大乘有宗，今省称大有。然其规模宏大，识量深远，确非守一宗派之见以自蔽也。罗什大师虽弘般若之学于中华，而《大般若经》六百卷，自古以来尊为群经之王，诸佛之母，什师未曾翻度，虽稍有择译，或仅千分之一耳。奘师拼命译出全经，此一大事，何能遮掩，而谓奘师有宗派主义，非丧尽菩提心，菩提犹云正觉。何至出此！忆丁巳岁，霞老再回鄂时，吾又与之提及那提事，以为旧派反对奘师新译，故借那提作题目耳。霞老曰："你所说颇有理，但从来未有人发现，细思此事甚复杂，不止新旧之争，亦有空、有之争。《录》中有掩映萧条，般若是难之语，其中无限隐情，当是般若家后学对奘师怀忿也。奘传之赞语，于奘师传译之盛业，并不甚扬。前人莫有注意此事，我往昔亦忽略去，今得你一言，乃觉唐时旧派反对玄奘之暗潮甚烈也。"有问："无相一词是何义？"余答之曰："若只就名词解释，则无相者，观一切法相本空无耳。相者相状。譬如吾方写字之笔，其形、色、坚度等等皆相也。世俗执着此等相为实有，般若家观察此等相，一一皆空；此非徒任空想，实持之有故，今不及详。将令人悟到宇宙间无有任何实物可为吾人所深缠固系而不舍者，无相之义味深远矣。"但此只作普泛解释。如欲从空、有二宗之根柢，或其宏纲巨领而谈无相，则一方面须深究《大般若经》，及《中论》之空义；空义一词，见《中论》。另一方面须深究《瑜伽师地论》之三性、三无性义。奘师译《大般若》，其于无相之解，自是圆融无碍，那提如何与奘师硕反，今无从考。或是旧派伪造之辞，亦未可知。如那提真反对奘师，余敢断言，那提所见太狭，未能兼备《中论》《瑜伽》而会其通也。呜呼，难言之矣。

夫旧派之修般若学者，皆祖罗什，什师传授之功，诚不可没。然奘师如不译《大般若》，则凡学龙树者，皆无可穷空教之渊源，无可窥法海之广大，乃真有般若是难之厄耳。旧派自安于无知，不研究奘师新译，反妄称那提解无相，与奘硕反，为奘所摈，邪说流传千载，莫有辨正，岂不怪哉！且奘师译般若派之典籍，不止《大经》一部，《大般若经》亦称《大经》。甚至大有学派所极批评之清辨师，亦译其书，清辨是般若学派之大师。倘那提真是龙树后之第一人，奘师何独摈之乎！

奘师回国时，早定宣译计划。其所携来之大小经论，皆经精思选择，罗什介绍般若诸籍，犹未及完，迨及奘师，不独大有之学，经论皆备。小乘与数论、胜论亦择要迻来，般若大典未入者，复加补译。佛法至今得全存于中夏，奘师规模扩大，故吸收能广耳。

罗什译经，以达旨为主；奘师则达旨而兼直译。《中论》大体甚好，然细玩之，犹或有未尽意处。《易》曰：言不尽意。倘奘师当年重译一部，以相对照，始无恨耳。义净《南海寄归传》一有曰：所谓大乘无过二种，一者《中观》，龙树《中观论》，简称《中论》，宗《大般若经》而作，此空宗根本论也，二者《瑜伽》，《瑜伽师地论》，简称《瑜伽》，亦称《大论》，从《大论》而出者，有十部论，号曰十支，大有之学备于此。西国双行，理无乖竞。学人各执一偏之见，即不能无竞。据此，则奘师传译有体系，大乘始备。义净在晋代，留学天竺，深悉大乘学之本源，但未能传译来华耳。奘师始成大业，而唐世旧派顽固，竟于奘师盛业不肯扬，秽史流传，何可不声其罪。

佛法东来，在奘师未出世以前，所有经论，总称旧译。亦云旧经，言经即赅论也。亦称旧学。奘师主译之一切经论，是为新译。亦称新学。旧学，自后汉至唐初，代有翻译，而罕能达旨。惟罗什介绍般若宗大典，足资研讨。真谛传入唯识别宗，颇有端绪，而苦不完。别宗者，以其异于天亲之《唯识论》，故名别宗。此宗起于无著、天亲兄弟之前欤？抑出于天亲之后欤？今无从考。总之，旧译自罗什以外，都不曾作有计划与有体系的介绍，而大典复太少，偶有大典，其能达原著义旨者，盖不多见。奘师以旧译多阙多误为恨，而远走天竺，此其大智大勇，诚天纵之资也。奘师回国，大积智慧资粮，以馈国人，而旧学之徒，反挟恨而攻之者何耶？此其故，如总略言之，则自后汉至唐初，年代已悠远，僧徒居士之浸渍于旧经中者，已沦肌浃髓，骤闻新学，势不相融，不相融则集矢于奘师，势所必至也。分析而谈，则自五朝至隋唐之际，中国佛学已有多数成家之绩，开宗之业。详其所由，盖自两汉思想锢闭，下逮五朝，内乱与胡祸日深，适印度佛法东来，聪明之士，易趋向于出世法。旧译经典，本无体系，且数量不多。学者各专一经或数部论，专一经者，如华严宗则专《华严经》也。专数部论者，如三论宗是也。自由参究，不牵于杂博见闻。虽旧译未能达旨，而学者自用其思，自发其慧，久而自鸣一家之学，树独立之宗。谓其是佛法欤？固不必是；谓其非佛法欤？而其确有所吸收于佛法，亦不容否认。核实而言，诸宗所造虽各异，各开其宗故。要皆源出三玄，魏晋人始以《大易》《老》《庄》称三玄，标以为宗，然于《易》无真解，只以《老》《庄》言《易》耳。以游乎佛氏之法海，则异而有其同也。诸宗崛兴，正是中国思想界接受外来佛法骤起变异之时期，虽解有未融，固有者将变，外来者未得其全，未有真解故未融。其卓然独辟，诚有足多者。爰及唐世，玄奘游学天竺而归，印度佛法真面目一朝揭出，太阳赫然，而爝火不息，其于光也，不亦难乎！诸宗先德，本自以庄演佛氏遗经之意，及奘师传来天竺大量经典，翻度精确，是真佛法，则诸宗后学，当然有难以自树之感。般若是难一语，虽发于三论宗之徒，其余各宗，殆无不有类此之叹也。

　　犹复当知奘师所传之学，在中国确是新学，奘师以前佛法来华，实由西域僧徒流入关内。梵僧偶有来者，于学术皆无深造。其后，有罗什一人足称大师，故从前翻译，莫有体系，复少大典。每译一部，阙漏错谬备诸众失，学者难作宏深的研究。奘师回国传业，而后大乘两宗皆备。小乘要典并来。故曰奘师所传，在中国确是新学也。新学乍从外至，当然与旧学冲突。那提一案，不止是空有之争，确是广泛的新旧之争。唐时旧派借那提作题目以诬毁奘师，僧家著录全同，且不说；而唐

《艺文志》亦载那提有书，可见旧派反动力之大也。

复次，新旧冲突诚是奘师受诬毁之主因，而奘师不善顺应群情，亦其招侮之故也。奘师不许讲旧经，法冲抗之曰："君依旧经出家，若不许宏旧经者，君可还俗，更依新翻经出家，方许君此意。"奘师遂止。《续传》，冲师专究《楞伽》，有《疏》五卷。奘师传大乘学，其译经之堂，是以讲坛教育与翻译事业合成一气。翻度是合作，教育亦是互助，每译一部经或论，奘师执梵文译为唐语，讲说明畅，同时指定笔记之人，讲完，笔记者以其记稿付多数俊彦，详证大义，恐有阙漏错谬，此详证大义之群贤，皆于奘师口授时，与笔记者同在讲坛共领者也。详证大义，无阙漏，无错谬，然后指定受旨缀文之人，故教育互助，翻度合作，教育翻度合成一气。当是时，天下俊彦皆收罗于一广大法宇之内，成就人才之众，古所未有。日本、朝鲜诸国来学者，皆卓然成学而归，孔子而后，鲜有其匹也。其弟子以昉、尚、光、基四公为最，然再传不闻异材，犹赖守文，三传四传而后，玄风殆息矣。大乘之学，重思惟与分析术，重理论，重因明。汉以后学人，正缺乏大乘之优点。唐太宗英明之帝，认识奘师，助成其大业。而旧学腐败势力深远，奘师之业卒不传，此研究中国学术史者不可忽之大问题也。

从前正史对佛法输入一大事，不详其源，不推其变，不考论其人物，今当不然矣。吾衰病，写此不及详。冀史家高贤补吾所不逮。

（原载科学出版社 1959 年出版的《中国哲学史论文初集》）

熊氏创修族谱序

熊氏之族遍天下，皆楚先王裔也。楚之立国盖千岁，自绎公受封至春秋时渐大，值周室衰而楚始称王。其声威广远，不独奄有南服，即今山东、河南诸省地亦多入其版图。文化之盛则老、庄哲学与社会主义者许行之徒并出于楚，猗欤休哉！秦皇横暴而推之者刘、项，皆楚之遗民也。吾先王之遗泽远矣，传世悠邈，宗支分散，虽同在楚之故壤，亦不相宗，岂敦本之义耶！民国初年，我浠水宗丈太晶先生，始谋纠合鄂东之熊共建通祠于黄冈但店，祠成当创修通谱。是时与太晶丈一德一心，始终勤劳其事者则有少三、叶占、兆祥、佑云诸先生，纯孝可以格天，精诚足以动众，宗人渐知合族为急矣。不幸晶丈暨少山、兆祥先后逝世，通谱久付阙如，派系亦复未经序次，甚乖萃涣之谊。于是持中、叶占等数十余辈，感世变之急，敦同气之爱，乃集但店通祠，肇规通谱，以无忘先王之泽，而砺我后昆以毋暴毋弃。谱垂成，以序属不肖。不肖以国乱浪亡在蜀，闻兹义举，唏嘘感泣不能自已。乃复有言者：今日谈伦理当由家族而推之至于民族，凡我皇汉与满、蒙、回、藏，皆当视为一家共济艰难也。言孝悌者，当推之至于家族以外之社会，凡诸异姓，皆吾姻戚，皆吾兄弟，吾无偏私也。夫立爱自近始，不能爱其宗而能博爱者，未之有也。吾闻吾宗人之联合以兴爱也，吾知其推爱之有基也，吾又欢欣鼓舞书此为之序。

中华民国三十一年二月十五日

十力顿首拜撰

居正著辛亥札记序

《辛亥札记》者，友人居觉生先生存稿也。先生当辛壬之际，开国大事，皆所亲历，札记甚详。余昔尝见之，许为开国信史。癸丑讨袁，不克，遂逃海外，札记散失，足为太息。其后还家，得日记残本，所记皆武昌革命事迹。而辛亥以前所记，尤可见义师之所由兴，虽不甚详，要堪宝贵。日记虽只存一本，然系巨册，今所发表，不过一半。谦退之怀，既不欲自彰其所建白，又于近事有不必直揭者，无妨姑置云。余阅此册，而有所感者，略言以四：一、逊清末叶，革命党之发动，多主由边省着手，以为腹地进攻，或难操胜算。黄克强入粤，宋遁初、吴昆等走东北，皆持此主张。其后遁初诸公，虽有长江中部同盟会之议，而实则徒有名义，诸公亦无肯亲驻鄂者。及党生先生回鄂，与武昌各团体，密切联络，遂有辛亥之事。盖武汉为南北关键，一旦动摇，则四方瓦解，昔者何烈士自新，尝持此议，不期而与其预测合也。二、自昔史家之论，凡领导群生，而为万民所托命者，必用天下之智以为智，而非恃一己之智也；必用天下之力以为力，而非恃一己之力也。孙公宏愿毅力，以革命呼号海内外，领导群伦，而任同志各尽其知与力，皆得自由活跃，无所牵制，无所顾忌。故鄂州一呼，而万方响应，共戴孙公无异志。后之论者，于此不容忽视。三、楚人自昔有抵抗强暴之特性，秦起西戎，并六国，而楚乃以三户亡之。元人入关，有天下者九十年，而徐寿辉、陈友谅、明玉珍诸帝，皆以鄂籍，而发大难，驱暴元，还大统于朱明，育华胄以自由。今之覆清，又由鄂始，此非论史者可注意之事乎。四、清末革命思潮，虽已澎湃于全国，然使无充实有力之根据地，则亦难遽睹其成。同盟会所以收功实于武昌者，则以鄂中无数志士，早从军队着手，当时纯为民族民权二大思想，而忘生命以图实现。王船山、杜于皇之学说与风节，感人至深。而民生主义，则以无大地主之故，当时似不甚注意。王汉首拼一死，其真诚、弘毅、高尚、纯洁之精神，真足以惊天地泣鬼神。鄂人之不计死生，而哀号于军队中，遂使全军皆为革命党，王公之化，不可忘也。而至今未蒙褒恤！夫鄂军全体皆成革命党，人人置生死于度外，此段雄壮之气，如何可当。辛亥爆发，而瑞澂、张彪不得不逃，亦大势之必然也。惜乎袁氏凶狯，摧残三楚新兴之气殆尽，而国事乃不可问矣。昔者章太炎先生每遇鄂中旧

人，无论其有无名位，必咨嗟太息而慰安之曰：辛亥之事，不忍忘
也。呜乎！此真仁人之用心哉。今之谈辛亥事者，只视为兵变与瑞
澂无能所致，则非独昧于事实，而适见其中心之悠忽而无诚矣。觉
生先生既允诸同志之请，以此册付印，而欲余序一言，故书所感，以
质天下后世读是书者。

中华民国三十三年四月十五日熊十力

（原载居正《辛亥札记》，1944 年上海大东书局出版）

谢幼伟著现代哲学名著述评序

《现代哲学名著述评》，谢君幼伟掌教国立浙江大学时，所写书评，
应西洋哲学名著编译会之征，而汇集成书以公世也。书评未易作，而
哲学书评尤难。每评一书，非疏析其条理节目之详，综览其统系纲维
之巨，而又密察其根据所在，深穷其蕴蓄与言外之意，则未可率尔下
评。故曰书评未易作也。哲学书评，非哲学家不能作。而哲学界纷无
定论，即哲学家各有所持。则于异派之哲学书，往往易见为短，而难得
其长。即以公平心临之，求识所长，亦复不易。异派之学者，其精神所
专注，本与我殊途。而我乃欲一旦与之冥应若一。此又不必然之数
也。故曰哲学书评尤难。幼伟思睿而识卓，学博而量宏。海内谈哲学
者或喜有所标揭以自异，而幼伟独不尔。惟脚踏实地，虚怀以读中西
哲学之书，不为苟同，不妄立异。其评论各书，皆有精鉴，异乎以矜心
浮气轻持短长者矣。余闻人称美幼伟者多，而憾未识之。前年幼伟始
长书来，自是音讯往复不绝。书评将出，幼伟函属为序。余念书评之
难，非笃学如幼伟者不能为也。昔王船山先生《读四书大全说》，亦近
书评性质。其于朱门一派之学，皆详其条贯，尽其幽隐。故评无不当。

而船山一生学问，亦于此书发挥无遗。吾愿幼伟更进而为巨制，而以其极深研几，卓然名家之学，即托于书评，以自由发抒。此晚明诸子之风，最朴实有味。幼伟其以为然乎。

中华民国三十三年五月十七日熊十力

（原载谢著《现代哲学名著述评》，正中书局 1947 年 4 月初版）

读汪大绅绳荀

汪子曰：

贾子之论秦也，秦以强兼天下，二世而亡。注：虽并六国，仅后于六国十五年而同亡耳。非强之罪，强而不审于本末之罪也。古之天下，未有不得之强，失之弱者。强者百治，以喜则怀，以怒则威，以令则行，以禁则止，以守则完，以攻则破，以礼乐则雍，以刑政则肃。弱者百乱，以喜则狎，以怒则离，以令则梗，以禁则匿，以守则削，以攻则疲，以礼乐则饰，以政刑则玩：得失之数可睹矣。

详此所说弱者之象，恰是吾国今日状态。汪子又曰：

弱于本者植，强于末者折。强于本者，开无尽之藏，塞无隙之窦；强于末者，尽其藏也，隙其窦矣，此末之效也。秦之强，本耶？末耶？刑赏农战，强之具也。注：今日强者所持以号召之工具，与其挟持群众之严密组织，及其生产绩效，并军备等等，亦皆强之具也。道德仁义，强之本也。注：今之强者，全不用此。刚决刻急，强之末也。强之具，藏之深而愈完，暴之深则连败。刚决刻急，所以暴之也。注：观德与倭之事，已有明征，而强者犹不知戒！道德仁义，所以藏之也。注：今之强者，不知此义。古者藏刑赏农战于道德，道德威；藏刑赏农战于仁义，仁义张。注：吾三代盛世皆然。此后如文、景休养而武帝收功；隋文、唐高休养而太宗收功，皆非仅从事于强之具者。秦孝公、商鞅知有强之具，不知有藏，以强立强，势已易竭。注：德、倭皆以强立强，而不得不竭也，犹不监诸！始皇、李斯更从而暴之，暴之不已而具竭。注：强之具，既暴而无藏，何能不竭！希特勒之亡其国，犹吕政、李斯也。盖其始也，以强立国，以民力立强，以刑立民力；注：此刑字义宽，凡今强者之法制、威令与组织等等，凡所以驱策鼓舞而劫持民众之具，皆刑也。德、倭强时，皆以刑立民力。凡强者罔不如是。其继也，以强竭强，以民力竭民力，以刑竭刑。其卒也，以强败强，以民力败民力，以刑败刑。注：宜深玩。强之所由立者刑，并民力于农战；注：刑字注见上。秦以刑威并民力于农战，今之强者，以刑威并民力于生产与战备，其事同也。所由竭者刑，并民于恣睢；注：向者德、倭之民，恣睢已甚。所由败者刑，并民力于昏虐。注：人人习于残酷、侵略、猜刻、争斗，全无理性。立于孝公、商鞅，竭于始皇、李斯，盖失其本也久矣，此藏之不深之祸也。

余观汪子论秦之得失，而实通亿万世。举大地上凡有国者之得失，皆已烛照而数计之，未有能外其定则者也。德、倭之事既验，后有为德、倭者可知也。以强立国，以民力立强，以刑立民，古今之强者，尝以此致一时之强；而其继也，以强竭强，以民力竭民力，以刑竭刑；终于以强败强，以民力败民力，以刑败刑。凡古今强者所以毁人国而卒自毁者罔不如是！人类何故如斯昏愚惨毒？岂不痛哉！其愚且惨之端，实在其妄冀以强立国。将以强立国也，自不得不以民力立强。将以民力立强也，自不得不以刑立民力。凡强者所以驱策鼓舞与劫持民众之一切具，皆刑也。注：虽有所持之美名，亦成幌子，而变为强之具；易言之，变为刑。皆所以立民力也，而终无可逃于以强败强，以民力败民力，以刑败刑之归宿。古之秦，今之德、倭，非其明效大验欤！继今之为国者，若一意以强立国，则其得失之数可知。

昔者子贡问为国立政于夫子。子曰："足食，足兵，民信之矣。"子贡曰："必不得已而去，于斯三者何先?"曰："去兵。"子贡曰："必不得已而去，于斯二者何先?"曰："去食。自古皆有死，民无信不立。"大哉圣言! 其千古治术之大准也。一切生产，皆足食之政;一切军备，皆足兵之政，此与以强立国者未始有异。而其与强者天壤悬隔处，则归本民信是已。信者诚信，孟子曰："诚者，天之道也。注:诚只是实理。生天生地生人生物，只是一诚。思诚者，人之道也。"注:人禀实理而生，必思所以存其诚，尽其诚，而后乃尽人道，合天德，否则不成为人。民皆尽其诚信，而远于狡变、猜疑、凶暴等等恶德，则人极立，而太平之休可致也。以民信言于足食足兵之后者，仓廪实而武备修，然后教化可行，所以异乎后世迂儒之论。朱子《集注》释"民信"以"民信于君上"为言，此则帝制思想误之。下文"自古皆有死，民无信不立"则信乃人之所以立，即谓人必存其诚信，尽其诚信，始得树立为人，否则不成为人。此"立"字与《雍也》篇"仁者己欲立而立人"之"立"同，《朱注》多失圣意! 昔马子实坚过此，亦弗满《朱注》，不为无见。夫曰自古皆有死，民无信不立，则是以诚信立国，而与以强立国者根本截异。以诚信立国，则不待以民力立强，而实以诚信结集民力，一自无不强，而不至为凶狡、猜刻、暴戾之强，刑措弗用，民力充实，无待驱策，更无可劫持，民皆自由于诚信之中。食足而将导养其灵性于美善的创造，非可沦溺于食之中，以厚自利而食人也。兵足则以御强暴侵略，非以杀人而动兵也。故以诚信立国者，将率人类而皆畅其天性。以强立国者，将率人类而趋于自毁! 二者觉与不觉之分，善恶之辨，得失之数，吉凶之应，昭然判矣，今日世界人类所急需者，孔子之道。惜乎吾国人莫之究，而外人又无从传习六经、《四子》也!

熊十力 三十六年八月八日

（原载《龙门》杂志 1947 年 8 月 8 日第一卷第六期）

清闻斋诗稿序

　　余平生不能诗，亦未学诗。析物则强探力索，侈于求知；穷玄则极深研几，究于无始。究无始则神敛而遗感，侈求知则思密而亡兴。诗也者，感物起兴得天理自然之妙几。接乎外而动乎中，亦缘其素所存于中者裕，故其接于外也融融。余于诗味全未领纳，独惜所学异方，未及致力于此也。

　　王生准曾学于吾友会稽马一浮，又尝及我之门。其人质朴诚恳，于先儒之教能深思力践，余与一浮并嘉许之。准于世无竞，雅擅吟咏，能得谢灵运、杜子美之遗意。永嘉夏瞿禅精于诗，尤推服准诗。余所未逮者而准能及之，以是随喜为书其稿，以励其志焉。

中华民国三十七年十一月二十六日昧旦

漆园老人　熊十力

黄梅冯府君墓志

　　读圣贤书而实践伦常之地，居间里间而不闻理乱之事。其心休休焉，其行庸庸焉。存黄农虞夏于干戈扰攘之世。天福之，乡人颂之，无奇可称而实天下之至奇也，其斯为黄梅冯府君欤？公讳步雰，字楚池。倭寇二十七年陷黄梅，其子文清、文炳随侍避难。邑西乡后山铺附近有冯仕贵祖祠，巍然大屋，□□□□之役，未罹兵害。公全家托庇其间。逾年微疾而没，没时不知有乱世。儿孙聚首一堂，居丧守礼。夫

319

人岳氏,皈佛门,法名还春,修持甚谨。国难方来,遽无疾而逝。盖有前知云。

中华民国三十六年五月十一日黄冈熊十力

原注: 公生于清同治八年己巳二月初七日,没于民国三十二年癸未九月三十日。夫人生于清同治七年戊辰十二月二十四日,没于民国二十六年丁丑九月二十三日。

(录自郭齐勇《熊十力、梁漱溟佚札三通与佚文一篇》,载《玄圃论学续集——熊十力与中国传统文化国际学术研讨会论文集》,湖北教育出版社,2003年)

为卞孝萱之母李夫人题辞

妇人守节难,穷苦而能守尤难,苦节而求识字以转教五岁之孤,则又天下之至难,古及今希有也。明儒罗念庵称节妇烈女之行,乃人类道德之最高者。其生长深闺,无见闻之启迪,而诚发于中,真积力久,其事纵至奇至难,而实家庭间庸德庸行,非若立德于天下者,有赫赫之绩可以详举。人之于其行事忽之也易,而彼孤守穷闾闇室,亦未尝妄冀不可知之誉望于当世,诚之至而通于天,彼亦不自明也。无所为而行乎不容已,其可谓至德也。扬州卞子孝萱函述其母李夫人节行,恳请题辞,遂书此致敬。

中华民国三十七年九月廿五日　熊十力

(录自雅昌拍卖网 https://auction.artron.net/paimai-art5098370007/,题目为编者所加)

胡佩九先生小传

胡君佩九，德安高塘坂人，江州近世之名儒也。性高洁，平易近人，有古君子风。君家固清贫，布衣粗饭，晏如也。邻里有难告急者，莫不竭力为解其困。其培育后学也，循循善诱，诲而不倦。年逾七十，犹为乡里子弟讲诵不辍。江州诸邑少年之游其门者，皆有法度可观。余交佩九，迄今四十余年。吾弟著籍于德，佩九通余心之所存念，尝以老弟欣戚函告，俾吾无骨肉之虑。古有兄弟交者，余于佩九见之。江州自昔多诗人，佩九亦喜为诗。其吟咏本于性情，发乎天籁，未尝规仿于古名家。陈三立曾栖庐山，佩九携诗稿十余首就正，陈翁美其清婉，为易数字还之。佩九函余曰：散原公一代宗匠，乃不我弃，穷檐可以自慰也。余曰：散原以诗名天下，跻于古作者之林，然其诗实不逮古文也。佩九少见散原古文，于余言未遽信云。呜呼！逝者不复见矣。余以衰年孤羁海上，追思故旧，老泪纵横。盖君之德，山高水长。后之人其无背先贤。

夏历乙未（公元一九五五年）二月二日

愚弟　熊十力撰

哀文

友人唐玉虬先生寄来《悼亡奇痛记》及锺山先生《武进唐夫人传》。余览之再三，深叹夫人艰贞之德，清卓之行，聪慧之资，悱恻之词，得天者优，资学者裕，诚哉并世所罕觏也，乃年逾五十遽随迁化。玉虬痛极，情见乎辞。余弗忍玉虬之沉痛而无以自解也。敢以古圣死而不亡之说进。《礼经》知气，释典赖耶，皆以言乎形谢而有不可灭之精爽存也。天地于何有？人类于何有？苟深推至宇宙基源终不可诘。夫基源之何为而有？惠施曰："天地其壮乎，施存雄而无术。"广大深远哉，斯言！夫惟知宇宙之壮大，虽乐于求知而不必自矜其雄。妄憶天地万物之理，无所遁于吾之术外，将知有所不可知者，默然存之。毋执有限之术，以轻断其有无，是何伤于大雅。玉虬夫人死矣，其或有不死者存乎？子姑迷焉，奇痛终无补也。吾书此竟，当为玉虬致意马蠲叟，将必有以开悟玉虬也。

夏历乙未三月二十二日

熊十力书于上海青云路寓庐

原编者注：此文系田光烈先生提供，原载铅印纪念册《怀珊集》。唐玉虬夫人钱珊若逝世于 1955 年 2 月。此集中收有不少著名学者的悼念诗文。马蠲叟即马一浮。

贞节夫人何母杜氏墓志

夫人姓杜氏，何烈士自新德配也。自新少有文学天才，生当清季，忿中夏沦陷，英、美诸强复东侵，慨然以天下事自任，乃与王汉走武昌，谋革命。余时肄业湖北陆军特别学堂，互相唱和，会四方志士集于鄂，遂有日知会之组织。刘敬庵以慎密主持其间，自新实左右之。未几，敬庵为清室疆臣所拘囚。自新在名扑中，亡匿江右，累年不得归。夫人勤劳薪米，苦不堪言。自新竟以英年遽殒，遗孤有三。夫人艰辛抚育，教其子小龙以德业自立，有声庠序间，两女并有令誉。孙大同,方天资俊拔。年七十五而逝。余采众论,谥之曰贞节夫人,遂志其墓。夏历丁酉公元一九五七年。四月三日,熊十力识于上海寓舍。

记陈营长癸丑德安就义事

陈博平,湖北黄冈县东乡人。辛亥武昌首义,袁世凯遣兵侵汉口。博平参加湖北省革命军任营长,抵抗袁军,甚有功。南北和议成,清室归顺于民国,废除帝制。袁氏阳赞民主,阴蓄异图,竟窃民国总统之位,天下人不为其所愚者鲜矣。

革命党在壬癸之间,据有十九省地盘,称都督,逞骄气。民众方望新猷,而一时新贵都不闻其有涉想及于生产建国之大计,更没有从事教练民军为削平袁氏反动势力之本图,乃皆嬉嬉然如登春台,梦梦然鱼游沸鼎。会议则拍掌呼号,莫求实际;遇事则电报纷驰,狂为狂嚣。大盗料其低能,敢起野心,有由来矣。大盗,指袁也。黎宋卿之秘书长饶汉祥,工于长篇骈文,为举国所赞颂。而孤怀独鉴者,固已知黎氏首义之名,而不足有为矣。黎氏才堪一将,乘时得位,非其本分,但其人实为长者。革命党如有远识、雄才之人物,能推诚以结之,守谦以导之,黎当不至阴附于袁贼。袁虽蓄叛志,决不敢轻于急发也。更可惜者,武汉为南北关键,乃革命建国根据地。大盗雄据北京,居高临下。革命党茫然以武汉轻付之黎宋卿,而又无统驭之道。党中自领袖以下,凡一二等人物皆莫有注意保固革命发源地者,何愚痴至是哉!

考诸古史,楚人之窥中原也,东必争陈、蔡、宋等国,即今皖、豫诸省之地也。楚人累世用力于东方,所以能逼迫中原,而保其王国之富强。然楚人究不得有天下,卒与三晋、齐、燕同被吞于西北之秦者,此其故,则由楚人力争于东,而不知同时西进于蜀也。楚之盛时,若一面东争,一面经营秦陇,则楚必代周而王天下,必然之势也。辛亥武昌首义,巍然大国,南北一致响应。革命党人如有远识雄才起而领导,能认清袁氏之奸谋,慎以防之,则惟有守定武汉。首先于四川及皖、豫,选才授任,竭力经营。武汉有东西两方夹铺,固如盘石,决不可摇。袁氏虽有野心,敢轻图南下乎? 辛亥革命,全国民众普遍赞助共和,非若咸、同间群情犹戴皇帝,足征民众大有觉悟。如革命党有正确之思想以开拓之,有健全的组织以维系之,有严明的纪律以统率之,则由推翻皇帝之初步而前进,真可一跃而完成社会革命、生产革命、思想革命,乃至上达乎孔子"裁成天地,辅相万物"之极则。极则,犹云至极的理则。惜乎当时革命党之发育,尚未免幼稚,未足以语此也。革命党未经磨练成熟,袁贼深窥及此,遂欲迅速铲除之,乃勾通黎宋卿幕下文人,使黎宋卿为己用,武汉竟在袁掌握中。袁即在癸丑年民国二年。遣其走狗带兵,由鄂入赣,不劳而定江西。革命党之首义于鄂也,江西即时奋起以应之。而全国风起云扬,立定共和基址。革命党放弃武汉,袁贼晏安而得之,遣一二走狗从浔阳、湖口登陆,江西遂不得不为北庭所有。自江西失守,而广大中华国土,始无革命党人立锥地。只逃于租界。由是有洪宪之变,有北洋军阀鱼烂之惨祸。危乎惨哉!

革命党人不独无新制度的知识,即旧军事知识又曾学得一毫? 余在壬子初元夏历壬子为民国建元之年。见革命党诸钜人举措,心知其不可,而四顾无可与言,又自度学未宏通,量尤偏窄,而纵横肆应,余实未能,既非领导一世之才,亦决不可随俗俯仰。此所以浩然孤行,专志于学也。

袁氏癸丑侵赣之军才起,余早知其为前因所注定,后果不问可知。

是时独有博平以鄂人而独赴南昌，欲投江西民军，讨平袁贼。既知江西自辛亥历壬癸，一切无有筹建，溃败在目前。博平忿而走德安，访其乡人在德安之李君舍小住。值袁氏走狗李纯率兵来德，博平乃以一身直冲李纯前卫，忿詈袁贼，手杀寇兵一二人而死。为击破袁贼之皇帝梦，唤起民众捍卫民国，而毅然一死，示范天下。上"为"字读若卫。自是而中国有无数陈博平出生。不久，袁贼覆灭。博平虽死，谓其永生可也。博平在辛亥壬癸之间，恒悲愤于党中诸巨人未能振导党员以作动一世，其所见颇与吾同。余察其有死志，曾力阻之，彼终不纳吾言。博平赴德安，绝不令余知。死后李君佯云："不知为谁何，移其尸于县城北门外。"从北门至乌石门约十里左右，有行人之径路，路上为河，路之左边皆连山也。寇兵离德而前进。李君始以博平尸，葬之北门外，前去不远之路左一土墩中。坟面临河水，但嫌拘促，余欲就其处改葬之，移上二三丈山中稍宽平处，树一碑。然以余家人在德已著籍，视为不急。无何，余出门久，未曾回德，兄弟皆谢世，李君亦早死，县人且无知此事者，岂不悲哉！博平升古极奇、极烈人物，当永为万世，余故记其事。

窃念清季民初时代，革命党创兴，名效外人，实无基本，中国向无政党。党之为党甚难言。清代学术思想承秦、汉以来积衰久敝之运，人才莫得兴起。西洋帝国主义之势力东侵，中国文化学术骤呈崩溃之象。知识分子不研固有者之为短为长，一切唾弃，其于外学又浮慕而鲜实究。衡阳之圣在明季有曰"恶莫大于偷，偷莫甚于肤浅"云云。清季民初，革命党缺乏人才，不偶然也。余于四十余年前，曾欲作《民国十论》，倘能起草或不止十论。惟以苦心于中国哲学思想之探索，又厄于多样性神经衰弱病，遂不愿分神于史事。近见文史资料，虽为将来修史者取材之用，而真能从大处、深处着眼，以叙列当年事迹，足明成败之故者，似未见有能注意及此也。

附记一：

陈博平先生死于德安，地方人向无知者。时袁军所至，烧杀奸掳，居民逃避一空。博平一人冲入李纯前卫，李纯杀之，本无声响。大军过后，城外有一死尸，人皆视为寻常事耳。李君终身不敢言陈博平事，则以李纯与其部下相继督赣，故不敢声彰此事也。

附记二：

革命党始则摧折于袁，终乃被篡于蒋。蒋谋篡党之经过，余不能详。因余离开党的关系，为时甚早也。民国十五年，余在北京已病甚。十六年春，即赴杭州西湖养疴。时麻城严重立三在上海辞去独立师长之职，到西湖南高峰下法相寺附近一民房居住。余早先住法相寺中，立三与余朝夕闲谈。余问立三辞职之故。立三曰："蒋介石实非革命党，乃篡党之贼也。此贼将来作恶，恐尤甚于袁。"余惊曰："你真知此人乎？"立三曰："蒋现在是盛名，他一旦得到政权，必纵其私欲，逞其野心，祸民祸国，无所不为。先生如不信，请观其后。"余曰："吾当记君之言。吾向不知此人，想贤者有知人之明，决不会妄说也。"立三又曰："我和邓演达为至交，蒋疑我，派一亲信来沪，直告我曰：'师长今日如通电表示护获蒋公，即刻将你的独立师扩充为有力的一大军。否则，现职也不便保留。'立三即慨然答之曰：'我是真正革命的国民党员，我愿通电护党。若叫我护蒋，我不是私人的走狗。虽南面王，犹不屑，况军长乎？'乃当其人之面草电，向蒋介石辞职，并声即刻离师部，径赴杭州法相寺，一切行动随人考察"云云。立三先生深于国学，曾卒业保定军官学校，大节凛然不可侵犯。但其人颇有悲观，惜哉！下世已久，余时或回忆，不觉凄然。立三于蒋之篡党阴谋知之详。余今哀甚，记忆亡失。谈民国史者，于蒋之篡党事迹不可不注意搜求。昔者章太炎亦曾言蒋氏谋害革命党人，吾今亦不能记其详。要之，革命党始摧于袁，终被蒋篡。数千年皇帝专制之毒，革命党创兴，真不易也。

余回思而心伤也。

熊十力　补记

一九六一年于上海

原编者注：此稿乃熊先生应德安县孙自诚之请撰写的。原稿及来书原存孙先生处，遗失于"文革"浩劫中，幸当年有誊正稿列入档案，才得以保留。此据孙自诚刻印本。

先世述要

小序

《先世述要》一篇，始于先曾祖父光东公，暨先曾祖母华太夫人，而终于先父其相公。数千年来号为国史者，实以帝王家为主体，其仆臣或知识分子，交游于贵族、太官，承其欢悦，而荐于朝者，没后亦得见称于国史。惟乡村老媪，有高德奇行，与穷士有特识朴学者，皆不求闻达于尘俗，其身阨，其志高。其没也，已与大化同流，何须以文字传说乎？然为子孙者，终不忍忘先德。不忍忘，必真有不可忘者在。

中华夏历乙巳年，公历一九六五年八月曾孙熊十力谨识

余家世穷困。所可闻知者，先曾祖光东公、先祖父敏容公、先父其相公，三世皆单丁，都无立锥地。光东公少年弃世，先曾祖母姓华氏。誓不改嫁，育族侄为嗣子，才五岁，即敏容公也。家故有宅二间，宅旁有旷土；曾祖母于其间辟一小园，种豆类、瓜类及蔬菜。所以自给而育子者，惟小园中产品耳。瓜与蔬，则于其生长期内恃以充腹。豆类熟

后藏而弗用,寒季缺瓜蔬时,豆类磨粉,可代米粮。豆粉不易消化而营养甚足,少食便佳。曾祖母勤纺织,可供油盐等杂用。曾祖母常自傲曰:"穷人无田而自有活计,无求于人也。"敏容公八九岁,从师学木工,其制造各种器物常自出心裁,运用木料极精审。工之劣者,辄随便下刀斧,以误损材料,公痛戒之。器械之结构,其要在凿孔穴时,小大深浅恰到好处,否则其结构不能坚固。公于此有特长。公所造诸器具,乡村用之者,恒经久不坏。众口称颂其泽。公事母孝,性刚直,为乡人所敬。然或有触其怒者,则其锋不可当,人亦以此惮之。祖母姓曹氏。事姑谨,习劳作,仅生一男,即先父其相公也。先父七岁时,衣食犹极窘。曾祖母坚主先父就乡校读书,而躬率先祖母勤劳纺织。俾先父得奉束脩于其师,无有缺礼。古时小民受压迫,家庭手工业,劳苦极而工资微。家中每日一蔬饭之时较多。蔬饭者,先祖父木工业之月入甚有限,购尔时四口之米粮殊不足。四口者,曾祖母与祖父母,及先父尚在幼时。故常以大量蔬菜杂少数之米以煮稀饭而食,是名蔬饭。若煮干饭则用米稍多。先父常忍饿而不废读,以是体弱卒不得永寿。家故无书,乡党有藏书者,借读而限期还之,能记忆其大要。好研历史。古时,老师教于乡者,皆以八股文、试帖诗为主。先父掌教乡校,不肖十岁始入校随侍。乡校者,清世乡党多数学人同奉一师,而组成一集团。有春秋时郑国乡校之遗意。故以乡校名之。一日,有衣长衫而来者四五人,请见先父。招之入,年皆壮者,意气甚盛。盖希望于科举途中邀幸逞志。坐定,高谈清世八股文选,而特尊张玉书之文。举其俊语曰"读书万卷,何如积累千金,大丈夫所以起功名之念也"云云。又曰:"'不受朝廷不甚爱惜之官,亦不受乡党不足轻重之誉'云云,此等识见,直令读者开拓心胸,激扬志气,未知先生以为何如?"以上皆来人之词。先生指吾父也。先父怫然曰:"尔曹托名士类,宜求实学,自爱自重,何不读书而羡千金乎?历朝宰相,往往以无知无耻得之,摸金致富,贪残已甚,愚贱至极,可谓功名乎?摸者,搜索。搜索金钱曰摸金。曹操在汉朝,掌军政,设摸金校尉,为世所詈。皇帝时代之官僚,不以摸金为务者鲜矣。夫功者何?盛德大业,国以之建,民以之新者是为功。建国,见《周官经》。新民,见《大学》。名者何,德业为当年与后世所称颂,不可泯灭者,是为名。功名之义深远矣。尔曹不求真解,可乎?夫金钱者,民力所致,民生所赖也。宜与庶民共之,任其流通。若积之于帝室与官僚之家,是乃人间世之大不平,大乱之逆也。鄙小官而求为大官,必欲媚兹一人,此与宫妾之情无甚异。一人,指皇帝。见《尚书》。忽视乡党之毁誉,以为无足轻重,将欲扬名声于都门,传姓氏于海外,而后贵重欤?殊不知人生之至贵,要在实有深造自得者在。逐浮名于外,而无自造自得之实,是乃无耻之尤耳。浅夫昏子,诋乡人之誉不足重,以一乡之地小而人少故也。然员舆之在太空也,只是一小世界耳。其间人类,又何可曰多至无数乎?察小人之情,必欲人之闻其名者多,是不可以已乎?夫名者,实之影响也。有实方名,如影随形。无形何有影?如响随声,声无响不生,此自然之理也。无其实而巧取浮名,浮,犹空也,虚也。习为驳杂失宗,浅薄无源之学。宗犹主也。浮泛杂乱的知识,无体系,无一贯之宗主,故云失宗。趋权势之途,由标榜之道,道犹术也。由,从也。遵其道而行之也。后汉党人之名节,明代理学家之气节,皆无实修与实学,而互为标榜。无知、低能,世运日益陵夷。用乡愿之术,郭林宗、陈太丘,皆乡原也。其说行于大众,其名传于当时,士习学风,皆中其毒,而世或莫之察也。尔曹所服膺于心诵习于口之八股文,余今听到可以一言断之曰,盖惟官僚不学,而有鄙俗之恶根潜在心窝里,自然要流露出来,故有此文耳。尔曹闻吾言,当不悦,而余不忍无言也。方今国中士类,鲜不以学习八股为专业。所以者何?今之号为士者,皆志在官场,而非深于八股之技者,即科举不获当选,官场之路塞矣。夫士之志在求官摸金,士之学在八股,国无与立,民不聊生。邻县有归自北京者,称道泰西列强,学艺与制造俱可畏,吾国非可以愚陋图存,尔曹犹不悟耶?清之入关也,开基诸帝皆英明有谋,统治神州之大略皆出自上心。上指清帝。汉人为宰相者,不过治文书综庶务,小心慎密,以顺为正,克尽厥职,亦复温温尔雅,为上所喜悦,如是而已。熊赐履、李光地、张玉堂、张廷玉之徒,乃清初汉籍诸文臣之代表也。"先父说至此,乃辞宾。古时乡校,本由成年人聚合而成。其年大概二十以上,乃至三十余岁者。亦可收极少数俊秀之童子,或成年诸生携其弟俱来。或另有介绍,则视其识字多少而酌取之。童子不多收,师亦不常亲教童子,辄命成年生分教之,成年生亦以此为乐也。先父教诸生凡言诸生者,皆指成年生。不可多费精力予八股文,更极力排除清人之八股。尝曰:"世人恒言八股始于宋明之经义,此胡说也。前代经义确是深研经文之义旨而发挥之。明代虽渐衰,而吾县韦翁成贤,为明季名进士。其经文朴实说理,为王船山先生所崇尚。直至清世,而后士习卑污,全不知学。其习为八股以投合主考迷盲之目,以取科名。科名者,如举人、进士、翰林或状元。问:秀才是科名之初级,何不提及? 答:准诸古制,秦汉以后之郡县,相当于殷周之侯国。秀才为国学诸生。清世犹称秀才为博士弟子员,即据古制,不以秀才为官之起点也。清世八股文其词皆鄙陋妖邪,实不可谓之文,何可称以经义乎?

先父常教门下士宜以读史为先,而后治汉人传来之五经。五经者,汉以来历代众史之源也。由流以溯其源,学之序也。又曰三代之事远矣,不可得而详。秦汉以来帝王专制之害,夷狄盗贼蹂躏神州之惨,不读史,何由知人间世黑暗乎? 先父少年时,获游泮宫,自是专修学业,不以科名萌于念。古代侯国之学校,称泮宫。后世郡县皆立泮宫,设学官,祀先师,仿古学校之意,而实乃空名,绝无讲学之事,学官鲜有从事学问者。郡县士子经督学考试,当选者称为秀才。郡县学官躬率之入泮宫,祀先师孔子。故清世以新得秀才谓之游泮宫。督学者,清代考试犹沿明制。朝廷特派文臣分赴各省为督学使者。(简称督学。使字读若四。言其为天子之使,以见恩出于上也。)分省既定,即各各赴任。按该省所属郡若干及郡所属县若干,督学依道路之便,以次亲临诸郡。(次者,次序。)每到一郡,即召集各县众多士子,齐集郡城。(亦称府城。)分县考试。拔其文艺优者,选入郡县学官,称秀才。然所谓文艺者,只是八股文与试帖诗而已。**族戚诸老并望吾父应省试,吾父固不肯,**省试者,朝廷特派文臣分赴各省为大主考,考试该省所属诸郡县秀才。拔其优者给以科名,曰举人。始有入仕途之希望。**谢诸老曰:**"考试制度之本身,亦不可厚非,然国只有取士之制而绝无教士之制,则名为取士,而其所取士实非士也。西汉文、武诸帝,诏天下郡国举贤良,或茂才异等,或孝悌力田,所取颇不虚谬。不采虚声,曰不虚。不虚,即无谬误。上之取才也,必责实效;下之应上也,不敢欺罔。西汉民间,犹保朴学之风,不偶然也。明之季世,窃高位于京朝,拥重兵于四方,而皆贪污无能,以残生民,以亡天下者,鲜不为进士之徒也。科举不可得才,是其明证。不肖按,江夏熊公,旷代雄才,其学得力于深造独创,屏斥理学浮空之习。而其时朝野众狝,共谋陷江夏以惨死。清人遂得入关。天倾地覆之际,顾亭林、王船山、颜习斋、傅青主、吕晚村诸明哲皆攻击帝制,光复华夏,与倡导格物学之鸿论与毅力,独惜拥护帝制之贱竖,伪藉汉学以锢思想,而晚明王、顾诸儒之学,卒遏绝不行。**清之入关也,科举仍明季之旧贯,以八股文取士,遂为不可易之定制。夫取士以八股,是奖励天下之士类,皆相率而习为浮词鄙语,以此迎合于不学之考官,而冀得一科名,为其求官与摸金之阶梯也。**升堂必由乎阶,登楼必由乎梯,求官摸金,必由乎科名也。主考之官,曰考官。**夫中华广大,古称天下,郡县林立,**后世郡县,即秦汉间所称郡国也。**服长衫而号为士者,难以数计。汉以来,唯上京有太学,仅治古典,郡县皆不立学校以教士。**后世虽于郡县立学官设学宫以主之,学官俗称教官,言其掌教育也。**其实学宫本非学校,乃专奉孔子神主,俗称圣庙是也。学官为看守庙宇之役,多由不学者任之,绝无聚徒讲学之事。孟子曰下无学云云,晚周六国时已然,何况(周)[秦]汉以下乎?晚世考试之制,皇帝遣使分赴天下众多郡县,考试全民中之优者,予以升进显仕之径,而实绝不教民以学。是乃以利诱全民,使其感小惠,而乐为忠顺之奴耳。此**

种考试名为取士,实则应试者皆未尝学问之氓,氓,民也。民者,古训蒙昧无知也。何可名之为士乎? 郡县之试所取非士,省试乃至朝考所取者皆非士类,不待言已。若辈以八股盗科名,为利禄计,无可望其求实学也,何必追逐予其间乎?"先父语毕,诸老知其意不可转,多不乐,而亦有首肯者。先祖父闻之,怒,仍令急赴省,先父不听,先祖父之怒益炽,遂严挞之,至不堪受。先父奔投水,族人急挽之,得不死。曾祖母责祖父曰:"我只有一孙,尔可逼之死乎? 众口传说吾县先后长官,多是进士出身,未见其为国为民有何种功绩可追念。徒以贪污、庸陋为吾县人所怨詈耳。读书要明道理,那可求官? 我不望子孙富贵。"以上所记,乃先长兄仲甫所闻于族叔承宝者。吾年二十后,长兄面授此事。宝叔寿至九十六,亦曾为不肖说及。先祖父受慈训,豁然大悟,遂许先父独行其是。

不肖年八九岁,犹为邻家牧牛。岁得谷若干。其数今不能详。先父授徒于乡校,偶回家,则教不肖识字,又尝说历史故事。一日,说后汉昏乱,及晋世至南朝胡祸事,词极凄怆,不肖感动号泣。先父曰:"儿不必泣,向后读史书,宜用心探求祸乱从何而起,探求既久,方知胡祸是内乱所招致,而皇帝制度乃是内乱之根也。古今史学家,都不与天下众庶同忧患,其读史只玩故事及以博雅成名,谋利禄耳。儿其戒之!"不肖十岁,先父始携入乡校。先习五经章句,次及史。此为入校之第一年,乃幼年期最畅快之境。不肖常日夜手不释卷,睡时甚少。先父戒曰:"常如此,恐伤身。夜半子时,必须睡熟一会。"不肖对曰:"儿欲粗阅五经一过,然后好细究耳。"第二年,先父患咯血,虽勉强为门人说经史,已渐不可支。不肖深忧惧,亦不忍废学。第三年,父之疾变为重咳,常吐白痰。家有小犬,就地面吸痰,经一夜便死。自后吐痰,命烧草灰厚覆而扫除之,防传染。是年春季,父犹留校。夏初,病益危,乃辞校回家。秋冬之交,吾父弃浊世。当时国人不知有西医之学,吾县诸医皆莫晓白痰为何种症。回忆吾父吐痰时,其状惨苦至极,先慈及吾兄弟诸姊无日不号泣，而莫可以身代受，呜呼惨哉！由今思之，当是肺癌也。先父病深时，门人余梓香来省候。梓香，吾县良医也，少时学五经于吾父。梓香戚然曰："吾师之病，乃一生历尽穷苦积渐所致，体亏而无滋养，今将不起矣。"其语未终而泪潸下。吾父谕之曰："穷于财，可以死吾之身，不能挫吾之精神与意志。平生炯然不可乱之神，凛然不可夺之志，是乃孟子所谓上下与天地同流者也，焉得有死乎？且身者，必死之物，纵不穷，弗可免于死也。吾身可死，而自有不可死者存，尔何戚乎？"梓香退而执仲甫兄之手曰："伟哉吾师！平生实践得力，故命将终时不起断灭感，而亦绝不同于宗教家灵魂的迷信。其自信为不朽者，元是征诸自己与天地万物一体流通，无有已止。是乃会通万有，而后得一最高之理念，曰：宇宙无尽，人生无尽。无尽者，无断灭也。皈依在是，不迷不妄也。此种境界，非凡夫所能体会到。断灭感者，一般人皆以为人死，即如烟云散，毫无所有，是乃断灭之哀感。如此，则人生绝无意义与价值，不可为训。吾师其至矣乎！"以上记梓香之言。先父平生教授乡党，诸少年大概为农村子弟，罕有远志。意在问字，得为闾里家塾师而已。年壮者经营室家与钱谷或财富等事务，私欲诸杂染甚深，志趣无从启发，材性鲜不平庸。不特先父门下如此，凡授徒于乡者，未尝不同斯感。先父常叹曰："吾终身教后生识字，莫可与言学也。必求可为学者，其余生一人乎？余生，谓梓香也。然彼终专力于医术，彼，指梓香。吾道不得不孤也。"

先父去世之前二日清晨，不肖偕长兄仲甫侍床头。先父神智清明，顾儿等微笑曰："我将去矣！孝之道，在继志。我有志而未逮者，尔辈能善继，吾不死矣。"又曰："华太夫人先父之祖母也。其识高明，其志挺拔，其行坚苦，其德惇厚，余未尽孝道，抱恨以终身！儿曹念之哉！进德修业，无负曾祖母！若忘此训，非吾子也！"不肖与长兄跪而泣曰："敬守诲谕，吾父勿虑。"父又曰："曾祖父孤穷早逝，家无田地。曾祖母守志不再嫁，抚育吾父为嗣子。宅旁辟小园，自朝至夕种瓜豆菜蔬不稍休，并抽暇蓄肥与取水以灌园中物。入夜则纺织过夜半，稍睡，不及熟，闻鸡鸣而起。"旧社会凡有田地者种棉多，其棉花成熟收集其居宅，贮之别室。一面招男工至其家将棉花弹碎，制成絮料；一面招穷家老妪或少壮妇女，约为之纺线织布。为读若卫。但应招者不须赴招工者之家。应者仍居其本宅，饮食自备。首由招工者估计纺织完工，须若干时日，限期极短速，应者峻拒。然后招者稍改期，但犹逼迫。应者自度照招工者之限期虽废寝食，犹无法赶办，复严绝之曰：'如君所限之期，纺织是极容易之事，君家何不自为之？'招者或羞惭而去，亦或稍宽其期。但其宽期亦无几何。惟应者常在困厄中，得些子收入，聊胜于无。些子，吾乡俗话。言其数极少也。地主招工，向应者提议完工之限期，必极短速。所以者何？工资之多少，必以其工作时间之久暂为衡量，故地主之压迫穷人手工业者，极其惨酷。先父曰："帝王专制之世，必保护地主，而侵剥天下最大多数之穷人，所谓下民或小民是也。曾祖母毕生穷苦勤劳寿过九十，其德行常在乡党口碑，今不及详述。略举二事，以见其概。有妇人独身乞食，年近三十。先入邻家，邻人呵责之。遂来我家门口，苦饿，似不堪立。曾祖母呼入坐，即予以饭，令其饱。既饱，妇人谢而将去，曾祖母曰：'汝暂勿去，我欲问汝，汝貌有风霜之苦，似更有畏惧多疑之象。汝是何处人？是否触怒婆婆或丈夫，仓卒间不思利害，遂奔跑于远方，莫悟己过，流浪不知回家乎？'是否二字，至此为句。妇人闻而放声大哭。曾祖母候其发散郁室，徐叩其故；妇人曰：'我家历代是罗田县人，父母兄弟俱有，佃田过活。过活鄂东俗话，犹今云生存或生活。不饿亦不甚饱。'丈夫姓名，妇亦说及。'夫家略有自耕地，究以佃田为主要，与母家情境亦相近。翁姑对我平平，丈夫也是平平。结婚后已生两孩。此次因丈夫从田里打秧草回，为小事动气，我不让。丈夫怒气重打，我便怀恨远跑。家内没有人来找我，我也不好自回去。

出门只是乱跑，由本县罗田通过麻城县，听说是大县。出了麻城，又向前跑，二百几十里，才到老太婆这里。'曾祖母问：'汝跑了几多时候？'妇人答曰：'我跑出来至少有三个多月。'曾祖母惊曰：'你太蠢，你的丈夫打了你，你跑出三个多月，时候已甚久，你跑过三县之地，你夫家和母家及地方人都想不到你有这样远跑的怪事。我揣想你跑出不到十天，你近邻的人必疑你被丈夫打死，把你的尸体设法匿埋或焚毁。风声一出，越传越远。你母家必向罗田县官控告你的丈夫杀妻毁尸，要定尔夫的死刑，还要断尔翁姑是知情，其罪亦不轻。你家经过这番大祸，财产当然毁尽。为今之计，你赶星夜跑回罗田，见汝的翁姑丈夫，并请汝母家急急投呈罗田县官销案。'曾祖母即办干粮，派我祖父敏容公带同此妇人星夜赶回罗田。直到麻、罗两县交界处，便听到众口喧传罗田一件大奇大惨的命案，人死无尸。我祖父把这妇人送到他家去，他家翁姑又哭又喜。喜者案算结束了，哭者家产已败了大半。祖父宿其家一夕，即起五更赶回。曾祖母处理此事，不可作寻常看，非有大智慧，不能观察此妇有异情，亦不能断定其家已遭祸变。非有救人之极大热情，必不肯遣我祖父带此妇经过三县之长途而交付其家，并劝其家勿对此妇人而生忿恼。一般人总是事非干己莫劳心，古谚。我曾祖母对于来自远方乞食之妇人，询知其无端弄成大祸，夫家母家同归毁败，竟不惜劳神为之平定于一旦，虽圣哲处此，又何过之乎？"以上是先兄闻之先父，所说先曾祖母事。吾族叔承宝，寿九十六岁。清季屡为先长兄说此事。宝叔曰："凡人总莫肯为他人出力而自受损失。伯父本穷人，木工之业，天天要照常做工。宝叔称我祖父为伯父。他奉母命送该妇到罗田，交付其家，路经三县，往返的日子不少。自劳盘费且不说，而旷废工作，减少收入。乡人有敬而颂之者，亦有笑其浪费者。"祖父同业，有谓罗田逃妇之事，尽可不管。祖父曰："我从幼年时即尝听家母说：'你要顾自己，也要顾旁人。顾已不顾人，你这样做，人人都这样做,将来便不成世界。'我信家母的话是合情理的。罗田逃归蠢蠢不安分,我不交送其家,谁能保证他一定回去? 其夫家的老少三条性命,定要冤死。至于人逃不归,本非命案,而弄成了真命案。夫家找不到活人回来,母家也无死尸可证,案子拖长,双方破产。我耗了长途往返之费及停了几天工资,补偿之法家母说了,至多仅一二月,每天减半碗饭,就补好了。"祖父的同业曰:"听长者言,我们细人之见,只有惭愧!"

上面已述第一事。今次,述第二事。先父说:"我乡里有易姓少年,农家子。生来只是孑然独立,父母俱亡,无兄弟姊妹。此少年娶妻颇早,先世稍有自耕地,人少而钱和谷颇有余。妇安逸,而姿貌不陋,成婚有年,竟未生育。里党流氓以嫖赌为业者,常开赌场于其家,少年与妇茫然不悟流氓之阴谋也。每聚赌常二十余人,有时自远来参加者人数更多。每次开赌,少年决加入,而无一次不大败。少年初出余钱付胜者,无吝色。其后余钱空尽,乃卖谷以付赌债。凡赌败者必付钱于胜者,钱数甚巨,并须即时付讫。不能即付,即名为债。胜者常以强硬态度压迫败者从速还债,是谓赌债。谷复空尽,赌债如山。胜者逼索,无可奈何,于是卖田还债,田又卖尽,更无他物。少年与妇日夜痛哭。赌徒毕聚其室,逼令还债不稍松。赌徒群中忽有一人,呼少年出见,慰之曰:'哭无益也,宜想办法。'少年泣曰:'现无法可想。'其人曰:'你有妻乎?'少年曰:'有。'复曰:'汝妻年几何?'答曰:'犹是少年也。'其人令少年呼出相见。乃谓少年曰:'汝不妨卖妻以还债,汝两人可同意乎?'少年曰:'债重,无法,愿意卖妻。'其妻泪下如雨。逼少年者情词俱厉,少年更苦逼妻说同意二字,于是赌徒皆大喜。逼少年卖妻者即买妻之人也。赌徒共议婚价,决于次日清晨群集易家门前大空旷场所,卖妻者写卖约毕,即以约与妻交付买主而领钱,同时转付赌徒赌债。买者交价,即领佳人而去。一切作法早由赌徒约定,买妻者亦赌徒团体中人也。此事久为乡人所共悉,但绅士之徒号为清正者,而其亲见社会上大不法或极惨酷之事，只要不涉及自己身家，便可晏然熟视若无睹。此云绅士者包括举人、进士、翰林或官僚退居于乡者。皆以不问地方事为贤。其不肖者则与贪官污吏及土豪等共为奸邪，侵剥小民而已。至于地方上大多数善良之庶民，如汉代所称孝弟田力者，则又习于安份守己，而不敢与流氓斗争。帝王之教化，本欲庶民习于守己，不尚抵抗，柔其骨，消其气，而后莫予毒也。我曾祖母平生痛恶绅士，亦反对庶民之安于柔懦。当赌徒侵剥与劫夺易家青年夫妇之阴谋已经发露，并决定易氏子写卖妻约及领钱还赌债之日期，地方舆论虽一时忿怒，而卒无正人号召群众主持正义，以消灭小匪迷动之浮焰。小匪迷动之始，若有正人激起众志，以消灭之，并非难事。惟大多数人涣散退避，无有正人主导大众，则匪势乃张耳。譬如浮云，本无实力，而其黑焰，可以蔽天，故云浮焰。匪党劫夺易家少妇，迫令其夫写卖约，目前正在实行，地方绅士无有一人出头禁止。这种风气一开，匪徒从此大胆横行，并且坏人聚党为匪者，将来不知多少。不独柔善的青年莫可活命，大乱发动，将不仅是我县和邻县之忧也。曾祖母想到此，即刻携杖快步赶到易家门前空旷场所，果然一大堆人嬉嬉笑笑，欢声满山谷。曾祖母至其所，易家夫妇急来前，哀容满面；其余大众，默然俯首。曾祖母首问易家孤儿曰：'今天汝家有何喜事？人山人海，塞在门前，如此欢乐？'孤儿含泪答曰：'愧对老太婆，我写卖妻约。'又问：'妻不贤良？'答曰：'我败了家，欠赌债甚重，要卖妻还债。'又问：'尔在何处赌？'答曰：'今日到这里的诸位，往日都来我家开赌场，我就便加入。'曾祖母笑曰：'我早已听地方众口说过，不须多言。'又问孤儿之妻曰：'尔夫败了家，你两人从今要饿肚皮，也许要饿死。幸而有人买你，这是你的喜事。'少妇闻之泪盈于面，泣曰：'我已有丈夫，那可忍心再嫁别人？我的丈夫饿死，只好和他同死。太婆是我祖父母的前辈，我见了太婆要说真心话。我几时死，怎样死法，心里自有决定，决不受人的污辱。见了太婆，好像见了我的祖先，胆子更壮起来了。'曾祖母大喜曰：'好，好！你对母家是烈女，对夫家是烈妇。你把我当作你的先人，是我平生第一荣耀的快心事。'柔善的青年夫妇，说了这番话，匪类同听到，一齐低头丧气。曾祖母遂步入广场的中间，以手招四面的赌徒而告之曰：'我是老年人，知道易家很多代都是正派人，是地方上勤劳俭苦，不荒本业，不图分外，可以维持衣食的良家，确不是富人，他也用不着求富。你看我们县里从来富贵人家，到了后嗣，多是不忍说的惨境。人的眼光要放开，只有做正人，习正事，在出生的地方须令后代人莫笑、莫骂、莫怨恨。这是人生应该有的觉悟。诸君都是有聪明、有豪气的人，如果立志做善人、行善事，后代人对你自然有美善的纪念流传。凡人犯了过，只要悔过。悔过而能改，是为大美大善。犯过而不悔，或悔而不改，只有增长罪恶，是为人生的悲哀，不可不悟。诸君对于易家孤男弱媳的事，确不能不自认是罪恶。他们的祖和父两代，凭血汗购一点自耕地，衣食都很俭苦，诸君当然知道。余钱余谷都不多，诸君今日当更清楚。易家孤儿弱媳，年青温厚，向无坏习，诸君也知道。诸君何忍于其家开赌场，以引诱他陷于邪路乎？他家两代以来，血汗与俭苦所积的一点钱谷，今被诸君侵剥无余，诸君犹不满足，更令其将一点田地，一朝卖得空空，而更惨者又谋夺其妻，迫写卖约，实属劫取，诸君在青天白日之下，敢作大罪恶，此是昏迷所致耳。设有人焉，呈报于县或上报于府，更上达于省，近自县官，上至大宪，察此案情，能不惊骇？此等风气通行，将令各地均有坏人结党，作一切恶，酿成大乱，省宪决不能不重办也。'曾祖母说至此，诸赌徒皆哀求宽宥，放弃赌债，毁碎卖妻约。易家孤儿弱媳在其祖堂焚香，禀告此事经过。夫妇发誓，此后夫不敢再赌，必勤恳荒山种杂粮。妇必与夫同劳苦。最后祝熊太婆福寿。翌年春，易家之媳忽生一男，其夫妇皆曰：'此熊太婆之赐也！'"

先父曰："曾祖母生而穷困，未能读书，而其恻隐之仁，充满怀抱。故随时随地随事而实行其仁。故能救罗田逃妇两家之生命。如一般人见行乞者或稍予食不问饱否。或绝不予食,恶声斥之曰,疾走耳。若见乞人有不安之容当然绝不关怀,谁肯询其情由,救其罪恶,更令受害者转祸为福乎?"

　　先父尝诲不肖曰:"曾祖母虽未读书,而其毕生近取诸身与远取诸物者,随时随处常读活书。其九十余岁行事,皆从读活书中得来。如易家孤子弱媳,遭赌徒之害,其事至惨。曾祖母常太息曰:'我不只怜念两少年,独忧此等风气一开,匪类横行无忌惮,将来学他者极多,他,指赌匪。郡县大多数的百姓,千家皆将蒙鱼烂之殃。县官平日绝不访查民间利害,地方绅士一向对于公利公害都不留心。吾不可怕匪徒而袖手避害,只好亲入匪众会场,教他及早收敛,不可猖狂犯大罪恶。幸而群匪感动,悉从教戒,否则地方匪患不堪设想也。'"先父述曾祖母此段话教不肖曰:"曾祖母以郡县大局着想,是其识见和德量大过人处。不肖按,易家居吾故里净明山下幽谷中,独家无邻,有清净趣。吾小时常过其处。今年代已久,不知有后裔否。先父曰:"曾祖母善行不胜举,今只说二事。尔曹可深心细玩。作人与为学,宜取法于曾祖母。予本欲于六十岁左右,为曾祖母作行状,今半百望满,将还于大化,不意如此之速也。"

　　先父平生作人与为学之道,实取法于曾祖母华太夫人。先父毕生专治史学,持无君之论。厄于病,未及著书而弃世。先父赞扬唐、虞公天下之制,谓其可进于民主也。夏、殷、西周三代定家天下专制的乱制,流毒数千年。不肖幼闻庭训,不敢信禹、汤、文、武是圣王也。先父曰:"予平生专力于史籍。五经,予认为古史,不必尊之为经。古说孔子删定《尚书》,断自唐、虞,盖以尧、舜二圣公天下之制,足为后世法也。夏禹历仕唐、虞,承大舜之领导,又得伯益、后稷二贤之扶助,遂有平治水土之功。舜老而倦,使禹总领众贤,盖若后世宰辅之职而已。舜本未以元后之位让与禹。《古文尚书》有《大禹谟》一篇,称舜命禹之词有曰'天之历数在汝躬,汝终陟元后'云云。予按此篇文词,平顺易

解，无古奥之趣，当是后人改窜。然事实必有据于古史。舜命禹，有
'汝终陟元后'一语。则是舜已先觉禹有谋帝位之意而惟恐不得者，故
慰禹曰：'汝终当升元后之位。'据此，则舜本无以帝位授禹之心。舜盖
已知禹有必为元后之志，一旦居此位，必消灭公天下之善制而特开家
天下之乱源。家天下之制，以天下之土地与一切财富，为帝王一家之私产。以天下
最大多人，为帝王一家之臣仆或农奴。是大乱之源也。舜之晚年，在朝旧勋，如
皋陶、益、稷诸贤，或衰年不耐劳，或声望不及禹之显著。舜虽明知禹
不可居帝位，而其时之趋势，殆有舍禹而难得其人者，故舜之命禹，曰：
'汝终陟元后。'盖知其势已成也。唐、虞二朝相连。尧老，而舜摄元后
之事。尧崩，而舜始即真。舜安安而无为。"安者安定，无私欲之扰，无
迷惑之障。安安，重言之，明其安定至极也。无为者，从人民之公意，
听辅弼以尽职。听者，舜为元后，惟任辅弼之克尽自力，而无所干涉，
无所牵制，故曰无为。将释辅弼，须先谈中华的统一，与元后之由来。
上古时，无数的部落，无数者，极言其多耳。渐演变而为诸侯国。部落变而
成国，即部落时之酋长，变而为诸侯。诸侯国并立，大小强弱不齐，不能无纷
争。是时（诸）〔舜〕登帝位，欲得平水土之才而任之，以成美尧之事。
四岳荐鲧子禹，禹让于契、后稷、皋陶。帝舜也。命禹往视事。中略。禹
乃遂与益、后稷奉命，云云。下文不必详引者，即以云云二字结之。他处仿此。
按上文，禹让于契、后稷、皋陶。帝命禹往，而未允其让也。下文云禹
乃遂与益、后稷奉帝命。据此，可知契与皋陶各有专职，不宜他调。帝
盖因四岳举鲧子禹，而念鲧以无功被诛，故欲禹担荷平水土之专责。
同时，于朝廷大臣中拔出益和后稷二人，与禹合作。益一向为治山泽
之长官，稷为教稼穑之长官，皆熟悉九州众邦之形，明了高原、下隰、水
土性能之殊异，或水陆产物之丰耗，以及万邦民众之知识和愿望，与地
方利害。万邦，犹云众邦。益、稷二人以前，一掌山泽之政，一掌农田之
政，皆非逞空论于朝廷，可以尽其职事者。必定遍历九州万邦，广泛接

触民众。劳动与共,经验已多。此帝舜所以命益、稷协助乎禹之故也。《禹贡》一篇,是禹与益、稷赴任时,帝命朝内诸卿和四岳,集议平治水土,以及生产、建国的全盘计划。交付禹等三人,等者,谓益、稷。为实地考察、筹度筹,犹审思或远谋也。夫谋,犹计策也。计策拘于浅近,不见深远,未有不失败也。度,读若托,推求之谓。依据实事,而推求其理则也。事,犹物也。理则,犹轨范也。及付诸实行时,所必遵循之总图案,亦可说为预定的方针。

先圣曰:"凡事预则立。"按预者,事未着手时,先作全盘计划。必精必详,必正必确,诚如此,即举事之方针已大定。惟有毅然担当,迅速行动。将见彻始彻终,一切成立,无往不济。造始,即贯彻乎终,以获善成。善终,亦贯彻乎始,以征正始。终之善,可征明其造始之大正也。故圣人说预则立也。禹父鲧,受帝尧命,治水土,九年而无功。是时,舜以百揆摄行元后之政。东巡古代元后巡视四方、众邦,考察利弊。知鲧无状,无状,谓其受命九年而无功也。遂诛鲧于羽山。马融曰:羽山,东裔也。按裔者,东方之边塞外。初,尧忧洪水,命四岳举治水之才。岳以为鲧可。尧曰:"鲧负命毁族,不可用。"负,违也。族,类也。鲧性狠戾,违负教命,毁败善类,故不可用。岳曰:"异哉!试不可用,而已。"岳闻帝尧言,鲧不可用。故于鲧之为人,不无惊异之感。然仍主张试用之。既试,无成,而后已止可也。帝尧乃听岳言,用九年,功用不成。舜摄元后之事时,诛四凶。鲧,为四凶之一,殛之羽山而死。《尚书》称舜治四罪,而天下咸服云云。刑以惩凶,辅德化之所不及。刑德相反,亦相成也。王君问:"仁丈言,帝舜于禹和益、稷赴任时,以平治水土及生产、建国的全盘计划,授之于禹等三人。《尚书》未载此事,《史记·五帝本纪·帝舜纪》中亦不曾提及此。仁丈今日之说,是否受之尊先翁,抑仁丈别有所本欤?"答曰:先父弃世时,不肖尚在幼年。唐、虞二帝之典,不幸未承先训。惟先长兄尝述及先父遗说。禹治水,得力于益、稷之辅导者为多。先长兄仅忆此语,而莫能述其详。余年三十五,始治秦博士伏生传授汉学官之《尚书》。余尔时,不知其为伪书。伏生书，始于唐、虞二帝。而前世以来，通行之俗本，无《唐书》之目，惟以《虞书》列第一卷。帝尧之朝号，曰唐。帝舜之朝号，曰虞。俗本盖以《尧典》并入《虞书》，甚谬。《虞书》五篇：一，《尧典》；二，《舜典》；三，《大禹谟》；四，《皋陶谟》；五，《益稷》。《禹贡》，是禹和益、稷三人，工作完成，始造报告，上陈于帝舜和朝廷。唐、虞二朝，生产和建国大业，帝尧启其端绪，帝舜扩其弘规。何以征之？帝尧老而衰，倦于勤劳政事，惟日以洪水之灾为虑。《史记·五帝本纪》中，《帝尧纪》载尧曰："嗟，四岳。四岳者，四方众多的国，各各皆有君长通称诸侯。每一方的众国之间，必有高山突出，是乃从山所依为镇，名之为岳。四方各立一岳，故有四岳。每一方的众诸侯中，必拔一能者，为其一方之首长。四方各立一首长取象于四岳，故以四岳名之。汤汤洪水滔天，洪，大也。汤汤，空旷、无所有之貌。此言大水奔突，地上一切物，为水漂流，荡荡然。浩浩怀山襄陵，孔安国曰：怀，包也。言大水盈满，群山皆为水之所包裹。滔天者，谓水势盛极，漫于天上也。襄，孔曰：上也。按此言水势襄上，万物皆被其淹没。水腾上而侵陵万物，故曰襄陵。下民其忧。有能使治者？"尧问四岳曰：汝辈颇有所识贤能，可使之治水乎？皆曰鲧可。皆者，四岳同荐鲧也。尧曰："鲧负命毁族，不可用。"负，违也。族，类也。鲧性狠戾，违负教命，毁败善类。四岳强请试用之。卒使水患延长。总之当尧之时，治水是惟一大事。水患不治，即生产、建国，诸大问题，皆无从说起。

帝尧明知鲧不可用，老而不能刚健自立，遂听四岳之言而用鲧。鲧既赴任，一筹莫展，苟偷度岁。苟者，苟宜，不知有责任。偷者，偷取一身和一家之晏安。以此虚度岁时。延长水患，至于九载之永。载者，年之别称。永犹久也。人民无托命之所，危乎殆哉！是时，帝尧倦勤，不堪勤政，故曰倦勤。舜始摄行元后之政。东巡，知鲧无状。无状者，谓其治水九年无功，徒延长水患。遂殛之于东裔，而死。

帝尧晚年，以治水为第一大政。并非不以生产、建国为急。必水患消灭，方可引发生产、建国之一切计划，俾其相因而并举也。舜初摄政，首以刚断的精神，考察任事者之功罪，依法处理。然后任事者，自然不得不激发猛志作动民庶与怀山襄陵、盛势滔天的洪水奋斗。其战胜洪水，而消灭之，即可于极短速时间内，大庆成功。任何大业，以急公之诚，刚猛作去，罔不速成。以自私之邪，怠慢旷职，必然获罪。怠慢之徒，受公众之重任，而绝不尽自己的力量，以修举其职责之所应当创造和完成之功业。此等人，挟私而旷废公职，罪在必诛。帝舜罪鲧，所以破因循或颓废之锢疾，而后能鼓万物以新生也。因循者，随顺旧有的恶习而不改之谓。帝尧有知人之哲，哲，犹智也。与天下为公之远谟。孔子所以称其巍巍乎，同于天之大也。太古初民，仰望太空，穹窿之形，形如大圜者，而呼之为天。又于罗列太空之诸太空星球，亦呼为天。诸天皆至大，惟尧与之合德。天下为公者，尧不以帝位传子孙，而必求天下之有德有才者，为群望所共归，始可出而登帝位。由尧之主张，一国之事，当由最大多数劳动人民平等协和，而处理之。不可由一人或一家居上层，而统治大众，横行专制。天下事，当由天下万邦民庶平等协和，而处理之。邦，犹国也。不可由一国之持政权者，怀私欲，呈野心，而妄想控制天下，侵略众邦，残杀与剥削万国民众。此从帝尧不肯以帝位传子孙之主张，而体会其深意。大概，一，不许建筑一个至高无上的统治阶层。由尧之主张，则所谓帝者，只是行政方面的首长。身没之后，继居帝位者，必出于众望所公推。故帝位犹如官署，应当对民庶和国家起责任感。根据公众意思，以定政策，付诸实行，征其成效。决不可凭藉帝位，以为崇高的统治阶层，妄作威福。二，不许居帝位者贪恋权力。人之大欲，最难舍弃者，莫甚于权力欲。权力不是坏东西。凡图国家或天下之大事者，不可无权力。犹匠人不可无斧柯也。但凡担荷天下国家之重任者，其使用权力，必通过实事求是的方法，而后毅然以权力，独行其是，不摇于浮议。惟古圣哲，指尧、舜等。则以为凡担荷天下之重任者，不可有权力欲。凡人，如乘风云之会，得担当天下之重任，即不患无权力，而患在其人之有权力

343

欲。所以者何,人之强于权力欲者,既有权力在手,遇事,必纯任主观
逞空想。轻用权力,终归失败。吾曾与习生传裕谈及此。传裕初不甚
了然。余曰:凡任天下国家事者,有大变革,有大建设,皆是行使权力
时也。但权力本无私欲之杂。姑就变革言,鼓动众智、群力,将初民以
来,一切旧制、旧习、集垢、集污消灭尽净,此谓大变革。问:"变革旧制
和旧习等等,必须经过长劫战斗,方可革去一切旧有的坏东西。长劫,
见中译佛书,劫,犹时也。长劫,犹云长时。长劫战斗,如何得不松懈。"答:群
众用其智和力,以与垢污的旧制、旧习战斗,历长劫而不松懈者,以有
不断的鼓动于其间者故也。问:"鼓动者为谁?"答:不可误想别有鼓
动者。应知,鼓动,只是群众各各本有智和力。独惜彼此涣散,而不协
合,不交换,不互相启发。则众智、群力,消灭于无形中,而莫知其故。
自科学知识逐渐发展,交通之具,日益精利。人类之往来,亦日速而日
密,于是一个人之智与天下无数人之智,互相协合、互相启发,而为大
众的明智。天下,犹云全世界。下仿此。一个人之力,与天下无数人之力,
互相协合、互相比辅,相亲相扶,曰比。交相导以振作,彼此互相导,曰交。下交字
仿此。交相诱以健进,曰辅。而为大群的毅力。群众的毅力、明智,协合为
一,浑然不可分,而有大威势者,是称权力。历史上非常时代之伟大变
革,必须经过长劫斗争。其所以历史长劫而不懈,则以有不断鼓动于
无形中者,是为群众的明智、毅力,互相协合与启发,浑然不可分,而有
大威势者,所谓权力是也。群众各各涣散各各为自私之图,即人人皆
不得发扬其智,皆不得充养其力。夫惟每一人之智,能与大众互相协
合、互相启发,于是群皆去其锢陋,而同进于明智。此云大众不是无限定之
群。如中国之无产者,对国内和国外最大多数无产的人,称为大众,即限定了是无产阶
级的共休戚者。若乃资本主义和帝国主义者等,在无产者,必称为敌人。决不以大众
称之。下云大群,与此处大众,用意相通。大群,即大众之复词也。每一人之力,能
与大群互相协合、互相比辅,于是群众皆去其柔怖,而同扩其毅力。扩

者,扩充,而日进于壮大也。柔者,柔弱。怖者,畏惧。柔怖去,而毅力生矣。就每一个人之力和智而言,则散殊而无甚作用。就无数的个人集结而成大群大众以言,无数者,极言其多也。集者,集合。结者,团结。无数的人互相集结,浑然为一体。浑然者,不可分之貌。则由各个人散殊的智和散殊的力,进而与广大群众,互相协合,互相启发。由是,而大众里的各个人,普遍日益增盛,升进,而皆有宏大深远不受惑障的明智,及刚健猛迅,不可抗御的毅力。群众的明智和毅力,盛极乎此。可见这种智力,即是权力。智之明,断绝一切惑障;力之毅,消灭一切抗御。此是群众本分上大公至正的权力,不可向群众以外求得权力。是义决定。所以说,权力本无私欲之杂。历史上枭桀之徒,乘时邀幸,窃高位,据国柄者,招爪牙,结走狗,欲为其一身或一家之计,造成一种权力,上文,欲为之为字,读若卫。内以控制和剥削其民庶,外以控制和侵略弱小国家之土地,并奴役或歼绝其民族。此种凶残暴毒,全失人性。不悟古训有多行不义必自毙之明戒,而乃自夸其权力,足以横行天下。上古之蚩尤,晚周之末有吕政,历史上称为秦始皇。皆蠢蠢然,凶狘耳。秦非正统宜黜之。司马迁列其朝代之号,无史识也。从来枭桀乘机握国柄,而逞其私欲与野心,聚匪徒,造成权力,广播罪恶种子者,此非人类所为。其自矜为权力者,实不可谓之权力,乃凶狘之蠢蠢耳。现代美国帝国主义者约翰逊未尝不自矜权力,而其愚贱犹不足为吕政之仆隶也。权力之正义,当如余前文所说。

　　历史上昏暴之王,聚豺狼而造权力。昏者,昏愚。暴者,暴虐。暴,固未有不出于愚也。狼性甚贪。豺凶,而狂噬。中国自夏、殷、周三朝,背叛尧、舜公天下之大道,而相继横行家天下的乱制。自是以后,君昏暴而臣豺狼,民庶有鱼烂之惨。国家学术、政艺,一切废坠数千年。禹、汤、文、武,中华祸首。晚周奴儒,颂以圣王,岂不惜哉!尧、舜二圣,既除乱制,何有权力?《论语·泰伯》篇,载孔子之言曰"巍巍乎,舜、禹之有天

下也,而不与焉"云云。与读预。巍巍,高大之貌。朱子《论语集注》曰"不
与,犹言不相关,言其不以位为乐也"云云。余按朱注,"不与,犹言不
相关",其解释字义不误,但下文申明"言其不以位为乐也",此种意思
未免太浅陋。孔子赞美舜之有天下而不与,其意宏深。盖以舜居帝
位,担当天下万邦民庶委托之重任,而绝无主宰天下之私欲。其忧勤
惕厉,以理平天下事者,惟听万邦民庶,皆得畅达其公共的意欲,各尽
所能而已。《论语·卫灵公》篇载孔子之言曰:"无为而治者,其舜也
欤?"下略。朱注曰"无为而治者,圣人德盛而民化,不待其有所作为也"
云云。余按中国自三王家天下的专制以后,历朝帝王,都是无知、低
能。稍谨慎者,以安静戒动,一事不作,为保护其后嗣,世世贵为天子,
富有天下之上策。为保二字,一气贯下为句。此辈,剥削天下大多数无产
者血汗所生之财,以厚自奉。更优养其骄奢淫佚、大不肖的子子孙孙。
帝王之不作为,使天下民庶困穷安分。此帝王保守其家天下之毒计
耳。尧、舜二圣,裁成天地的大业,《尚书》犹可考见,朱子读《尚书》而
无所得,乃赞扬家天下专制之阴谋和毒习。今之世,犹有推崇朱子之
《四书》者,余不得无辩。尧、舜明明有大作为,而孔子称其无为者,以
其一切大作为,皆依据天下群众,咸有明智和毅力,是为大公至正的权
力。二圣之治功,其原本在此。余故谓其绝无主宰天下之私欲。易言
之,尧、舜只依靠天下群众的权力,而不须自有权力。故孔子称其有天
下而不与焉。不与,即不相关之谓。惟其理平天下之大作为,一切皆
本于群众的权力,而未尝自用权力。领导天下而旷然若不相关,是乃
天下所由成其太平之盛也。不与之义,广大之极。朱子释之曰:不以
位为乐。古今薄南面而不屑为者不必少矣。离群而自利,何足道哉?
孔子又曰:"大哉,尧之为君也。巍巍乎,惟天为大,唯尧则之。荡荡
乎,无能名焉。"按,则犹法也。言尧能取法于天下之大也。荡荡,广远
之称。用朱注。尧之德,同于天之大。民感其德之广远,而非言语可以

形容得到，故曰无能名。"巍巍乎，其有成功也。焕乎，其有文章。"文章者，指尧之一切制度，与一切大事业，或大作为。惟孔子能见到此。孔子以后，无有能道及者。此章，发明尧之德业，广大悉备。以少文，而摄无量义，允为鸿宝。想记者直录圣言。前章说"舜、禹之有天下也，而不与焉"。余年二十四，读《论语》至此，忽想及夏禹是横行家天下的乱制之祸首，是唐、虞二朝的叛臣。尤复应知，尧不以天下授其子丹朱，而朱无争。舜不以天下授其子商均，而均无争。盖尧、舜平日之教朱、均者，必令其遵循正义也。《史记·燕世家》，载鹿毛寿与燕哙说及夏启与伯益之事，而称引或曰，禹荐益已，已，犹了也。此言夏帝禹，荐举伯益将来继承帝位。此事，禹确说了也。而以启人为吏。《索隐》曰，启，禹之子也。人，犹臣也。谓以启之臣，为伯益之吏也。及老，而以启为不足任乎天下，传之于益。此言，禹已老，而欲以天下传授与益。此非禹之实意，乃伪作此说耳。已而实令启自取之，实令启自取天下者，乃禹也。已而启与交党，攻益启之旧臣，在益之左右为吏者，皆启之交党。今启，乃与此辈共攻击益。夺之天下。禹宣言授天下于益，终乃实令启自取之，云云。余按后之论此事者，多力破鹿毛寿，而破者亦无据。余按《夏本纪》曰"及禹崩，虽授益。谓禹以天下授于益也。益之佐禹日浅，天下未洽。未洽服也。诸侯皆去益，而朝启，启遂即天子之位"云云。余玩此处辞旨，与鹿毛寿所引或曰，不无相应处。《史记》谓益佐禹日浅，天下未服，诸侯皆朝启等语，此非禹、启父子造谣攻益乎。启与交党攻益。交党者，即禹初使启旧臣，为吏于伯益左右。今为启攻益，何诡谲之甚欤！为，读若卫。禹若有实意授天下于益，而启敢背父命，使其臣事益，而实阴伺察之，以为异时攻益之准备乎？且启与其交党，说益佐禹之日浅，天下未服。此乃明明是启等造谣。《史记·夏本纪》第一至二页，宜详看者，数处。一，尧忧洪水，问治水之才于四岳。四岳荐鲧。尧曰："鲧为人，负命毁族。"违负教命，曰负命。毁败善类，曰毁族。四岳曰："愿帝试之。"尧听四岳，用鲧治水，九年无功。

上违帝尧教命，下则延长水患，民不得生。受任治水，而旷废九年之久，大为民害，凶哉鲧也。不闻于其父有几谏之事。及尧命舜摄政，乃殛鲧于羽山以死。天下皆以舜之诛鲧为是。尧崩，问四岳，孰能成美尧之事者，谓尧生前，以治洪水为天下大事。今尧崩，而未见有能成美此事者。四岳荐鲧之子禹，舜命禹曰："汝平水土。"平者，平治。禹让于契、后稷、皋陶中略。舜曰："汝其往。"中略。禹乃遂与益、后稷奉帝命，云云。据此，可见舜未允许契与皋陶佐禹。而实特选伯益、后稷共辅导禹也。禹之父既诛，舜亦欲（稷）［禹］能立功，故以禹任正职，而益、稷后，名为其佐，实则有此二贤，而禹当不至于失败也。禹初就职本奉帝舜之命，同益、稷二贤前往。及水土功成，益、稷与禹始不负帝舜之命，而报成于舜。此处，余于益、稷二贤有甚多重要的考见。恐文繁而不及论。夫水土之功，益、稷、禹三人，自始至终，未尝相离。益、稷辅导之绩甚伟。[1]

---

[1] 原文止此。